教育における子どもの人権救済の諸相

中川　明　著

はしがき

本書は、『教育における子どもの人権救済の諸相』とのタイトルの下で編まれ、書き紡いだものである。

私は、一九七〇年に弁護士となってから、さまざまな問題・課題に携わり取り組んできたが、それらの裁判例・問題群の中から、〈国籍、宗教、子ども、教育、障害、国家シンボル（象徴）〉に関してその時々に書き留め・語ってきたドキュメント類から抽出して、『寛容と人権――憲法の「現場」からの問いなおし――』と題する一書を上梓した（岩波書店、二〇一三年刊）。そこでは、「人権」（図柄）と並ぶ問題解決概念として「寛容」（生地）を取り上げ、二つを組み合わせ織り成して、それぞれのテーマについて未来につながる課題を明らかにした。

本書は、前書には収録できなかった〈子ども、教育、障害〉に関するドキュメントの中から、今後につながるいくつかを抽出した（「初出一覧」参照）うえで、現在の到達点と未来に向けての課題を明らかにしようと試み、加筆し補筆した一冊である。むろん、本書においても、子どもの「人権」と並んで子どもへの「寛容」の姿勢は、随処において貫いている。子どもが「ひと（他者）と違うようにある権利（right to be different）」を行使することに困難を覚え、多数派への同調を迫られている社会の中で、「自分と違うものに対する人間としての共感」や「異質なものを同時に受け入れる心根」をどのようにして培い育てるか。この問いは、私の内深くに根を下ろしていただけでなく、子どもたちにも共有されて応答を求めていた。

本書が対象としている教育は、制度化された教育とりわけ「学校」という場において営まれている教育であり、明治の学制改革以来、国家が同質の国民を育成しようとして設けた公教育を主としている。本書では、この制度化された教育が内包している〝過ち〟〔過誤（malpractice）〕やその〝実相〟を素描して剔抉《てっけつ》するだけでなく、それらに立ち向かおうとしてなされた「子どもの人権救済のさまざまな試み・諸相」の姿やその意義とそれらが担う課題を析出し検証しようとしている。それは、公教育を担う学校が、子どもたちの「痛みを分かち持つ関係性を育てる場」となりえているかを、不断に問いつづけることを意味している。

素描や検証、問いつづけにあたっては、取り上げた事件や問題・課題を時代のリズム・流れの中に置いて、その持つ意味・含意を改めて問い直すことに努めた。教育の実相と救済の諸相を時代のリズム・流れの中で剔出することは、問題の位置と意味、その広がりを如実に映し出すことになるからである。本書の節々に、いくつかの新聞記事を配したのは、そうした役割を期待したためである。

二一世紀に入っても、この国の教育をおおう様相が、なまなかの言葉をもってしては言い表しえないほどの危機的な状況にあることに、異論を差しはさむ人はいないだろう。しかし、危機の時代は、同時に改革の時代にもなりうることを忘れてはならない。解体を続ける現実の中に、新しい予兆と可能性を読み取る想像力があれば、希望をつなぐことができるからである。未来への希望をもちえないのでは、およそ教育という営みは成り立ちようがないのである。

本書は、そうした希望への一歩となり、この国の教育が再生と復活に向かって歩み出すにあたって必要な想像力と創造力を培うきっかけとなることを希って上梓するものである。むろん、限られた時間の中での加筆と補筆にすぎないために十分なものでないことは、私自身が何よりも自覚している。本書を手に取ってくださった方々からの忌憚のないご意見と厳しいご批判を希ってやまない。

中川　明

教育における子どもの人権救済の諸相　目次

第3部 教育の場における人権救済の一断面

第4部　子どもたちのクライシスコールと救済の姿・課題

第1部

子どもの人権と救済のあり方・序説

第１章 子どもの権利をどうとらえるか ―保護と自律のはざまで―

1 はじめに

今日は、演題として、「子どもの権利をどうとらえるか――保護と自律のはざまで――」という大きなテーマを掲げましたけれども、もとより私の手に余るテーマですので、問題の一端を示すにとどまる(1)ことを、お許しいただきたいと思います。

私は、法科大学院においては憲法を担当しています(2)が、実務法曹としては、弁護士となった一九七〇年以来、主に子どもの人権侵害をめぐる幾つかの裁判(3)や、裁判外の問題解決に向けての活動、弁護士会や幾つかの市民団体において(4)子どもの権利の救済や保障に向けた活動などに多くかかわってきました。

私が子どもの問題にかかわるときに、いつも心に置いていた言葉があります。チリの生んだ女流詩人である、ガブリエラ・ミストラル(5)という人の言葉です。彼女はこう言っています。

「われわれが必要とするものは沢山あるが、それは先に延ばすことができる。しかし、子どもは待てない。『明日』という答えは子どもにはない。子どもには『今日』しかないのだから。」

この「子どもには『今日』しかない」というミストラルの言葉の深い意味合いを噛みしめながら、私は目の前にある子どもの問題に取り組んできました。しかし、「『今日』しかない」子どもの立場に立つことは、実際には大変難しいことです。本日は、私が弁護士として子どもの問題に取り組んできた歩みを振り返りながら、私が子どもの問題をどのようにとらえ考えてきたのかということを、率直に語ってみたいと思います。

2　子どもの問題との出会いと七〇年代における子ども観

私が初めて子どもの人権が問われた裁判にかかわることになったのは、一九七一年の春のことでした。その年の春三月に千代田区の麹町中学校を卒業した一人の少年が、在学中に中学生としての意見を、ビラやポスターで発表したり文化祭においてデモンストレーションの形で訴えたことなどを、高校進学にあたり志望校に提出した、いわゆる「内申書」に事細かく記載されたために、受験した五つの高校のすべてを不合格になってしまった、というのが事件のあらましです(6)。この事件は、後に「麹町中・内申書裁判」と呼ばれて、社会の関心を引き、メディアにもたびたび取り上げられ、また憲法のテキストや判例集などにも取り上げられています(7)ので、ご記憶の方も多いのではないかと思います。

今日はこの裁判の内容や経過をお話しすることが目的ではありませんので、これ以上触れることはいたしませんけれども(8)、本日のテーマとの関係で、私が立ち向かわなければならなかった一つの考え方を、初めに紹介しようと思います。この裁判では、中学生の思想信条の自由や表現の自由が正面から問題となっていたのですが、これに対する教育行政当局の言い分は、次のようなものでした。「心身の未熟な子供の教育というものは、本来的に、ある種の強制にわたらざるを得ないところのものである。学校当局は、学校教育の目的の達成上、必要な限りにおいて、生徒の基本的人権といえども、場合によっては制約しうることはいうまでもないところである」(9)。今私が引用したくだりには、当時の教育行政当局の本音とも言うべき考え方が、そのままずばり言い表されています。すなわち、心身の未熟な一人の中学生の基本的人権が制約されても当然ではないか、と言うのです。

私は教育行政当局のあまりの率直さに驚くとともに、これは独り教育行政当局だけではなくて、その当時の日本の大人たちの多くの意見・考え方でもあることに気づきました。七〇年代の初めの日本では、子どもは女性や老人、障害のある人とともに、保護を受け慈恵を施される対象・客体としてとらえられていました(10)。このようにして、保護の客体として子どもをとらえる見方は、むろん当時の日本だけではなく、欧米においてもなお採られていた子ども観でもありました。子どもは、まず家庭において守られ、社会の中で教育をはじめとするさまざまな制度の中に組み込まれて、保護を受ける存在とされていました。そうした保護的な子ども観に立つ限り、子どもに対する人権の制約は当然であり、何ら異とするには及ばないことになります。

しかし、子どもという存在をこのようにとらえることに、問題はないのでしょうか。フィリップ・アリエスは、『〈子供〉の誕生』という象徴的なタイトルの本を著したことで日本でも知られている歴史家です(11)。彼の有名な研究によれば、子ども期という概念は、一六、一七世紀になって生まれ、大人とは異なる存在として、その独自の性質が認められるようになったとされています。

このように、子どもを一人の人間として尊重し、かけがえのない人格を持った主体として扱っていこうとする考え方は、フランスの思想家ルソーが書いた、有名な『エミール』の中に端的に現れています。今日はその示唆に富む内容を詳しく紹介している暇はありませんけれども、私が目からうろこが落ちるような衝撃を受けたくだりは、とりわけ次のような箇所です(12)。

「人生のそれぞれの時期、それぞれの状態にはそれ相応の完成というものがあり、それに固有の成熟というものがある。私たちはしばしば出来上がった人間ということについて語られるのを聞く。ところで、出来上がった子どもというのを考えてみよう」「一〇歳ないし一二歳の子ども、健康でたくましい、その年齢においては十分に完成している子どもの姿を心に描いてみるとき……湧き立つように生き生きとして、活気があり……あふれるばかりの生命を楽しんでいる。そういう子どもの姿を私は見る」。

今、私が読み上げたところをお聞きになってお分かりのように、ルソーの考え方に一貫しているのは、人生のあらゆる時代、あらゆる状態にはそれぞれ固有の完成と成熟とがあるという視点であり、従って、子どももそれ自体独立した存在として、その年齢において十分に完成したものとしてとらえることが大事だとする姿勢です。子ども時代は決して大人になるための踏み台ではなく、それとして独自の価値を持っていることを、ルソーは繰り返し説いています。だからこそ、常に現在を尊重して、未来のために現在を犠牲にしてはならないし、大人としての幸福のために子どものときの幸福を犠牲にしてはならない、というのがルソーが強調してやまない点です。

同じ意味のことをもっと分かりやすく表現した人が、実は日本にもいます。寺山修司という名前をご記憶の人もいると思います。七〇年代から八〇年代初めの日本を文字通り彗星のごとく駆け抜けた劇作家であり詩人です。彼は、『猫の航海日誌』という作品の中で、とても印象的な言葉で、子どもという存在の固有性・独自性を言い表しています(13)。

「子供は子供として完成しているのであって、大人の模型ではない。毛虫と蝶々が同じものであるわけはないんで、毛虫は毛虫として完成していて、蝶々は蝶々として完成していると思う。」

さすがに優れた詩人であっただけに、実に言い得て妙だと言ってよいでしょう。

このように、子どもの固有性・独自性を大切にし、子どもを子どもとして完成するという視点で子どもをとらえることによって、はじめて子どもも基本的な人権を持つ主体だとしてとらえることができる、というのが

『エミール』を読んでの私の結論であり、私はこれを、私が子どもの人権について考える際の出発点にすることにしました(14)。それは、また、私がミストラルの言葉を引用して、「子どもには『今日』しかない」として、子どもの「今」を何よりも大切にしようと心がけたことにも相通じていることは言うまでもありません。

少し抽象的な話が続いたという印象はぬぐえないかもしれません。しかし、子どもたちを取り巻くさまざまな現象に目を奪われ、子どもを未熟な存在だととらえる見方に陥らないためにはどうしても触れておく必要があると思って、あえて述べました。

3　八〇年代における子どもを取り巻く時代状況

話をまた現実に戻すことにします。七〇年代の初めからスタートした私の子どもとのかかわりは、しかし、八〇年代に入ると、その様相を変えざるを得なくなりました。もともと、子どもたちの居場所だった学校は、八〇年代を迎えると、事細かに定められた校則や生徒心得などによって、生徒の生活全般を管理し規制するようになりました。ここでは、その詳細を申し上げるのは差し控えますけれども、「服装の乱れは、心の乱れ」という奇妙な言葉に象徴される校則の厳格な適用は、髪の色や長さ、あるいはスカートのひだの幅、靴下の色などの目に見える外側の取り締まりに明け暮れるばかりで、逆に子どもの心の内側に目を向けることを忘れさせる、という皮肉な結果を招くことになったのです。

それだけではありません。この校則に違反した生徒に対しては、体罰を含むさまざまな罰・ペナルティーが科せられるようになり、それが学校の中で日常化してしまった感すらしました。教師の生徒に対する体罰がいかに日常化してしまったかを示すために、私がかかわった二つの体罰裁判を、簡単に紹介することにします。いずれも、判決は九〇年代になってから出されましたけれども、事件そのものは八〇年代に起きたのでした。一つは、千葉県のある中学校で、給食の開始時間に遅れて教室に入ったことを理由にして、教師が生徒を床に正座させ、級友が見ている目の前で、その顔面を運動靴をはいた足で蹴ったというケースです(15)。もう一つは、埼玉県のある中学校で、バレーボール部の顧問教師が、市内の新人戦で苦戦の末に勝った生徒たちを体育館の廊下に集合させて、活を入れるために平手でほほを殴打したところ、端に並んでいた生徒が、コンクリートの柱に頭をぶつけたというケースです(16)。どちらも、実に取るに足らない理由で、生徒たちが教師に暴力を振るわれています。むろん、裁判所は、いずれのケースについても教師の行為をはっきりと暴行にあたるとして、厳しく不法行為責任を負わせました(17)。

八〇年代は、日本の高度経済成長の恩恵を受けて、校舎の建て替えも相次ぎ、全国どこの学校も入れ物だけは立派になりましたが、その内側では、むしろ子どもたちの生命や安全、人権の危機が広がり深まったとさえ言えます。

いじめが大きな社会問題になったのも、ちょうど八〇年代の半ば、八五年からのことです。いじめは、子どもたちが、激しさを増すばかりの受験競争の中で、人間として成長する機会を奪われ、みんな同じであることが良いことだとする画一的な価値観が支配する学校集団の中で、子どもたちの内面にうっ積したストレスが、校則や体罰あるいは内申書による教師の管理・力で押さえつけられて、生徒同士の人間関係へと内向し、ついには弱い羊を選んでのいじめとなって現れたものです。しかも、現代のいじめは、特定の子どもに対して多数の子どもたちが集団的に・継続的に行うという特徴を持っており(18)、それがエスカレートした場合には、体と心を傷つけられた子どもが自ら死を選ぶということすら生じたのでした(19)。

こうした、子どもたちを取り巻く深刻な状況を前にして、その当時、私が書いた拙い文章がありますので、それを、ここで引用することにします。私は、九〇年代の初めに、自らの弁護士としての歩みと子どもの人権の具体的状況とを交差させながら、『学校に市民社会の風を』という一冊を上梓しましたけれども、そこに、こんなことを書きました(20)。

「人間の個としての自由や平等が、何よりもまず子どもたちを育てる教育の場で踏みにじられ、押しつぶされていたのです。子どもに豊かさと幸せを保障するはずの教育が、逆に子ども自身をむしばみ、集団の中に子どものかけがえのない『個』が埋没していく時代を私たちは迎えようとしていました。私が最も心を痛めたのは、集団主義的で画一的な教育風土の中で育てられた子どもたちが、いつの間にか、他者に対しても違いを許さないようになっていたことです。『みんな同じ』ではなく、『みんな違う』＝『一人ひとり違う』ということを認め合い、違いを互いに尊重し大事にする姿勢が子どもたちの世界から消えかけているような気がしてなりません。子どもたちは、学校で、みんなと同じことが何よりも大切だと教えられ、従って、『ひとと違うようにある権利』（right to be different）を行使することは集団の統一を乱すものでいけないことだ、と思い込まされて育っていたのです。むろん、子どもたちの世界に見られる、このモノクロ（単色）の風景は大人の世界を反映しているにすぎず、教育の場が時代と社会を映す拡大鏡であることは確かです」。

少し長く自分の書いたものを引用し過ぎたかもしれません。しかし、私があえてそうしたのは、八〇年代の終わりごろに書いた、子どもたちを取り巻く時代状況は、二〇年以上たった現在も、全くと言ってよいほど、変わっていないからです。

4 九〇年代における「暴力の社会化と社会の暴力化」

このような子どもたちの人権状況は、九〇年代に入っても、一向に良くなっていません。子どもたちの居場所が次々に奪われ、子どもの「今」が窒息させられようとしていると言ってよいような状況が続いたからです。九〇年代の一〇年間は、高度情報化社会が急速に日本の中でも進展した時代であり、子どもたちもその中に巻き込まれたのでした。

そういう中で、子どもたちが暴力にさらされる場面が目立つようになりました。そして、その結果として、今度は、子ども自身が暴力化するという事態もまた生じてきたのです。子どもたちが家庭や学校、さらに町など、その生きる場においてさまざまな暴力にさらされるとともに、暴力にさらされた子どもたち自身が逆に暴力化していく、という社会状況を日本社会は生んでしまったのです。日本社会全体は豊かになったはずなのに、むしろ、その豊かさの影で、社会全体が暴力化していったというわけです。暴力的な風潮は、このようにして日常化して広がっていき、その意味で、暴力が社会化するという現象が顕著になったのです。「社会の暴力化と暴力の社会化」は、裏腹の関係にある社会現象として、九〇年代の日本社会を特徴づけるものとなったのです。そういう中で、子どもたちの人権の危機は、さらに深まったように思われます。

そして、ご承知のとおり、九七年の六月には、神戸で中学生が小学生を連続して殺害するという衝撃的な事件が起き、翌九八年の一月には、栃木県の黒磯で中学生が担任教師をナイフで刺殺するという事件も起きました。今なお、皆さんの記憶にも強く残っている出来事ではないかと思います。しかし、これら、子どもが暴力の加害者となった事件、あるいは子どもの荒れとして表現される事柄は、むしろ「暴力の社会化と社会の暴力化」という時代状況の中であげられた、子どもたちのクライシス・コールとして受け止めるべきではないかと思うのです。

黒磯の中学校の担任教師刺殺事件があった直後に、『朝日新聞』の夕刊で、作家の大江健三郎と南アフリカのナディン・ゴーディマという作家の往復書簡の掲載が三回ほど続きました。その中で、ナディンさんは大江健三郎の問いに答えて、日本の子どもたちの事件あるいはその荒れというのは、「暴力に麻痺している社会の中で起きた事件だ」と鋭く指摘していた(21)ことを、私は今もなお印象深く覚えています。

先ほど、私はいじめという現象に触れました。このいじめという現象も、日本の学校の中に強く残っている暴力的な風潮と結びつけて理解すべきだ、というのが国連の子どもの権利委員会の見解です。これは、子どもの権利委員会が日本の子どもの人権状況を審査した後の九八年の六月に、日本政府に対して勧告として述べているところです(22)。教師の体罰あるいは教師の暴力が、学校における暴力的な体質を裏付けるものであることは言うまでもありませんけれども、国連の子どもの権利委員会は、いじめもまた同じく、日本の学校の中に潜む暴力的な体質から出たものだととらえて、厳しい警告を発したのです。

子どもの虐待というものが目に余るようになり、社会がようやくその重い腰を上げ始めたのも、九〇年代半ば過ぎからのことです。その背景には、七〇年代からはじまった核家族化が日本社会の中に広く深く進行し、核として孤立した家族が、本来家族の持っていたはずの養育機能を低下させてしまって、九〇年代に入ると、子どもを取り巻く人間関係―これは大人と子どもの関係もそうですし、子ども同士の関係もそうでありますけれども―それが急速に希薄化するという現象が目につくようになりました。孤立した家庭の中での子育ては、親と子どもだけという単線的な人間関係を日常的なものにしていますので、親は蓄積された子育てのストレスを、子どもに向けるよりほかない状態に追い込まれるのです。最近、顕在化している子どもへの虐待は、そういう親子関係の中で起こっていると言ってよいように思います。

実は、私は、九七年の秋から四年半の間、弁護士業を一時中断して、北海道大学で研究と教育にあたる機会がありました。その北海道でも、子どもの虐待を前にして、大人たちが手をこまねいていることが許されないという状況にあったことから、北海道子ども虐待防止協会というNGOが作られました。そこには、臨床心理の研究者やソーシャルワーカー、医師、弁護士、教師、保健師など、実にさまざまな分野の人々が相集まり、道内の児童相談所とも連携して、子どもの虐待の防止と救済のための実践活動を行っていました。私も研究室に閉じこもっているだけでは許されないと痛感して、その活動に参加し、ついには推されて北海道子ども虐待防止協会の代表に就任し、道内全体にその活動を広げることに微力を尽くしました。今日は、その活動について、これ以上具体的に申し上げることはいたしませんけれども(23)、大人の暴力にさらされて心身を傷つけられ、そのいたいけな命を奪われてしまった子どもたちに対して、いわば対症療法としてかかわることで精一杯の自分に歯がゆさを覚えながら活動を続けたことを、昨日のことのように思い出します。

いずれにしても、九〇年代の半ばから顕在化した子どもへの虐待が、二一世紀になってからも、その勢いを止めることなく続いていることについては、私たちが今、日常的に経験していることですので、これ以上申し上げる必要もないところだと思います。

5　子どもの存在の捕捉困難性と社会・大人の眼差し

問題は、私たちがこのような子どもの人権の「今」にどのように向き合い、対処したらよいのか、今、私たちが具体的に何をどのようにしなければならないのか、という点にあります。

この重い課題について述べる前に、一言触れておいたほうがよいことがあります。しばしば大人たちは、子どもが最近、分からなくなった、と言います。そして、それにとどまらないで、子どもが変わったと嘆いて、厳しい眼差しを子どもたちに向けています。皆さんの中にも、そのような印象あるいは感想を持っておられる方が少なくないのではないかと推察しています。

しかし、私はいつも、そんな声を聞くたびに、本当にそうだろうか、という気持を抱いてきました。子どもたちが分からないとか、あるいは、子どもが変わったという大人たちの嘆きや批判、これはいつの時代でも聞かされる、あるいは叫ばれてきたことなのではないでしょうか。いつの時代でも、その時の大人から見ると、その時の子どもは不可解なところがあって、分からないところが多いのではないか。当の大人自身も、かつて自分が子どもの時、その時の大人たちにはそのように見られていた、思われていた、ということをすっかり忘れてしまって、ともかく、今、目の前にいる子どもが分からない、あるいは変わったというような印象を持って、対処していたのではないかという気がします。むしろ、子どもにとっては、大人たちに自分のことがそんなに簡単に分かってもらっては困る、分かってもらいたくない、という気持ちもあるかもしれないというくらいの感じを持って、子どもに向き合うべきではないか、という気がしてならないのです。私の友人である、子ども文化研究家の斎藤次郎さんは、九〇年代の終わりに出した本の中でこう言ってます(24)。「大人が子どもを分かり切れないのと同じ程度に、子どももまた大人のことが分かり切れない」と、まことに至言だと思います。

むろん、私も子どもがこの三〇年の間に変わったこと自体は否定できないと思っています。しかし、その変化は、表面から見えるほどには、実は大きくない。むしろ変わったのは、大人たちであり、あるいは、大人たちが作った日本社会の変化のほうがもっと大きかったのではないか、と思っています。

この、大人が変わった、あるいは大人が作った社会が変わったというのは、子どもとの関係で言うと、次の二つの意味を持っています。一つは、文字通り、大人あるいは大人社会が変わったということです。もう一つは、子どもたちを見る大人たちの眼差し、あるいは社会の子どもを見る目が変わったということです。しかも、この二つは微妙に重なり合っているわけですけれども、いずれにしても、大人あるいは社会の変化の度合いの方が、子どもの変化の度合いよりも大きく、子どもを見る大人たちの眼差しは厳しさを増してきているということを踏まえて、問題を考えたほうがよいのではないか、というのが私の意見です(25)。

少し回り道をして、余計なことを申し上げてしまったかもしれません。先ほど、私は、三〇年以上にわたる私の歩みを振り返りながら、それを一〇年ごとに区切って、子どもたちがどういう時代状況の中に置かれていたかについて、大まかなスケッチをしてきました。そこで、次に、それら子どもをめぐる問題状況を前提にして、私が実務家として、子どもの問題に対して、どのように立ち向かおうとしていたのか、という点に話を進めてみようと思います(26)。

6　子どもの存在をどうとらえるか　―保護と自律の形成的な組み合わせ―

先ほども言ったように、日本では、長い間、子どもは適切な保護を施されるべき客体として法的に位置付けられていました。七〇年代の初めに、麹町中・内申書裁判に取り組み始めたころには、保護・監督の客体として子どもを見る見方が支配的でした。それ以外の子ども観はなかった、と言ってもよいありさまでした。子どもを未熟な存在ととらえる考え方が、その底に据えられていたことは言うまでもありません。当時、私がかかわっていた学校教育の分野においても、子どもは教育を授けられるとともに、学校教師によって教育的な配慮を受ける客体である、という見方に疑いを差しはさむ人はいなかったようです。

しかし、私は、そういう考え方に疑問を感じていました。子どもを単に保護の客体とする見方にとどまることに疑問を覚え、子どもを権利の自律的行使の主体としてとらえられないかと考えはじめたのです。子どもの存在の固有性・独自性を強調するルソーの思想が、私のそうしたとらえ方を後押ししてくれたことは言うまでもありません。こうして子どもの自律・オートノミーを前面に押し出して裁判に臨み、問題解決に取り組むことにしました。

子どもを権利の自律的行使の主体と見る考え方は、むろん私一人が取っていたというわけではありません。既に七〇年代初めのアメリカでは、六〇年代の後半から次々と出された連邦最高裁の判決や、研究者あるいは学会をも巻き込んで、オートノミー的な子ども観が広く採られるようになってきていました(27)。

このようにして自律を強調することは、八〇年代の日本の学校を襲った画一的な校則、生徒心得などによる子どもたちの自由、権利の制約・制限を前にして、保護の下で生み出された現実に対するプロテストとしての意味も、むろん込められていました。

特に弁護士たちが司法の場において自律を前面に押し出したのは、もう一つ理由がありました。校則裁判など、学校教育のあり方を問う訴訟において、学校教師に対して広範な教育的裁量権の行使を正当化し得るに足る事由・根拠を主張・立証させることを求める根本的な論拠として、子どもの自律を正面に掲げるという面が、弁護士たちの中にあったことは事実です。こういう自律を一層押し進める流れに、私が棹差し、これを加速させたことも確かです。

しかし、九〇年代に入り、子どもを取り巻く「社会の暴力化と暴力の社会化」が顕著になり、とりわけいじめや虐待のケースにかかわっていく中で、保護か自律かというような二項対立的な問題設定に対する違和感が、私の中で少しずつふくらんできました。今日の話の中ではほとんど触れられていないのですが、いわゆる少年犯罪・少年非行の問題にどう向き合うのかというテーマも、私の中で喫緊の課題となっていました(28)。

いずれにしても、これらの場合に、保護と自律のどちらか一方を強調することは、子どものありのままの生の現実から、大切なものを取りこぼしていくことになる恐れがあることに、私は気づかされたのです。子どもは保護あるいは自律の一方の契機だけで生きるということは不可能です。いずれか一方の視点からだけ子どもの存在を理解するならば、それはどちらの視点であれ、子どもの存在の現実・あり方をゆがめてしまうことになるからです。子どもの存在の現実は一筋縄ではいかないだけの、ある豊穣な含蓄を有しています。

〔理念のみが先行すると、結果的に子どもにとって、かえって過酷な結果になりかねないことを心に留めるべきです。〕

子どもをめぐる現実問題の多くは、保護と自律のどちらにもかかわっているとすれば、なおさら子どもの権利について、保護か自律かというような二項対立的なとらえ方は改める必要があることになります。そもそも自律と保護の二つは、子どもの権利をどうとらえるかという基本的な考え方の対立ですが、相互に排斥し合うものではないし、互いに相手の弱点を論難し合うような関係にもないはずです。法哲学者でもあり、また子どもの権利論の第一人者でもあるフリーマン（Freeman）という人は、「子どもの権利を尊重することとは、子どもの保護と子どもの自律の両観念を尊重することである」と説いています(29)。憲法学者の佐藤幸治教授も、「子どもの保護か、子どもの権利の保護かではなく、われわれはその両者を必要としているのであり、両者の連続を前提とした上で、問題はむしろ子どもの自律に対する尊重と子どもの自由への干渉を統一的に説明する評価基準をいかにしてわれわれが持つことができるかということである」と述べています(30)。

子どもには保護か自律かではなく、その両者が必要なのであり、個別・具体的な局面や争点に即して、保護と自律をかみ合わせ、複合的に丁寧に組み合わせていく必要があります。しかも、それは子どもが自律した大人へと自己を形成していく過程にあることを踏まえて、自律にかかわらせて、子どもの保護をどのように保障していくかを軸にして、両者を子どもの成長に即して、形成的に交差させながら組み合わせていくべきです(31)。［ここでは、自律と組み合わせられた「保護」の意味が問われています。「保護」は、子どもを未熟なものとして善導してゆくというパターナリズム的概念から、子どもが自律に向かう際のよりよきサポーターとしての役割を果たすものへと、その意味を転換しなければなりません。「保護」は、子どもの行く手にレールを敷くようなものとしてではなく、子どもに伴走し支援する立場に立って、子どもと一緒に問題を考える役割を果たす人やシステムとして求められているのです。］

7 子どもの「意見表明権」のとらえ直し ― 自律と保護の〈結び目〉で ―

このように、子どもの自律と保護を交差させ組み合わせてとらえることは、子どもの権利条約一二条が保障する子どもの意見表明権をとらえ直すことにもつながります。ご存じのとおり、日本でも、九四年の五月二二日から、国連総会で採択された子どもの権利条約が国内法的な効力を持つようになりました。この条約は、子ども期における人間としての権利の総合的な保障を目指して、法的拘束力を有する包括的な国際文書としてまとめられたものですが、その中でも、子どもの意見表明権を保障した一二条は、その核として中心に据えられています。

時間もありませんので、その意見表明権についての私の考え方を少しだけ申し述べておこうと思います。子どもの意見表明権は、日本では子どもが自由に意見を言い決定することができることを保障した権利だととらえられている向きがありますけれども、そうではないというのが私の基本的な考え方です。それは、一方で、子どもに対して自己決定権そのものを認めているわけではなくして、むしろ決定に当たっての子どもの意向（views）をできるだけ尊重していこうとする点で、自律に限りなく近づこうとするものでありますけれども、しかし、先ほども言ったように、自己決定そのものを認めているわけではありません。他方で、それは、今も言ったように、子どもの意向を容認しないことがありうる余地を残している点で、なお保護の延長線上に位置するものだととらえるべきだと思います(32)。そういう意味では、子どもの意見表明権は、子どもの自律と保護が交差した〈結び目〉に位置づけられるべきものだと思います。

このように意見表明権をとらえることは、二つの意味を持っています。一つは、子どもの意見表明権は、表明された意見を「適正に重視（due weight）する」ことを求めることによって、構造的に、意見を表明する子どもと、その受け手としての大人という二つの法主体を想定した上で、大人は、子どもの表明された意見を実現することが、「子どもの最善の利益」という観点に照らして適切でないことが明らかな場合には、子どもに対してその意見を実現することができない理由・事情などを明示して、誠実に説明する責務を果たすことが義務づけられているということです(33)。つまり、この権利の中核には、子どもに対する大人の説明責任・応答責任（responsibility）というものがあり、さらに、この大人の応答に対する子どもの再度の意見表明、それに対する大人の再度の応答という形で、両者の間に意見表明、問い、応答、答えという関係が継続的・形成的に作られなければならない「このようにして、大人と子どもとの間で、「建設的な対話」が動的・継続的に行われる」ということを意味している、と私はとらえています(34)。

二つ目は、自律と保護が交差した〈結び目〉に存するものとして意見表明権をとらえることは、子どもの自律の意味を問い直し、現在において、保護を織り込んで構造化するということを意味しています。自律に向かう過程で表明された子どもの意見は、「その子どものある一定期間における試行錯誤のプロセスそのもの」(35)ですから、子どもの意見を尊重してやった結果が果たして良かったのかどうかを、長期的なスパンで検証する必要があるということになります。子どもの自律には、子どもに寄り添い、子どもの体験様式を理解した上で、子どもに必要な情報を提供し、子ども自身が試行錯誤を繰り返し、ある程度の落ち着きどころを見いだすまで、悩みや葛藤を共有しながらサポートする第三者、あるいは、そういったサポート・システムの存在が重要となります(36)。

このようにして、子どもの自律を保護と交差させて組み合わせてとらえ、二つの〈結び目〉に意見表明権をとらえることは、さらに子どもの自律を、「自律を支える関係性」の中に組み込んで、それら全体をとらえ直すことにつながります。子どもの自律は、それを支えるさまざまな前提や工夫があって、はじめて保障されます。このことは、しかし、子どもに限ったことではなく、大人にも当てはまることです。人は誰でも、あらゆることに万能ではなく、そのときどきのさまざまな援助・支援の仕組みを有効に利用して、はじめて自律を獲得し、これを維持することができるのではないかと思います。

8　「関係性」の権利化と子どもの権利概念の見直し

このように、関係性の網の中で自律をとらえていくことは、実は法や権利などをとらえ直すことにもつながります。言うまでもなく、法的思考は、しばしば現実の複雑な現象を単純化することによって行われます。最近、その言説が注目されている一人の法学者にマーサ・ミノー（Martha Minow）という方がいます。私は、このミノーの考え方に共感を覚えることが多いのですけれども、ミノーはその論文『多様性の連鎖』の中で、概略、次のようなことを書いています(37)。

「法は、ある種の自律的人間像を前提にしてきた。その結果、自律的で有能な個人という通常人に当てはまらないすべての人を、法は周辺的（marginal）で、劣った（inferior）、異なった（different）者とみなしてきた。」

そして、これらの「周辺人」として位置づけられた一群の人々、子どもや障害者や外国人などにとって、権利は強力な武器とされ〔権利の「切り札」性〕、これらの人々に対して権利を保障することは、それらの人たちが劣位に置かれた地位、環境を改善・克服することに資するとされています。〔子どもの権利概念は、単なる現状救済の法的装置であるだけでなく、子どもに対する多様な働きかけを先導する包括的な中心概念でもあります。〕

しかし、「権利をすべての人間に」という主張には、「保護あるいは配慮」と「自律あるいは解放」という、しばしば対立する可能性のある両契機が含まれています。それゆえ、権利は、従来、周辺化されてきた分野にも脚光を浴びせましたが、他方で、差異への、違いへのきめ細かな配慮を怠る結果をも招来し、権利の名の下で「利益」を孤立化させる結果を招くこともしばしばです。

また、権利は、人間同士の微妙な行為調整、意思疎通を、一片の条文によって省略してしまうものであり、孤立した個人を基礎にして成立した概念であるため、多様な関係性を切り裂くこともあります。こうして権利は、人々の間を切り離すだけではなくして、人間関係をつなぐためにも用いるというとらえ返しが必要となってきます。

ミノーは、「権利とは、他人による加害や侵入から個人の自由を保護する社会的コミットメントであるだけでなく、他者との関係性を形成する個人の自由を保護する社会的コミットメントでもある」(38)ととらえ直しています。

子どもの自律を支える関係性を、子どもの権利概念の中に取り入れるということも、こういう考え方を基にするならば可能となるのではないか。それは同時に、子どもの権利を関係的にとらえ直すことにつながるというのが、私の現在の到達点であります。こうして、すべての人間と、その有する利益を関係性の網の中に組み込むことによって、子どもを取り巻く人間関係を私たち自身が自分に直接にかかわる問題としてとらえて、子どもにかかわる関係者全員が問題状況を分かち持つことが可能となるのではないか、というのが現在の私の考えです。

もともと、人間は、基本的に自分が何者であるかは、関係的にしかとらえられない存在です。自分を自分として見るためには、少なくとも他者の視点を取り入れなければならず、それを経由してはじめて自己認識が可能となります。アイデンティティーという、よく使われる言葉も、他者との関係を前提としており、他者との関係性の上に成立していると言えます。子どもにおいては、この他者との関係性は、とりわけ強いと言ってよいのではないか(39)。子どもにとって、その関係性の最たるものは、大人との関係性です。そもそも、子どもという概念自体、大人との差異を前提とした関係概念です。その意味では、「子どもが必要としているのは、権利の名で孤立させられた利益なのではない。子どもが、今、最も必要としているのは関係なのである」という指摘(40)に、もう一度耳を傾け嚙みしめる必要があるように思われてなりません。

最後には、一気に抽象的・概括的な話になってしまって、皆さんに少なからぬ疑問を残すだけになってしまったように思いますが、時間が来ましたので、ここで大きな問題の一端を示すだけで、終わることにします。

(1) 本稿は、二〇〇四年一〇月二三日、第九回白金（明治学院大学）法学会総会において、私が行った講演の速記録（その全文は『白金法学会会報』九号に掲載）を基にして、段落ごとに中見出しをつけ、必要な補注を加えるとともに、講演メモにはあったが当日時間の関係で省略した若干の部分（〔　〕で明記）を書き加えて、私の「子どもの権利」を考える視点を、もう少し明確にスケッチしてみようとする試みである。

(2) なお、私の携わった主な憲法訴訟としては、①麹町中・内申書裁判（東京地裁一九七九・三・二八『判例時報』九二一号、東京高裁一九八二・五・一九『判例時報』一〇四一号、最高裁第二小法廷一九八八・七・一五『判例タイムズ』六七五号）、②自衛官合祀拒否訴訟（山口地裁一九七九・三・二〇『判例時報』九二一号、広島高裁一九八二・六・一『判例時報』一〇

四六号、最高裁大法廷一九八八・六・一『判例時報』一二七七号）、③日曜日授業参観訴訟（東京地裁一九八六・三・二〇『判例時報』一一八五号）、④逗子池子・河川工事続行禁止訴訟（横浜地裁一九九一・二・一五『判例時報』一三八〇号、東京高裁一九九二・二・二六『判例時報』一四二五号、最高裁第一小法廷一九九三・九・九『訟務月報』四〇巻九号）、⑤「無国籍児」国籍確認訴訟（東京地裁一九九三・二・二六『判例時報』一四四九号、東京高裁一九九四・一・二六『判例時報』一四八五号、最高裁第二小法廷一九九五・一・二七『判例時報』一五二〇号）がある。

これらの憲法訴訟に関して、私が北海道大学大学院法学研究科において行った講義・演習については、拙稿「弁護士から大学へ、そしてまた弁護士に（中）」『書斎の窓』一〇月号、二〇〇二年、二四頁を参照。

（3）私の携わった子どもの人権にかかわる裁判としては、注（2）前掲①麹町中・内申書裁判、③日曜日授業参観訴訟のほか、＜体罰・教師の暴力＞に関し、必殺宙ぶらりん裁判（千葉地裁一九八〇・三・二一『判例時報』一一二二号、東京高裁一九八四・二・二八『判例時報』一一二二号）、豊岡中体罰裁判（浦和地裁一九九〇・三・二六『判例時報』一三六四号）、習志野市立中体罰訴訟（千葉地裁一九九二・二・二一『判例時報』一四一一号）、大宮市宮原中体罰・内申書裁判（浦和地裁一九九三・一一・二四『判例時報』一五〇四号）、＜イジメ＞に関し、いじめ自殺「作文」開示請求事件（東京地裁一九九七・五・九『判例時報』一六一三号）、＜障害児＞に関し、養護学校高等部在籍障害児の溺死事件（東京高裁一九九四・一一・二九『判例時報』一五一六号）がある。さらに障害児の就学に関して和解した事例として、長崎就学訴訟（長崎地裁一九八六・五・三一取下）、岩倉就学訴訟（名古屋地裁一九九〇・三・二〇成立）がある。なお、代理人として名前は出さなかったが、深くかかわった事件として、留萌中・特殊学級入級処分取消訴訟（旭川地裁一九九三・一〇・二六『判例時報』一四九〇号、札幌高裁一九九四・五・二四『判例時報』一五一九号）がある。

（4）弁護士会においては、第二東京弁護士会・子どもの権利に関する委員会委員長（一九九二〜一九九三年）、日本弁護士連合会・子どもの権利委員会委員長（一九九三〜一九九五年）をつとめた。市民団体においては、子どもオンブズ・パーソン研究会代表（一九九二〜一九九七年）があり、さらに後述の、北海道子ども虐待防止協会代表（二〇〇〇〜二〇〇二年）がある。また、障害児を普通学校へ・全国連絡会の世話人の一人も長年（現在も）つとめている。

（5）田村さと子訳『ガブリエラ・ミストラル詩集』小沢書店、一九九三年。

(6)原告本人の手によるものとして、保坂展人『麹町中学に死の花束を――造反の青春を生きる――』たいまつ社、一九七八年があり、小中陽太郎『小説内申書裁判』光文社、一九八〇年は、小説のかたちを借りたドキュメントとして、事件の発端から一審判決までの全容を描いている。また、林竹二『教育亡国』筑摩書房、一九八三年、二七頁は、事件と裁判の思想的・教育的な意義を説いている。なお、裁判記録だけでなく裁判過程も含めまとめたものとして、内申書裁判を支える会『「内申書裁判」全記録』一九八九年がある。

(7)多くの憲法テキストが取り上げているが、代表的なものに、芦部信喜『憲法（第三版）』岩波書店、二〇〇二年、一四二頁、同『憲法学Ⅲ（増補版）』有斐閣、二〇〇〇年、一〇九頁、佐藤幸治『憲法（第三版）』青林書院、一九九五年、四一五頁などがある。また、『憲法判例百選Ⅰ（第四版）』有斐閣、二〇〇〇年、八〇頁、『教育判例百選（第三版）』有斐閣、一九九二年、二八頁、『昭和六三年度重要判例解説』有斐閣、一九八九年、一八頁などの評釈があり、本格的な判例研究・評釈として、中村睦男「学校における生徒の人権の保障――内申書裁判東京地裁判決をめぐって――」『ジュリスト』六九四号、一〇九頁、同「麹町中学内申書事件上告審判決」『判例評論』三六三号、三三頁がある。

(8)私の書いた主なものに、「公教育の荒廃」『人権新聞』一七七号、「内申書裁判の経過と問題点」『法学セミナー増刊――教科書と教育――』一九八一年、一三三頁（本書四二頁以下）のほかに、「内申書裁判の判決とその問題点」『法と民主主義』一九八二年一〇月号、一六頁と「問われた教師の教育評価権」『季刊教育法』七四号、一九八八年、六二頁がある。〔これら二つの拙稿については、それぞれ加筆のうえ、拙著『寛容と人権』（岩波書店、二〇一三年）のⅣ章の一（一四七頁以下）と三（一七四頁以下）に収録しておいた。〕

(9)控訴審における東京都・千代田区の準備書面（二）第二・四参照。

(10)七〇年代はじめの日本の憲法学における「子ども（少年）」に関する基本的な考え方を表すものとして、宮沢俊義『憲法Ⅱ（旧版）』有斐閣、二四一頁（新版・二四六頁も同じ）を参照。

(11)フィリップ・アリエス／杉山光信・杉山恵美子訳『〈子供〉の誕生――アンシァン・レジーム期の子供と家族生活――』みすず書房、一九八〇年、三五頁。

(12)ルソー／今野一雄訳『エミール（上）』岩波書店、一九六二年、二七一頁、二七三頁。

(13)寺山修司『猫の航海日誌』新書館、一九七七年、一四〇頁。
(14)このような思考の軌跡については、拙著『学校に市民社会の風を――子どもの人権と親の「教育の自由」を考える――』筑摩書房、一九九一年、一六頁以下において詳細に記しておいた。
(15)注（3）掲記の習志野市立中体罰訴訟（千葉地裁一九九二・二・二一『判例時報』一四一一号）参照。
(16)注（3）掲記の大宮市宮原中体罰・内申書裁判（浦和地裁一九九三・一一・二四『判例時報』一五〇四号）参照。
(17)なお、これら二つの裁判は、単に教師の体罰・暴力の違法性を認めただけでなく、体罰・暴力後の学校・教師の誠意や対応・措置の違法性をも明らかにしており、体罰裁判の〈新しい地平〉を切り拓いたものである（本書一二〇頁以下参照）。
(18)現代の「いじめ」の特徴としてなお挙げなければならない点は、「いじめる側」と「いじめられる側」との関係が固定されているのではなく、流動的で状況に応じて立場が入れ替わり、現在被害にあっている生徒がちょっとしたきっかけで今度は「いじめる側」に転化して新たな被害者をつくり出すことが少なくないという事実である。また、「いじめる側」とみなされた生徒も、その内面にまで下りてみると、それまでに学校や家庭などにおいてさまざまな人権侵害、虐待やいじめを受けてきた被害者であることが多く、そうした心の傷を癒す手当を講じる必要がある。その意味で、「いじめ」においては、「いじめ」を受けている子どもが発するSOSを素早くキャッチし具体的な救済策を示すことが急務であるが、それと同時に、「いじめ」ているとみなされている子どもについても、その原因をその子どもの内面に即して究明し、その心の傷を取り除くなどの救済もあわせて行う必要がある。参照、日本弁護士連合会著『いじめ問題ハンドブック――学校に子どもの人権を――』こうち書房、一九九五年、一六二頁など。
(19)いじめを構造的なプロセスとしてとらえ、その行きつく先に子どもの死があることについては、拙稿「イジメ問題に法と法制度はどう取り組むべきか」中川明編『イジメと子どもの人権』信山社、二〇〇〇年、一七頁以下（本書一五三頁以下）において指摘している。
(20)前掲・拙著『学校に市民社会の風を――子どもの人権と親の「教育の自由」を考える――』筑摩書房、一九九一年、三三～三四頁。
(21)朝日新聞・夕刊一九九八年五月一三日「未来に向けて（往復書簡）――ナディン・ゴーディマ氏から大江健三郎氏へ――」参

照。なお、東京新聞一九九八年二月一二日には、「続発するナイフ事件、親や教師の対応は？」との見出しで、私のインタビュー記事が掲載されているが、その中で、私は井上靖の小説『猟銃』の冒頭を引きながら、「子どもたちのナイフを持つという行為の裏に、他の子や教師から守ろうとする心の不安感・揺れがあることを見据えることが大事ではないか」と指摘しておいた。

(22)国連・子どもの権利委員会「第一回日本政府報告書に対する総括所見」二四項、四五項。なお、北海道新聞一九九九年一二月二〇日、私のインタビュー記事「大人の暴力に厳しい目を」を参照。

(23)拙稿「加害者の心を癒すということ」『北海道臨床心理学会ニュースレター』二〇〇一年八月一七日号は、子どもの虐待防止活動の課題の一端を示したものである。また、北海道新聞二〇〇一年四月二〇日、(北海道虐待防止協会代表としての)私のインタビュー記事「親にも心のケアを」においても同旨を強調した。

(24)斎藤次郎『「子ども」の消滅』雲母書房、一九九八年、一九〇頁。なお、おとなにとって子どもという存在が「異質な他者」であり、「自分の思いどおりにならない存在、予測不可能な物事を持ち込む存在」であることを指摘するものとして、小玉重夫『シティズンシップの教育思想』白澤社、二〇〇三年、八〇頁を参照。

(25)同旨・広田照幸『教育には何ができないか――教育神話の解体と再生の試み――』春秋社、二〇〇三年、一九七頁。

(26)以下の講演のくだりは、拙稿「司法と子どもの権利・人権研究の課題（2）」『子どもの権利研究』五号、日本評論社、九〇頁以下において展開した論述をまとめたものであり、詳細は同拙稿をお読みいただきたい。

(27)森田明「学校と裁判所――アメリカ連邦最高裁における保護とオートノミー――」『ジュリスト』一〇三七号、一六六頁（後に、同『未成年者保護法と現代社会』有斐閣、一九九九年、五三頁に収録）。

(28)なお、ある種の少年犯罪・少年非行の背景・遠因に、少年が成長過程において受けた虐待の事実があることは、法務総合研究所『児童虐待に関する研究（第一報告)』、二〇〇一年、家庭裁判所調査官研修所監修『重大少年事件の実証的研究』司法協会、二〇〇一年、日本弁護士連合会『少年犯罪の背景・要因と教育改革を考える――どいていますか、子どもの声が――』、二〇〇一年（後に『検証少年犯罪』日本評論社、二〇〇二年）などによっても明らかにされている。これを、「社会の暴力化と暴力の社会化」という時代状況とともに、どのように受け止めるかについては、なお慎重な比較分析・検討が必要であることは言うまでもない。

(29) Freeman, Michael D.A. *The Limits of Children's Rights*, 1992. p.37. なお、フリーマンは、既に、子ども解放論を「政治的にナイーブであり、哲学的に誤っており、明らかに心理学的証拠を無視している」と批判している（Freeman, *The Rights and Wrongs of Children*, 1983)。

(30) 佐藤幸治「子どもの『人権』とは」『自由と正義』三八巻六号、五頁。

(31) なお、マリー・ウィン／平賀悦子訳『子ども時代を失った子どもたち――何が起っているか――』サイマル出版会、一九八四年は、八〇年代はじめのアメリカ社会の急激な変化に翻弄される子どもたちの姿を描いて、「子ども時代に子どもである権利は奪うことのできない権利である」（二五八頁）とする連邦判事メアリー・コウラーの提唱を支持したあと、「人間がさらに発展をとげ、文化が複雑化すれば、子ども時代もさらに延長されなければならない」（二六八頁）と説く。

(32) 同旨・米沢広一「子どもの人権」『ジュリスト』一一九二号、七六頁。

(33) 拙稿「子どもの意見表明権と表現の自由に関する一考察――いわゆる『ゲルニカ訴訟』の『意見書』から――」北大法学論集五〇巻二号、一九九九年、五三頁。なお、同様な見解が、国連・子どもの権利委員会における第一回日本政府報告書の審査にあたったカープ議長より示されたことについては、同・拙稿、〔追記〕六一頁参照。

(34) 高橋哲哉は『戦後責任論』講談社、一九九九年において、責任を応答可能性（responsibility）としてとらえ、「他者の呼びかけに応答することは、人間関係を新たに作り出す、あるいは維持する、あるいは作り直す、そのようにして他者との基本的な信頼関係を確認する行為である」（二九頁）と力説する。

(35) 加藤貴生（家裁調査官）の言葉（座談会「子どもの権利擁護と自己決定をめぐって」『法律時報』七五巻九号、七頁)。

(36) 大江洋「子どもの権利を捉え直すこと」『子どもの権利研究』第四号、日本評論社、九四頁）も、「自己決定権といえども、その『領域確保』にはそれを支援する仕組みが必要となっている」と指摘する。

(37) Martha Minow, *Making All the Difference : Inclusion, Exclusion, and American Law*, Cornell University Press,1990.

(38) Martha Minow, *Rights for the Next Generation : A Feminist Approach to Children's Rights*,1986.（大江洋訳「次代への権利――子どもの権利に対するフェミニスト的アプローチ――」『家族〈社会と法〉』一〇号、一九九四年、四八頁）

(39) ちなみに、大人と子どもの間に見られる他者性は、教師と生徒の間においても同様に見られる。互いに「自分の思いどおりにはならない」他者同士の関係が教師と生徒の間にも存するのである。同質的な人間関係ではなく、「自分と異なる他者」と出会う関係が公的な人間関係のはじまりだとすれば、教育関係はその一つとなる。そして、「人生において、他者や自己に対して自らの役割を果たすために教育が必要となる」(ジョン・スチュアート・ミル) のである。

(40) 森田明「『児童の権利条約』の歴史的・思想的意味――アメリカ児童法の経験を素材として――」岩波講座『現代の教育――危機と改革――』第一一巻「国際化時代の教育」岩波書店、一九九八年、九六頁 (後に、注 (26) 前掲書一五二頁に収録)。

第2章

脅かされる子どもの人権
―弁護士の果たす役割は何か―

1

私は昨年（一九八六年）六月、東京弁護士会少年法委員会の招きを受けて、子どもの人権について拙い話をする機会を持ちました。そこでの話の中心は、私がかかわった幾つかの教育裁判あるいは子どもの学校における人権侵害事例からして、一体子どもの人権というものをどのようにとらえ理解したらよいのかという点にありました（その詳細は、東京弁護士会『少年法ニュース』四一号参照）。そこで、今日はむしろ脅かされる子どもの人権を前にして、弁護士の果たす役割は何か、また救済を求められたとき弁護士としてどのような点を心に留めたらよいのかに重点をおいて話をすることにします。

最近の学校と子どもたちを見て、子どもたちが日々身を寄せている学校が肥大化して病んでいる、と感じているのは私だけではないでしょう。『自由と正義』（日本弁護士連合会）の本年（一九八七年）六月号の中で、NHKのディレクターの池田恵理子さんが「生徒管理症候群と子供の人権」というタイトルで、大変興味深い記事を書いています。池田さんは多くの教育現場を取材して回った経験から、この一〇年間で学校が大きく変わったことに驚き、その中で子どもたちも変容したと指摘したあと「今日本中の学校に蔓延している病気がある。仮にこの病名を生徒管理症候群としておこう」と書いています。「生徒管理症候群」とは大変言い得て妙で、今日の学校の姿を写しだす言葉として実に適切です。たしかに今日の学校の姿は、池田さんの言うとおり生徒管理症候群の蔓延といった状態ですが、私は現在の日本の学校が罹っている病気はもっと構造的・慢性的で、かなり重いのではないかと恐れています。

一昨年（一九八五年）亡くなられた林竹二先生（元宮城教育大学学長）は、既に一九八〇年のはじめごろ「日本の学校は水俣の海になってしまった」という大変ショッキングなタイトルで、日本の学校とそこでの教育を剔抉し、「今全国の多くの学校に起こっている異常現象は、学校という教育のために設けられた場所が、教育の場所ではなくなってしまった。すなわち根本からの環境破壊を受けてしまっているということから生じている不可避の帰結なのではないか」と喝破しておられます（『教育亡国』筑摩書房、一九八三年、一九一頁）。これまで幾つかの教育裁判あるいは子どもの教育をめぐる事例にかかわってきて、私もまたこの林先生の憂いと同じものを感じ、現代日本の学校の症状は相当重いのではないか、と心を痛めています。

2

むろん、子どもたちの人権が侵されている場は学校だけではありません。学校の外においても子どもたちの人権はかなり危険な状態にあります。警察において少年たちが違法不当な捜査によって自白を強要されたり、あるいは無実の少年が誤って保護処分に付された例などは最近も後を絶っていません。

のみならず、かつては子どもを受け入れていた共同体や地域社会が社会の急激な都市化の中で失われてしまい、子どもは裸のまま社会の中に放り出されています。家庭ですら子どもたちの安住の場ではなくなったようです。地域社会の崩壊と都市化に伴う核家族化の中で、現在子育ては親と子だけの閉鎖的な環境の中で営まれるようになっています。子育ての成功、失敗がすべて親の責任だけに帰せられ、親のあせりによる子どもの人権侵害も残念ながら目につきます。

子どもたちが心身ともに安心して身を寄せることができる場は一体どこにあるのだろうか、という心配はひとり私だけではないでしょう。子どもたちの悲鳴を聞き、子どもたちの発するＳＯＳの信号を受け止めてくれるところを一日も早く子どもたちの為に用意しなければなりません。手をこまねいていることは許されません。

3

一昨年（一九八五年）の日本弁護士連合会の秋田における人権大会シンポジュウム「学校生活と子どもの人権」は大きな反響を呼びましたが、それは弁護士会が真正面から子どもの人権を論じたことによるだけでなく、むしろ、その具体的救済のために弁護士と弁護士会が立ち上がったことが、多くの親や市民の心をとらえたからだと思います。私たちは何とかして、この子どもたちや親の期待に応えてゆかなければなりません。私自身の幾つかの経験とりわけ苦い思いを振り返りながら、子どもたちの人権侵害に対して、弁護士として何ができるのか、どんな点に気をつけたらよいのかについて若干申しあげることにします。

まず、何よりも日々成長する子どもにとって遅れた救済は救済にならないことを銘記すべきです。遅れた救済が救済にならないのは、むろん子どもに限られません。しかし、日々成長し「今日」という日がとりわけ大事な子どもにとっては遅れた救済が何らの救済にならないどころか、ときには足枷にすらなりかねないことに心を留めなければなりません。

子どもは普通、抵抗力、忍耐力が弱いと言われています。しかし、実のところ、子どもは大人が考える以上に我慢強く、じっと耐えているところがあります。大人ならとうに口に出して抗議したり問題にしていることでも、子どもは小さな胸にしまって必死に耐えていることが多いのです。それだけに子どもが救済を求めてきたときは、もう忍耐の限度にきており、むしろその限度を超えてはじめて外に救いを求めていることに留意すべきです。子どものそのような心の動きを察知して、素早くこれに対応すべきです。大人が自分のために迅速に動き出してくれたという事実がまず子どもの心にある安らぎを生みます。むろん小さな胸いっぱいにしまわれた子どもの苦しみや痛みが、大人が動き出したという一事で消えるわけではありません。しかし、そのような大人の姿勢が、堅く閉ざされた子どもの心を開くことにつながることはたしかです。

4

ところで、子どもは物事を筋道立てて説明することが必ずしも上手ではありません。ましてや極限状態まで我慢していたりあるいは突然に暴力を振るわれたとき、子どもは精神のバランスをすっかり崩してしまい、何が起こったのか、どうしてそうなったのかうまく説明できないで、衝撃の強いことだけを断片的に語ったり、しどろもどろになり支離滅裂の説明をしたりします。それでも断片的であれ、しどろもどろであれ、ともかく口に出して言う子どもの場合はまだ多少の手掛かりがありますが、ショックの余りすっかり脅えきり黙りこくってしまった子どもを前にして、こちらが戸惑ってしまう場合も少なくありません。しかし、このようなとき性急に説明を求めたり、無理に口を開かせてはなりません。あくまでも子どもの心に寄り添いながら焦らずに付き合うことが大事です。やがてというか、かなりたってから、子どもはその心を少しずつ開いて話し出し、サインを出してきます。この辺のタイミングは実際には本当に難しいですが、子どもの人権救済にあたっては、まず子どものこのような特性を十分に踏まえることが必要です。

5

子どもが一人で救済を求めて来る場合もないわけではありませんが、多くは子どもは親と一緒に来るかあるいは親が子どもに代わって相談に来る場合が殆んどです。そこで次に、このような親を前にしてどのように対したらよいのかについて私の考えを申し述べます。

弁護士事務所の門を叩く親は、多くの場合、学校・教師に対して激しい怒り憤りを覚えて何とかしたいという強い気持ちを抱いてやって来ます。すなわち、このような親は責任者の処罰を求めたり、損害の賠償を求めたりあるいは教師に謝罪させたいというような、かなり明確な目的を持っていることが多く、相当の決心をして来ることはたしかです。

しかし、このような場合、私は子どもをめぐる紛争をいきなり訴訟にすることに対しては相当に慎重な配慮が必要であると考えています。このことは東京弁護士会での話の中でも申しあげましたが、私がそのように考えるに至ったのは、私自身の苦い思いや子どもたちとの出会いからですが、整理して言えば次のような理由からです。

まず第一は、子どもや親が教師・学校を相手どり教育内容の是非を問う訴訟をする場合には、裁判所も弁護士も単なる法律論だけではなくして、一歩進んで学校教育の知識やその背後にある教育思想・教育論といったかなり専門的な事項についても相当深い知識と的確な判断を求められています。しかし、そもそも教育の専門家でもなければそのような知識も持ち合わせていない裁判所に、いきなり教育内容の是非につき判断を迫ることは非常に危険なものを孕んでおり、むしろ裁判所に過大なものを求める結果になりはしないか、という恐れがあるからです。

二つ目は、教育という営みが子どもの魂に働きかけて直接の人格的接触を通じて行われる創造的な営みという本質を持ち、利害の対立をルールを基準にして裁定・調整する法や裁判とは異質の文化領域に属していて、法的な判断になじまない面が多いからです。

三番目に、子どもの日々の成長という過程自体が、ある基準を前提にしての法的コントロールとか、本質的に過去志向型の裁判が少なければ少ないほどよいという特質を孕んでいるからです。このことをもう少し角度を変えていうと、学校・教師により不当な取扱いを受け、身体的に傷ついたりその精神の奥深いところで傷ついた場合でも、子どもはそれがどんなにくやしく、心深く傷ついても、法や裁判に訴えてまで問題を解決しようとは思わないようです。むしろ、できれば黙って少なくとも余り大げさにしないで解決したい、と心のどこかで願っていることが多いように思われます。子どもたちは既に学校・教師により深く傷つけられています。それを自分の中に深くしまいこんで、できれば一日も早く次に飛び立ちたいと願っており、裁判によってもう一度傷つくことを望んではいません。法廷で教師や学校が自らの立場を守るために嘘を言ったり、取り繕ったりすることは残念ながら少なくありません。法廷でそれを聞いて、子どもたちがもう一度、一層深く傷つく場面を私は何回か見てきました。従って、日々生きている子どもにとって、裁判がその子の成長にとって積極的な意味があると子ども親も確信できるに至った場合に、はじめて裁判を真剣に考えるべきだと思います。

また、やむにやまれぬ気持ちや事情から裁判を起こした場合でも、もしその後訴訟がその子の成長にとって足枷となったり、その子が飛び立とうとするのを妨げていることが明らかになったら、無理に裁判を続けるべきではなく、潔くこれを取り下げたりあるいは和解などを考えるべきではないでしょうか。

むろん、私は問題を法廷で裁くことがいけないと言っているのではありません。私はただ裁判を慎重にすべきだと言っているにすぎません。事柄がそもそも教育にかかわるものである以上、裁判が何よりも日々生きている子どもの成長を助けるものとなり、いわば裁判過程がその子の新たな成長過程にもなり得るという確信が持てたときに裁判を考え、そのような確信の中で裁判を進めるべきです。むろん、裁判の場を学校・教師によって傷つけられた子の新しい教育の場とすることには一層多くの困難が予想されるでしょう。しかし、その困難を親と子がともに切り開いていく中で新しい出会いと発見があり、それがその子にとって同時に新しい教育の場になるような裁判をしなければならないと思います。

また裁判をするかしないか、これを取り下げるか維持するか、和解するかどうかについては究極的には子どもの判断・意見に従うべきだと思います。

6

子どもの人権侵害があった場合に、弁護士はすぐ訴訟とか告訴とかを考えがちですが、早い救済をするためには、むしろ学校と子ども・親との間に立って、調整・斡旋をもっと積極的に試みるべきではないでしょうか。弁護士がたまたま、問題のあった学校のＰＴＡの会員であればＰＴＡの一員としてこれにかかわっていくこともできるわけですが、そうでない場合でも、弁護士は学校に行って学校・教師と親との話し合いの場を設けたり、あるいは今後の事故防止のための具体策をたて、話し合いの場において積極的に提言するなどの試みをすべきです。ときには教育委員会などとも連絡をとりながら問題の実際的解決のための調整的役割を果たすことも大事ではないかと思います。

また、弁護士会としては、体罰・いじめ等の多い学校に対しては、事実調査を行い、会として警告を発し、提言するなどの積極的な対応をとることも今後はもっと自覚的にやるべきではないかと考えています。

〔これまで述べてきたことは、問題が生じた後に弁護士としてどのように立ち向かうべきかということですが、弁護士に求められているのはこれだけではありません。むしろ、これからは、問題が生じたりしないように、事前に子どもたちや教師たちに対して、学校生活を送るにあたってお互いに心がけておくべき日常の人権のありようやそれが脅かされた場合の具体的な救済の姿などについて、分かりやすく教室で語りかけ、一緒に考え合うような場・機会を弁護士が積極的に持ち、そうした関係性を日常的に取り結ぶように努めることが求められています。〕

7

ところで、学校・教師と子どもの問題をめぐって話し合うと、学校や教師は必ずと言ってもいいくらい「教育的配慮」からそうしたと言います。私たちは教育的配慮からそうしたと言われると、ついそうなのかと思って引き下がってしまったり、反論もしないで終わってしまうことがないでしょうか。

たしかに「教育的配慮」という言葉は魔術的な言葉です。しかし、教育的配慮と言われたとき、私たちはその中味を教師や学校に問い直すべきです。何が教育的配慮なのか、どういうことを具体的に意味しているかをきちんと問うことが大事です。訴訟になった場合でも、求釈明などにより教育的配慮の中味を具体的に明らかにすることを求めるべきです。何よりも教育的配慮という言葉で実は子どもたちの人権が侵されていることが多く、むしろ教師たちは自らの人権侵害を教育的配慮という言葉で正当化しているにすぎない場合が多いことに注意すべきです。

8

最後に申し添えたいことは、子どもを大人と比べて不完全な存在、未完成な存在だとして保護の客体とみるだけではなく、子どもはそれぞれの年齢・段階で自分の人生を自分自身で選びとり、判断し決定できる主体だととらえる視点が大事だということです。これは子どもの自己決定権を尊重し大事にする立場ですが、もちろん子どもは自分で選んで行動する場合、ときに間違ったり、行き詰まって元に戻ったり、ときには本当にドロップアウトしてしまうこともあるかもしれません。しかし、子どもはときには間違いながらも自分で自分の人生を選びとりながら成長してゆく存在です。そういう視点に立って子どものかけがえのない生命を大事にして、子どもの人権救済に対処することが今何よりも緊要だということを強調して、私の拙い話を終わります。

（本稿は、本年（一九八七年）七月一四日、第二東京弁護士会子どもの権利に関する委員会主催「付添人研修会」での講演録をまとめたものです。）

第3章　裁判を新しい教育の場に

1

子どもたちが、主体としてであれ脇役としてであれ、裁判の場に登場する機会が増えてきているようです。日本でも、その兆しは七〇年代にすでにみられますが、八〇年代には子どもをめぐる裁判がマス・メディアによって報じられて、少なからぬインパクトを社会に与えました。これからの一〇年、子どもと裁判との関係にどんな事態がおこるかを予測することは軽々しくできませんが、子どもにとっても、裁判にとっても、大事な局面に差しかかることだけは確かなように思われます。

2

子どもたちが裁判に接する場合や機会はむろんいくつかありますが、子どもにとって裁判がもつ意味は一様ではありません。ここでは、まず、学校・教師によって心身を傷つけられた子どもたちとって、いま、「裁判」がどのような意味をもっているかについて、私の体験の中から少しばかり述べてみます。

学校・教師による体罰や、違法な懲戒や処分、内申書への不当記載による進学妨害などやいじめによって、心身を深く傷つけられた子どもたちの救済の手段・場として現在用意されているものはきわめて限られています。その中で、「裁判」は傷つき追いつめられた子どもと親によって、自らを守る最後の砦として選択されていますが、子どもにとって裁判が、学校・教師によって回復しがたいまでに傷ついた心身を癒し救済する場となるかどうかは、慎重に見きわめることが大切です。

なぜならば、第一に、教育は、子どもの魂にはたらきかけ、直接の人格的接触を通じて文化の伝達を行おうとする、すぐれて創造的ないとなみであるのに対し、裁判やその基準となる法は、主として社会における利害の対立をルールを基準として裁定・調整し、社会統制の役割を果たそうとするものですので、二つは異質の文化領域に属するものとして受けとられており、教育はもともと法的判断になじまない面を多く含んでいるからです。

第二に、学校・教師の行為を問う場合には、単なる法律論だけではなくて、学校教育のあり方やその背後にある教育思想、教育論といったかなり専門的な事項についても相当深い知識と的確な判断が求められるのですが、そのような専門的な知識を持ちあわせていない裁判所にいきなり教育内容の是非について判断を迫ることはかえって危険であり、むしろ裁判所に過大なものを求める結果になりはしないか、というおそれがあるからです。

第三に、現在と未来に向けられた子どもの日々の成長過程自体が、ある基準を前提としての法的コントロールや、本質的に過去志向型の裁判が少なくてすむなら少ないほうがよいという特質をはらんでいるからです。実際、学校・教師により不当な取扱いを受け、身体を傷つけられ、精神の奥深いところで傷ついた場合でも、子どもはそれがどんなにくやしく許しがたいものだとしても、裁判に訴えようとまでは思わないことがほとんどです。むしろ、できれば黙って、少なくとも余り大げさにしないで解決したい、と心のどこかで願っていることが多いのです。子どもはすでに学校・教師により深く傷つけられています。それを自分の内奥に深くしまいこんで、できれば一日も早く次の地平に飛び立ちたいと願っており、裁判によってもう一度傷つくことを望んではいません。

また、裁判においては、子どもは忘れたいと願っている過去の出来事を再現して語らなければならず、相手方弁護士からの執拗な反対尋問にも耐えなければなりません。のみならず、学校・教師が自らの立場を守り正当化するために、法廷で嘘をついたり、あれこれ取り繕うのを目のあたりにして、子どもがもう一度深く傷つき、大人たちに対する不信の念を決定的なものにしてしまった場面を、私は何回か見てきました。判決までの長い間、学校や地域から特別視され、非難・中傷を受けるなどの「二次的な人権侵害」によって、子どもが傷つくことも少なくありません。

3

こうした子どもの心の微妙なありよう・ゆれ動きや、子どもをめぐる周囲の状況にまで親は思いをめぐらせ、傷ついた子どもに寄り添いながら考えぬくことが大切です。したがって、裁判がその子どもの成長にとって積極的な意味があると子どもも親も確信できるに至った場合にはじめて、裁判を真剣に考えるべきです。また、やむにやまれぬ気持ちや事情から裁判をはじめた場合でも、その後裁判が子どもの成長にとって足かせとなり、子どもが飛び立とうとするのを妨げていることが明らかになった場合には、無理に裁判を続けるべきではなく、潔くこれを取り下げたり、和解を考えるなどして終止符を打つことが大事です。このように、裁判をはじめるにしろ、取りやめるにしろ、その選択は当の子ども自身に委ねるべきです。子ども自身の選択・決定を大事にし、親はできるかぎりこれを尊重することが必要です。

むろん、私は問題を法廷で裁くのがいけないと言っているのではありません。私はただ裁判を慎重にすべきだと言っているにすぎないのです。ことがらがそもそも教育にかかわるものである以上、裁判が何よりも日々生きている子どもの成長を助けるものとなり、いわば裁判過程が子どもの新たな教育過程にもなりうるという確信の中で裁判を進めることが何よりも大切ではないでしょうか？

もとより、裁判の場を学校・教師によって傷つけられた子どもの新しい教育の場とすることには一層の困難が予想されます。しかし、その困難を親と子どもがともに切り拓いていく中で、新しい出会いと発見があり、それがその子どもにとって同時に新しい教育の場になるような裁判にしなければならないでしょう。

4

以上に述べたことは、むろん、現在の裁判所や裁判手続きを前提にしています。しかし、「裁判」が傷ついた子どもの救済の場となりうるためには、何よりも、大人たちの紛争解決のために用意された現在の仕組み自体を、子どもの目から根本的に見直し、成長過程にあって迅速な救済が求められている子どもたちにふさわしい仕組みに作りかえる必要があるように思います。私のなかにも、「生徒法廷」とも呼ぶべき新しい救済機関の構想がありますが、子どもたちをも交えてその構想を具体化することがこれからの課題です。

第2部

教育裁判と子どもの人権救済の諸相

第1章　内申書裁判の経過と問題点

1

内申書裁判は、一九七〇年家永教科書裁判の杉本判決によって闡明《せんめい》にされた「子どもの学習権」すなわち「自ら学習し、事物を知り、これによって自らを成長させることが子どもの生来的権利である」との法理を出発点としてはじめられた。

事案は、(一)一九七一年麹町中学校を卒業した原告が、在学中政治や社会の問題に強い関心を抱き、ミニコミ誌を作りビラを友人に配り、ベ平連のデモを見たり、これに参加したり、さらに文化祭当日にそのあり方に疑問を投げかけて校内をデモするなどの活動をしたところ、これに対する教育指導をなしえなかった校長・教師らが、原告が受験した五つの高校に提出した内申書(調査書)の「行動及び性格の記録」欄のうち「基本的な生活習慣」「自省心」「公共心」の三項目にC評定をし、その「特記事項」欄に概要「この生徒は、二年生のとき、校内において麹町中全共闘を名乗り、機関紙『砦』を発行した。学校文化祭の際、文化祭粉砕を叫んで他校の生徒とともに校内に乱入し、屋上からビラをまいた。大学生ML派の集会に参加している。学校当局の指導説得をきかないでビラを配ったり、落書きをした」と記載し、さらに「欠席の主な理由」欄には、「風邪、発熱、集会またはデモに参加して疲労のため」と記載した。その結果、原告は受験した五つの高校のすべてに不合格とされた。（二）同校は卒業式にあたり、原告の卒業式への出席を禁止して分離卒業式を強行することにし、当日登校した原告の手足を数人の教師がとり、身体を持ちあげて教室内に連れこみ、卒業式が終了するまで身体の自由を拘束した。この二つを内容とする裁判は、卒業式の一年後にあたる一九七二年三月一八日に提訴された。

提訴にあたって私たちが念頭においていたのは、ほぼ時を同じくして出されたティンカー事件（アイオワ州デモイン市に住む三人の子どもたちが、アメリカの遂行するベトナム戦争に抗議するために、黒腕章を着用して登校したところ、校長が三人に登校禁止措置をしたので、その差し止めを求めて提訴した事件）についての連邦最高裁判決（*Tinker v. Des Moines Independent Community School District*,393U.S.503,1969）であった。フォータス判事によって書かれた法廷意見は、「修正一条の権利は、学校という特別の環境に適用された場合でも、教師及び生徒に妥当する」「生徒は、言論・表現の自由という憲法上の権利を、校門のところでうち捨ててくるのではない（It can hardly be argued that students shed their constitutional rights to Freedom of speech or expression at the schoolhouse gate）」と高らかに宣言していた。この法廷意見は、また「われわれの憲法の下では、生徒は、学校の外においてと同様に、学校の内においても『人間"persons"』であり、国家が尊重すべき基本的権利を有する」と説いており、私たちが裁判を遂行するにあたって導きの星となり基調ともなったのである。

2

東京都と千代田区を被告とする国家賠償請求訴訟で、原告が主張した点は次のように要約しうる。

教師の教育権限は、子どもに対する支配権ではなく、子どもの学習権に対応し、もっぱら子どもの利益のために教育に携わる者の責務として行われるべきもので、子どもの学習権保障に原理的に規律される権限である。

したがって、（一）不合格の原因となった本件内申書の作成提出は、生徒の思想・信条を侵害し、さらに学習権の一内容というべき「公正な手続きにより進学を保障される権利」を侵害するもので、憲法一九条、二六条、教育基本法三条に違反した教育評価権限の行使による進学妨害である。（二）分離卒業式の強行および卒業式当日の加害行為は、生徒の最後の学習の機会を奪うもので憲法二六条に違反し、学校教育法一一条にも反する違法な行為である。

一審では、原告の両親のほか同校に通う生徒の父母や受験先の高校教師らの証言、校長・教師らへの反対尋問によって事実が明らかにされたあと、五回に及ぶ原告本人尋問が行われた。また、金沢嘉一（元小学校校長）、大田堯（東京大学教育学部教授）、太田垣幾也（日本教育史研究者）、兼子仁（東京都立大学教授）、高柳信一（東京大学教授）の各氏が（専門家）証人として、①戦後教育の理念とその変容、②子どもの成長発達とりわけ青年期前期の成長の特質、③選抜制度と内申書の変遷過程、④学習権・（公正な手続きに基づく）進学権による教育評価権限の制約の法理、⑤子どもの思想・信条の自由の保障の意義などを諄々と説いた。それは、杉本判決が明らかにした「子どもの学習権」の具体的内実を問い、公教育における教師の教育権限の限界を明らかにすることを通して、国家の公教育への介入を阻止することをも目ざすものであった。

東京地裁（宇野栄一郎裁判長）は、一九七九年三月二八日、原告の請求をほぼ全面的に認容し、要旨次のとおり判示した。

「憲法二六条一項の教育を受ける権利は、各自が人間として成長発達し、自己の人格の完成を実現するために必要な学習をするものとして生まれながらに有する固有の権利である」。したがって、「内申書の行動及び性格の記録にあたっての分類評定及び理由の付記は、生徒の学習権を不当に侵害しないように客観的に公正かつ平等にされるべきで、①評定が具体的事実に基づかない場合、②評定に影響を及ぼす前提事実の認定に誤りがある場合、③非合理的もしくは違法な理由・規準に基づいて分類された場合には、当該評定は不公正又は不平等な評定であって、教師の教育評価権の裁量の範囲を逸脱したもので違法となる」。そして、「公立中学校においても、生徒の思想、信条の自由は最大限に保障されるべきである（教基法三条）から、生徒の思想、信条のいかんによって生徒を分類評定することは違法である」。また、「生徒の言論、表現の自由もしくはこれにかかる行為も、教育の目的が生徒の人格の完成をめざすことにある（教基法一条）ことにかんがみれば、最大限に尊重されるべきであるから、その行為が生徒の精神的発達に伴う自発的行為であるときは、その行為を行動及び性格の点においてマイナスの理由とすること、もしくはかかる要因として評価することは違法な理由・規準に基づく評定として許されない」。本件C評価の基礎となった原告の行為は「中学生として真摯な政治的思想、信条に基づく言論、表現の自由にかかわる行為であり、本件中学校側の教育の場としての使命を保持するための利益を侵害したものといえない」から、マイナスの要因として評価することは許されず、本件内申書の記載は「教育評価権の裁量の範囲を逸脱した違法なものというべきである」と断ずる。

次に、「卒業式は最後の学習の場であるから、これへの参加は生徒の学習権の内容をなす」が、「本件分離卒業式の実施は適法な教育上の規制措置である。しかし、卒業式当日の原告の身体的自由の拘束は相当性を欠き違法である」と判示する。

一審判決は、憲法二六条を学習主体の側から積極的に把握し、また、原告の精神の成育過程にも思いを及ぼした画期的な判決であったが、被告らが即日控訴したため、控訴審でその是非がさらに問われることになった。

3

控訴審では、卒業式当日の暴行に関する証人二人が採用されたのみであったので、被控訴人（原告）は奥平康弘（東京大学教授）、林竹二（宮城教育大学学長）、大島孝一（女子学院中・高校校長）、青木一（元中学校校長）、宮崎武治（中学校教師）、糸井玲子（子どもの人権擁護協会代表）らの各氏がそれぞれの立場で書かれた「意見書」を提出した。そこでは、①憲法二六条から「進学への期待権」が抽出されて、子どもが上級学校への入学手続きにおいて合理的かつ公正に取扱いを受ける権利として具体化されたうえで、②教育過程・教育関係における裁量の特質について考察が加えられ、③内申書の開示によって教育過程における子ども・親と教師の信頼関係を確保して、④学校を子どもの「生きられる場」として取り戻すことが緊要であることが力説されている。

東京高裁（石川義夫裁判長）は、一九八二年五月一九日、卒業式当日の身体の拘束を違法と認めたほかは、原告の主張を斥ける判決を言い渡した。高裁判決は、一審判決とことごとく対照的である。

すなわち、①学習権や進学権は「各人の能力に応じた分量的制約を伴うもの」であり、進学に際し「能力による選抜が当然視されるのもその故である」「調査書が本人にとって有利に働くこともあれば、不利に働くこともあるのは事柄の性質上当然のことである」として、内申書制度の現状を肯認し、「学習権」による内申書記載の制約は「中学校校長は進学のための調査書におよそ受験者の進学を妨げるような事項を記載してはならないとの見解を前提とするもの」と（曲）解して、これを認めない。他方、中学校生徒の学習権とは「およそ学校教育は教育を施す側とこれを受ける側の協調なくしては成立しえないものであるから……本質的に受動的な学校側あるいは教師側に協調しつつ教育を受け取る権利……であって、学校側、教師側と対立し、これと闘う権利ではない」として、「学習権」を受動的な性格を有する権利と限定する。②内申書の記載は、これを定める「入学者選抜実施要綱」と「指導要録の取扱い」に拘束されるほかは、「中学校長の自由裁量に委ねられており」、（イ）事実誤認、（ロ）判断結果の一見明白な不合理等の「特段の事情のない限り」司法審査は及ばないとして、中学校長に広汎な裁量権を認める。③「特定の思想信条が思想信条にとどまる限り、これを理由として教育上の差別取扱いをなしえない」が「それが一定の思想信条から発したものであるとしても……生徒会規則に反し、校内の秩序に害のあるような行動にまで及んできた場合」には、その事実を知らしめ、入学選抜判定の資料とさせても「思想信条の自由の侵害でもなければ、思想信条による教育上の差別でもない」として、「思想信条」と「行動」を峻別する。④本件内申書の記載は「思想信条そのものを問題とし、これにマイナス評価を加えたものではなく……中学生としては明らかに異常な行動面を問題としたもの」であり、すべて事実に即しており、各C評価も「一見明白に不合理」等の「特段の事情」も認めがたいから、裁量権の行使に違法はない、と断ずる。

両判決を基本的に分かったのは、原告の中学生としての行為（行動）をどのようなものとして把握するか、の裁判官の姿勢とその結果としての事実評価であった。一審裁判官は、これを「中学生として真摯な政治的思想、信条に基づく言論、表現の自由にかかる行為」と評価したが、二審裁判官は、これを「中学生としては明らかに異常な行動」と断じている。この事実評価における相反する見方は、中学校の教育の場としての特質とそこに通う子どもの成育発達の内実をどのようなものとして把握するかにかかわっている。一審判決は、「一般に中学校は心身ともにはなはだしく個人差を有する青年期前期にある感受性の強い多数の少年少女の教育をつかさどる場であるから、学校長はじめ教師は……特段に配意しなければならない」「一般に中学二、三年時は、青年期前期に見られる第二反抗期にあるものとして、自我形成の途上に伴う不安定な自己主張のため……往々にして既成の秩序に対する激しい反発的行動となってあらわれる……このようなことは青年の通常の精神発達の過程における自立性の促進を反映するものといえよう」「したがって、原告のいささか穏当を欠くと認められる行動も、このような自我形成期にあることを考えると、慎重な配慮をもって対応しなければならない」と懇ろに説くが、二審判決は、このような視点を欠落させたまま沈黙している。

このような事実評価のちがいに基づき不利益記載の裁量範囲を一審判決より広くとらえた高裁判決に対し、原告側は「この判決によれば、人間のふれあいを基本とする教育上の教師と生徒の信頼関係を破壊し、教育の荒廃をますます深めるものである」とし「教育を学ぶものの手に奪いかえす……たたかい」（支える会と弁護団の共同声明）を続けるために、六月二日最高裁に上告した。

〔最高裁に一九八二年八月一二日付で提出した「上告理由書」のうち、総論部分である「一　子どもの権利の承認と確立」と「二　学校における子ども・生徒の基本的自由の尊重」については、拙著『寛容と人権』（岩波書店、二〇一三年、一五四頁以下）に収録しておいた。〕

（なお、裁判の詳細は、内申書裁判をささえる会編・発行『内申書裁判全記録』により知ることができる。別に、大田堯教授の証言の概要については本書四九頁、奥平康弘教授の「意見書」は『法律時報』五三巻八号、六七頁に掲載されており、その意義と解題については本書五二頁がある。林竹二教授の「意見書」は『林竹二著作集』九巻、筑摩書房、一六五頁に収録されており、原告本人の尋問記録は、その追想録とともに土師政雄編『受験の壁のなかで—教育実践の記録七—』筑摩書房、二二二頁以下にも収録されている。また、最高裁では第二小法廷に係属となったが、二年余を経ても審理が進められていることがうかがわれなかったので、事件について口頭弁論を開き、また事件を大法廷に移すべきことを要請する八二〇九名の署名を提出するとともに、別にアメリカの憲法訴訟において有用な役割を果たしている〈アミカス・キュリィ（amicus curiae）〉に倣い、本件事件の帰趨に深い関心を抱いている学者、教育研究者と教育関係者、精神科医、作家、父母など三〇名の方々による自筆の「裁判所に対する意見」を綴った文書を最高裁に提出したことを、最後に付記しておきたい。）

第2章 青年期前期の子どもの成長の特質と評価
―大田堯先生から学んだこと―

一九七六年一一月一八日、東京地方裁判所でのことである。この日、麹町中・内申書裁判の法廷が開かれ、証人として出廷した大田堯先生は、高校入学の選抜資料とされている内申書でC評価されその理由として思想・信条にかかわる事柄を記載された原告の教育評価のあり方について問われて、次のように諄々と説いて、聞く者に深い感銘を与えた。

「人間は固まらないで生まれてくるわけですから、いろんなものになれるわけですが、そのいろんなものになれるということは、大人や社会が期待するようなとおりの何にでもなれるということではございません……条件によりますと、人間になりそこねると、こういう非人間化の可能性というものも同時に持っているという意味の、実に幅の広い可能性を含みながら、その広い選択の中からある特定のものを選びながら発達することが人間の発達の特徴であると思います」しかも、「選びながら発達するわけですから、予め決められたコースを進むのではない……いろいろな選択の仕方をするわけで……いい方向に進んでいくとは限りませんで、まるでうしろ向きの選択をすることもありうるわけです……むしろ何度も間違えたり、何度もうしろ向きの選択をして、ある一時は反対方向に前進していた、そして反対方向から、それを基にして、うんと前の方に前進したということが起こりうるような、極めて極端なるジグザク形式をとるのが人間（の）発達の特徴であるといえます。」

「この非常に活発に選択を行うという時期が二つある……一歳から五歳位まで〔と〕一四、五歳から二三歳に至る思春期……その青年期の選び方の特質というのは……これ迄人から教えられ学んできたこと、つまり人に教えられて自分というものが出来あがっていたわけですが、その作られた自分というものに対して疑問をもつようになってくる、つまり親に反抗したり教師に反抗して、もう一遍学んだことを問い直してみる、極めて重要な時期だということがいえる……今迄はつくられていた自分が今度はつくる自分に変わると、第二の自我形成期と、こういう実に重大な懐疑と選択の時期であるということができる。そういう意味で……この年齢段階での評価は格別に慎重を要すると、最も厳粛な人間になる為の選択が行われている過程ですから、最も慎重な配慮を要するということができる。」

「この選ぶ選び方を教師が見通すことが非常に重要で……子どもの内面の中でどんな選び方、どんな行き詰まり、どんな間違いが起こっているかを見抜くことが、人間の発達の評価にとっては基本的に重要です……選ぶ為にはどちらを選ぶかという行き詰まりの時期が非常に大事です。行き詰まるというのは人間の発達にとって基本的なプロセスですから、その行き詰まりがどういう行き詰まり方をしているかを見通す、共感できる、こういうことが教師にとって非常に重要になることが一つです。それからもう一つは、人間は選びながら発達するわけですから、その選ぶのにいくつかの選択肢の中の一つをゆっくり時間をかけて選びとる（ので）、人間に限って選び間違いということが生ずるわけで……人間であるからこそ間違いというものがあるわけです。そこで教育評価におきましては、この間違いというものの間違い方、間違いの構造……を見抜くことが、その子の発達を促す為に基本的に重要であるわけです。しかし、今日の状況では、行き詰まりや間違いを基本的に人間にとって重要なものとして評価しているというよりも、到達度……のところだけでその人間を評価する傾向が非常に支配的ですけれども……人間を人間にする教育という観点から教育評価を申しあげますならば、行き詰まりや間違いの内容を到達度とともに大事にしていくことではないかと思います。」

この「ゆきづまり」と「まちがい」を基軸にすえての子ども観は、教育評価の場面においてはもとよりのこと、広く少年事件に取り組む際の私の基本姿勢を形作ることともなった。それはまた、子どもの権利条約の生みの親ともいわれるヤヌシュ・コルチャックの「子どもには失敗する権利がある」し「子どもはありのままで受け入れられるべきだ」との言葉とも重なり合いながら、私の心に今も深く刻印されている。

「こうした、子どもの歩みの中に存する「ゆきどまり」や「まちがい」は、子どもという存在を前にして、おとなや社会がこれらをどこまで「寛容」に受け入れ抱きとめることができるかにかかっているのである。」

第3章 教育評価の特質と裁判
―奥平康弘教授の「意見書」の解題―

1 はじめに

一九九〇年代の半ばをすぎ、日本では、子どもたちの教育も閉塞感をいっそう深めてきています。教師は制度・システムに閉じこめられ、子どもと親もその心を閉じてしまっているからです。「学校を開く」ことが求められており、教育情報の開示の波は押し寄せてきていますが、その流れは、なお、校門の前で立ち止ったままです。

麹町中・内申書裁判は、一九七〇年代のはじめに、内申書（法令上は「調査書」という）における評価・記載のありかたを問うことを通して、学校における子どもの人権の内実について根源的な問題の提起をするとともに、内申書が子ども・親に開示される必要性を説いて、その後の教育情報の開示の動きに向けて先駆的な役割を果たしたのでした。

奥平康弘教授が（在外研究でニューヨークに滞在中に）書かれた「意見書」は、一九八一年四月に控訴審裁判所に提出されたのですが、「意見書」は裁判の行方に影響を与えただけでなく、後にその全文が『法律時報』五三巻八号、六八頁以下に掲載されたことによって、教育裁量の内容と教育評価の特質や教育情報の開示のもつ意味について深い洞察を加えたものとして、憲法・教育法学界はもとより、教育情報の開示を求める市民運動にも大きな影響を与えました。〔「意見書」の目次は、＜資料＞として本書五八頁に掲載。〕

2 麹町中・内申書裁判とは

(1) 一九七一年三月に東京都千代田区立麹町中学校を卒業したH君は、在学中に政治や社会の問題に強い関心を抱き、文化祭や卒業式のあり方に対しても疑問を感じていたので、自らの関心や疑問を、機関誌の発行やビラの配布などにより率直に表明した。これに対して、校長・教師は、H君が受験した五つの高校に提出した内申書の「行動及び性格の記録」欄の「基本的な生活習慣」、「自省心」、「公共心」の三項目にC評定をしたうえ、「特記事項」欄にその理由として、概要「この生徒は、二年生のとき、校内において麹町中全共闘を名乗り、機関紙『砦』を発行した。学校文化祭の際、文化祭粉砕を叫んで他校の生徒とともに校内に乱入し、屋上からビラをまいた。大学生ML派の集会に参加している。学校当局の指導説得をきかないでビラを配ったり、落書きをした」と記載し、更に「欠席の主な理由」欄には、「風邪、発熱、集会またはデモに参加して疲労のため」と記載しました。H君は受験した五つの高校のすべてに不合格となりました。のみならず、麹町中は卒業式にあたり、H君について分離卒業式を行うことにし、これを強行するためにH君を拘束し、暴行を加えたのです。

H君は、高校不合格の原因は内申書における評価・記載によるものであり、また、分離卒業式の強行とそのための身体の拘束・暴行は違法であるとして、東京都と千代田区を被告として国家賠償法に基づく損害賠償請求訴訟を起こしました。

(2) 一審・東京地裁は、一九七九年三月二八日、H君の行為は「中学生として真摯な政治的思想、信条に基づく言論、表現の自由にかかる行為」だと評価し、本件C評定及びその理由の記載は、①「公立中学校においても、生徒の思想・信条の自由は最大限に保障されるべきである（教基法三条）」から、「生徒の思想・信条のいかんによって生徒を分類評定」したことになるので違法であり、②「生徒の言論・表現の自由もしくはこれにかかる行為も、教育の目的が生徒の人格の完成をめざすことにある（教基法一条）ことにかんがみれば、最大限に尊重されるべきであるから、その行為が生徒の精神的発達に伴う自発的行為であるときは、その行為を行動及び性格の点においてマイナスの理由とすること、もしくはかかる要因として評価することは違法な理由・基準に基づく評定として許されない」として、教育評価権の裁量を逸脱したものと認めて、卒業式における身体の拘束の違法も含めて、二〇〇万円の損害賠償を命じました（『判例時報』九二二号、一八頁）。

二審・東京高裁は、一九八二年五月一九日、H君の行動は「中学生としては明らかに異常な行動」と断じて、本件C評定及びその理由の記載は「思想信条そのものを問題とし、これにマイナス評価を加えたものではなく……異常な行動面を問題としたもの」であり、すべて事実に即しており、学校長に裁量権限の逸脱はないとして、一審判決を覆しましたが、卒業式当日における身体の拘束のみは違法と認めて、一〇万円の損害賠償を命じました（『判例時報』一〇四一号、二四頁）。

このように、二つの判決は対照的な判断を示していますが、最高裁第二小法廷は、一九八八年七月一五日、本件内申書の記載は「上告人の思想、信条そのものを記載したものでないことは明らかであり、右の記載に係る外部的行為によっては上告人の思想、信条を了知しうるものではないし、また、上告人の思想、信条自体を高等学校の入学者選抜の資料に供したものとは到底解することはできない」とし、更に、本件の「記載による情報の開示は、入学者選抜に関係する特定小範囲の人に対するものであって、情報の公開に該当しないから」教育上のプライバシーを侵害するものとはいえないとして、上告を棄却しました（『判例タイムズ』六七五号、五九頁）。H君が卒業してから一七年後のことです。

3 本「意見書」の意義

（1）本「意見書」は、①進学への期待と子どもの憲法上の権利あるいは利益、②いわゆる教育裁量の内容分析、の二つから成っており、どちらも日本ではこれまで深く論じられてこなかった問題でした。

一九八〇年代はじめごろまで、日本の憲法・教育法学会では、憲法二六条一項の教育を受ける権利を、その規定の背後にある「学習権」の観念を前面に押し出してとらえ、包括的・多義的に理解する傾向が顕著でした。しかし、つとに奥平教授は、「学習権」概念のもつ多義性・曖昧さを指摘して、親・子どもを軸にして教育を受ける権利の内実を深める必要があることを主張していました（芦部信喜編『憲法Ⅲ』有斐閣、四一一頁）。

本「意見書」では、本件に即して検討を加え、「子どもの人生にとって決定的な意味をもつ進学へのチャンスにおいて、合理的かつ公平な取りあつかいを受けることが、子どもの権利である」ことを明らかにしたうえで、憲法二六条一項に由来する「進学への期待権」（entitlement to receive higher education）を「進学のための能力判定および合否の決定において、合理的かつ公正な取り扱いを受ける権利」として「手続的な性格をもつ権利」と構成し法的羈束《きそく》（編集部補注：拘束すること）を付与しています。そのうえで、出身中学校の内申書の作成という教育評価に即していえば、「教育という相互浸透的な過程にふさわしい形で―したがって教育機関（教師）の側の自己反省・自己批判・自己評価を媒体としたうえで―評価をおこない、かかるものとして受験校から合理的かつ公正に子どもが判定をうけられるように配慮しなければならない」（が、本件内申書は「日常的な教育評価の集積とは無関係に突如付加された……最後通牒といってよく……教育と無縁な管理者的発想の……恣意的な文書といっていい」）と指摘しています。

しかし、本「意見書」を論拠とする被控訴人の主張を、高裁判決は「学校長は進学のための調査書に本人に不利なことを記載してはいけない」と歪曲してとらえて、内申書記載行為に対する憲法の保障・制約を認めず、最高裁に至っては、憲法二六条一項の規範統制が進学の場面にも及ぶとする上告理由に対しては何ら語ってはいません。

(2) 本「意見書」の圧巻は、教育過程・教育関係における裁量の特質と裁量の司法統制のあり方を諄々と説いている第二部にあります。

徹底した緻密な論述の展開は、なまなかな要約を許しませんが、とりわけ「教師と子どもとの間において形成される教育過程は、教師と子どもとの人格的な接触の相互浸透過程（意思交換過程）」であり、「教育過程が成立しているあいだは、教師と子どもとは必要な情報を交換し合うのがつねであるから、教師は子どもの政治的社会的な活動・信条・プライバシーを知ることが多い。」「この事情は、弁護士と依頼人、医師と患者、聖職者と信者などの……特別に保護される信頼関係に非常に近い。」「この関係に生起する意思交流は、英米法では Confidentiality として、外部には明らかにされない特権（Privilege）を保障されているのである。」それゆえ、「本件内申書は、本来 Confidential なものとして内部的に留保されておかれるべき種類の情報を、ゆえなく第三者に洩らしたものである。」けだし、「受験校は……いまだ教育過程が成立しているわけでなく、両者は教育関係に立つものではない。そのかぎりにおいては、受験校もまた『第三者』にほかならない」から、『あったこと』は、第三者との関係において、無縁なもの・無関係なもの（Something irrelevant, indifferent）とすることによって Confidential な関係の存立および機能を保護しつつ、あるいは情報当事者に不可欠な生活の自由を確保することにある」との指摘は正鵠を射ています。

しかし、高裁はこの点についても何の判断も示さず、最高裁に至っては「開示は、入学者選抜に関係する特定小範囲の人に対するものであって、情報の公開に該当しない」から教育上のプライバシーを侵害しないとの的外れの判断（本来プライバシーは、開示する相手の人数に依存する権利ではないはずである。）をしています。

（3）本「意見書」の意義はこれに尽きるものではありません。特に、ひとりよがりの「公正」と子どもに対する「公平」性との乖離を鋭く指摘し、「だれにも開示せず、だれの批判にもさらされずに、こっそりと作成され伝達されることにより、かえって個人情報は、評価者の偏見・誤解・不注意その他の欠陥ゆえに『不公正』にわたることがありうる」のに、「個人情報は、当該情報の当事者たる本人（data subject）に見せずに、情報を作り出す者の専断にまかされるのが『公正』を保つのに必要だというのは、情報を作り出す者（人物評価権を授権された者）の無謬性を前提とした権力的発想にもとづく」というべきであるから、「『教育を受ける権利』の主体たる子どもに、その者の情報を開示し、意見をのべさせることをつうじて、教育過程を教育過程というにふさわしいもの（人格の接触をつうじた相互意思交換の過程）たらしめよう」とする必要があるとして、子ども・生徒の教育過程に「参加する権利」を認め、「自分を知る権利」をはめこむことが緊要であると説いています。

こうして「教育関係の一方の当事者であり憲法上の『教育を受ける権利』の主体である子どもの観点に立って、その子どもの教育関係資料は原則としてすべての子ども（その親）に開示し、そうすることによって関係資料の内容上の『公正』を確保する」ことが必須であることを説いたくだりは、その後の教育情報の開示への流れをリードし、情報開示を求める子ども・親にも大きな手がかりを与えました。

〈資　料〉

意　見　書

１９８１年4月
東京大学教授　奥平　康弘

目　次

第4章 内申書裁判の一審判決

内申書裁判で原告勝訴 東京地裁

思想・信条の不利益記載

教育評価権を逸脱

高校受験の内申書に「全共闘」と書かれて不合格になった、と東京都千代田区立麹町中学の卒業生、　　　さん(二七)＝東京都町田市木曽＝が、学習権侵害などを理由に、東京都と千代田区を相手取り、三百万円の損害賠償を求めた「内申書裁判」の判決が、二十八日午後一時から東京地裁民事五部で言い渡された。宇野栄一郎裁判長は「子どもの教育は、子どもの学習する権利に対応し、もっぱら子どもの利益のために教育を施す者の責務として行われるべきだ。調査書（内申書）の評定、理由の付記は、生徒の学習権を不当に侵害しないよう、客観的に公正かつ平等にされるべきだ」と学習権と内申書の評価（教師の教育権）の一般的基準を示したうえ、「原告の真摯（しんし）な政治的思想、信条に基づく行為を内申書に不利益な形で記載することは、教育評価権の逸脱、乱用に当たり、学習権を侵害するものだ」として都と同区に二百万円の損害賠償支払いを命じた。学習権保障の問題が判決の中で直接取り上げられたのは今回がはじめてであり、現行受験制度の中で大きな比重を占める内申書制度の運用のあり方について基準を示したことは、今後教育界に波紋を呼びそうだ。また、判決では「公立中学校でも、生徒の思想、信条の自由、生徒の言論、表現の自由、またはこれにかかる行為は最大限に保障される」と述べた点も、注目される。

（3・22・23面に関係記事、4面に判決理由大要）

学習権保障、前面に

これまで、家永教科書訴訟、学力テストなど主な教育裁判は、教育をする側の権利を中心に、「国民（教師）の教育権」、「国の教育権」といった形で、教育権の所在をめぐって争われ、教育を受ける権利そのものが真正面から取り上げられた例はなかった。また、内申書が司法判断の対象となったのも今回が初めてである。

宇野裁判長は内申書の記載内容やその記載で高校が不合格になったこと、記載内容に事実誤認の部分もあることなど、事実関係についてはほぼ原告の主張通り認めた。

続いてまず、内申書制度自体の是非について、「学力検査とともに、生徒の過去長期にわたる学習成績や生活を通しての人格全体をも（選抜の際に）考慮すべきだ」とその必要性を認めた。

そして、同裁判長は憲法二六条の「教育を受ける権利」について、「人間として成長発達し、自己の人格の完成を実現するために必要な学習をするものとして各自が生まれながらに有する固有の権利」だとした。この学習権のとらえ方から、内申書の「評定及び付記は、生徒の学習権を不当に侵害しないように、客観的に公正かつ平等にされるべきだ。評定が具体的な事実に基づかないか、評定に影響を及ぼす前提事実の認定に誤りがあった場合、または非合理的、違法な理由や基準に基づいて分類された場合などには、その評定は、不公正、不平等な評定というべきで、教師の教育評価権の裁量の範囲を逸脱した違法なものとなる」と、内申書評価に対する教師の教育評価権の限界を示した。

そのうえで、同裁判長は、公立中学校でも生徒の思想、信条の自由、生徒の言論、表現の自由が保障される、とし「思想、信条などに関する行為は、学校の正常な運営や教育環境が破壊される恐れがあるなど、学校側の教育の場としての使命を保持するための利益が侵害される恐れのある場合以外は、生徒のそのような行為を内申書でマイナスの理由として評価することは、違法な理由、基準にもとづく評定になる。原告の行為は、中学生として真摯な政治的思想、信条にもとづく言論、表現の自由にかかる行為で、中学校側の教育の場としての使命を保持するための利益を侵害したとはいえないから、原告の行為をマイナス評価の理由にしてはならない。また、記載内容にも事実誤認があり、原告の内申書の記載、評定は不公正、非合理であって、教育評価権の逸脱」と判断した。

卒業式事件については「騒乱を避けるための措置で、適法だったが、そのため原告を教室に連れ込み、拘束したことは手段として許される範囲を逸脱している」として学校側に非を認めた。

原告側は、「内申書は一回きりの入試制度の弊害を防ぐため、出身校の平常評価を生かす仕組みで、生徒の学習権を継続的に保障するもの」と内申書の法的性格を位置づけていた。この観点から、書の内申書は①教師の教育評価権限（教育権）の乱用にあたる②記載内容が、合否判定の資料としてはならない政治的信条、思想にかかわるもので、憲法一九条の「思想、信条の自由」と教育の機会均等を定めた教育基本法三条に反する③学校当局が、原告を不合格にさせる目的で、このような内申書を作成、提出したのは、教育を受ける権利の侵害だ――と主張していた。

これに対して、被告の都、千代田区側は、内申書の記載内容は「進学した高校で、指導する必要という見地から、当該記入すべき事実を記入したにすぎない。内容は、政治的思想、信条に関するものではない」と述べ、「内申書で重視されるのは、『学習の記録』で、原告の不合格は『全共闘』の記録によるものではない」と反論していた。

都と千代田区は控訴

東京都と千代田区はこの内申書判決が、「中学校教育に対する社会一般の良識的な期待と、これにこたえようとする真摯な実践を誤解している」として二十八日、東京高裁へ控訴の手続きをとった。

〈注〉**内申書事件**　原告の　　さんは四十六年二月から都立高三六群のほか、私立高四校を受験したが、いずれも不合格になった。受験の願書とともに各高校に提出された内申書（調査書）には、「行動及び性格の記録」のうち「基本的な生活習慣」、「自省心」、「公共心」の三項目が最低評価の「C」になっていた。さらに、特記事項欄から備考欄にまたがって、「この生徒は、二年生のとき、校内で麹町中全共闘を名乗り、機関紙「砦」を発行した。学校文化祭の際、文化祭粉砕を叫んで他校の生徒とともに校内に乱入し、屋上からビラをまいた。大学生ML派の集会に参加している。学校当局の指導説得をきかないでビラを配ったり、落書きをした」（裁判所の認定した概要）の記載があった。

卒業式事件　四十六年三月十八日の卒業式当日、式に出席しようと母親といっしょに登校した　　さんを校門のところで待ち構えていた教師らが式場から最も遠い室へ連れ込み、卒業式が終わるまで監禁していた。（原告側の主張）

なお、この事件が表面化してから中学側は別の内申書を作成、　　さんは都立定時制高校に進学した。

〈新聞記事〉内申書裁判で原告勝訴　東京地裁（朝日新聞１９７９年３月29日一面トップ）

コラム　判決をききながら……

いつのときもそうであるが、判決の言渡しを受けるときの、あの一種独特のはりつめた気持ちが極限まできてふいにはじかれるように解き放たれる瞬間というのは、言葉ではうまく表しがたい。こんどの場合もその例外ではない。

ただ「被告らは……各自金二〇〇万円……を支払え」との主文が宇野裁判長の口をついて淡々と流れるのを耳にしっかりと刻みこみながら、何故か「勝った」という思いではなくて、これでようやく長い歩みに一くぎりをつけることができたという安堵ともつかぬ思いが私のうちに湧き上がってくるのを確かめていた。「勝ちたい」と思っていたし、それを強く希《こいねが》ってもいた。しかし、正直にいえば、勝てるとは思っていなかった。いやもっと正確にいえば、卒業式当日の身体的拘束を含めて卒業式処分に関しては、私たちの主張は大筋で認められるだろうと予測はしていたが、内申書処分に関しては、私たちの主張の根幹をなすものがそれとして認められるのはかなり難しいのではないか、との悲観的な予測を拭い去ることはできなかった。私たちの主張や立証が裁判官を説得するには弱く不十分だったと思っていたわけではむろんない。むしろ、私たちは、私たちが七年間にわたって主張し丹念に積み重ねてきた主張や証拠のすべてを、最終準備書面のなかにまとめあげ盛りこむことができたとのいささかの自負もあった。

それでもなお、私はこんどのような判決内容を予測することができなかった。主文に続いて、宇野裁判長の述べる判決要旨をメモしていた私も、「公立中学校においても、生徒の思想、信条の自由は最大限に保障されるべきであって、生徒の思想、信条のいかんによって生徒を分類評定することは違法なものというべきである」というくだりが耳を強く打ったころからは、そのままメモを続けることができず、しばし全身を耳にして裁判長の口をついてくる言葉を耳に刻みこもうとつとめていた。ありていにいって、これは私の予測を超えた内容であった。次いで、裁判長が「原告の……行為は、中学生としての真摯な政治的思想、信条に基づく言論、表現の自由にかかる行為というべきである……」と述べるのを耳にしたときは、私の驚きは頂点に達していた。「真摯な」――当時、展人君が中学生として疑問を投げかけ問題として鋭く提起してきたことが、そのまま真摯な思想、信条に基づくものとして真正面から裁判所に認められたのである。

真摯であったのは展人君だけではなかった。三人の裁判官もまた、私たちの主張、立証に真摯に耳を傾けて、これに真摯に応えようとしてくれたのである。その結果が、今、裁判長の口をついて述べられているのである。一くぎりを、このようなかたちでつけることができたのは、言葉には到底言い尽くせぬほどありがたかった。このくぎりだけはしっかりと全身に刻印して、言渡しを終えた法廷を出た。（「内申書裁判ニュース」二六号〔一九七九年五月〕）

〔追記〕判決の深さ「余情」

1

判決文を受け取り、その全文を読み進めていた私は、判決の次のようなくだりに及んだとき、深い衝撃を覚え、しばし沈思せざるをえなかった。「一般に中学校は心身ともにはなはだしく個人差を有する青年期前期にある感受性の強い多数の少年少女の教育をつかさどる場であるから、学校長はじめ教師は……特段に配慮しなければならない」「一般に中学二、三年時は、青年期前期に見られる第二反抗期にあるものとして、自我形成の途上に伴う不安定な自己主張のため……往々にして既成の秩序に対する激しい反発的行動となってあらわれる……このようなことは青年の通常の精神発達の過程における自立性の促進を反映するものといえよう」「したがって、原告のいささか穏当を欠くと認められる行動も、このような自我形成期にあることを考えると、慎重な配慮をもって対応しなければならない」。

2

森田明教授は、一審判決に見られる、右のような少年審判決定にも似たトーンの高さに着目して、「原告側は『思想・信条の自由』といういわば大文字の法律上の主題を正面に押し出したが、裁判所はこれをむしろ「少年の成育発達という視点から問題をとらえなおし」ており、「こうした基調での問題の把握自体、我国の裁判所が教育ないしは青少年の成育発達という問題そのものに並々ならぬ関心を示したことを物語っている」と指摘している（『ジュリスト』六九四号、一九七九年、六二頁）。

森田教授のこの洞察は、一審判決の裁判官たちが、原告の行為の法的評価の前提をなす事実評価において、原告本人の行為とその成育過程を「寛容」な眼差しをもって正面から受け止めていたことを浮き彫りにしている。寛容な事実評価が、人権規定（子どもの思想・信条の自由や表現の自由）を根拠として法的判断をなすにあたってのベース（土壌）となっている、というのである。それは、いわば寛容な「生地」のうえに、人権という「柄」が組み合わされて織り成された織物に似ているといってよいだろうか。いかなる人権であれ、人権規定が適用されて具体的事案が適正に解決されるにはその基底において「寛容」が据えられていなくてはその実を結ぶことはできないのである。

こうして、「寛容」は「人権」と並んで、私の実務法曹としての歩みのなかで有用な問題解決概念となると同時に、いつのときにも向きあうべき実践的な課題となったのである（以上については、拙著『寛容と人権—憲法の「現場」からの問いなおし—』岩波書店、二〇一三年、一八四頁などを参照）。判決の「余情」は、いまなお私のなかに深く刻まれている。

第5章　「内申書裁判」最高裁判決についての若干の批判

1

いわゆる「内申書裁判（麹町中学事件）」について、最高裁第二小法廷（香川保一裁判長）は一九八八年七月一五日、原告（保坂展人）の上告を棄却する判決を言渡した。

判決は上告して七年余の沈黙を破って突然出されたものであるが、全文わずか九頁ほどの短い内容であるうえ、最高裁判決としての積極的な判示や憲法判断は示されていないため、そこから最高裁判決としての先例的価値を見出すことは困難である。

周知のとおり、本件は調査書（内申書）の作成提出の局面における教師の教育評価権限と生徒の教育を受ける権利（学習権）との緊張関係が正面から問われた事案であり、一審と二審が相反する対照的な判決をしたこともあって、上級審としての最高裁の判決が注目されていた。しかし、判決は争点とされたこの緊張関係については何ら積極的な判断を示さず、結果として二審判決を支持しているに止まっている。判決に一貫してみられる最高裁の皮相的・形式的な判断姿勢に対しては、近時の最高裁のあり方に対する批判ともあいまって別に厳しい批判を加える必要があるが、以下では短い判決内容から三点をとりあげて若干の批判を試みることとする。

いうまでもなく、本件では中学生の政治的表現の自由に対する制約一般ではなく、その事実を内申書という「学校の最終的な対外表示文書」に記載するに際しての制約が問題となっていた。

2

内申書は、筆記試験による一発勝負的な入学選抜の弊害を是正するため、出身校での平常評価を活かすしくみである。従って、その特殊性は、平常の教育評価が進学手続との接点で、教育評価の属性である継続性を遮断して一回的な選抜目的に供されることにある。こうして、内申書はその記載内容のいかんによっては、生徒の進学の機会そのものを奪うことがありうる。しかも、内申書は現在その内容が生徒や親には一切開示されないまま、中学校長から高校に直接送付され、生徒や親の側には開示請求・訂正申立て等の権利は一切認められていない。このような性格をもつ内申書の「行動及び性格の記録」のわずかなスペースに、生徒の政治的思想・信条にかかる行為を記載することに制約がないのかどうかが問われていたのである。

この点について判決は「表現の自由といえども公共の福祉によって制約を受けるものであるが、上告人の行為はいずれも中学校における学習とは全く関係のないものであり、中学校における教育環境に悪影響を及ぼし、学習効果の減殺等学習効果をあげる上において放置できない弊害を発生させる相当の蓋然性があるから、かかる弊害を未然に防止するため、右のような行為をしないように指導説得することはもちろん、生徒会規則において学校当局の許可にかからしめ、その許可のない文書の配布を禁止することは、必要かつ合理的な範囲の制約であって、憲法二一条に違反するものではない」。したがって「調査書には、入学者の選抜の資料の一とされる目的に適合するよう生徒の性格、行動に関しても、これを把握しうる客観的事実を公正に記載すべきものである以上、上告人の生徒会規則に違反する行為を上告人の性格、行動を把握しうる客観的事実として調査書に記載し、入学者選抜の資料に供したからといって、上告人の表現の自由を侵し違法に制約するものとはいえない」としている。

この判示部分は、表現の自由の制約根拠として古色蒼然たる「公共の福祉」を挙示するだけであり、しかも具体的な制約理由として学習効果上の弊害発生の蓋然性というまことしやかな理由を挙げるのみであるから説得力に欠けることはいうまでもないが、それらの一般論が何故に内申書の記載裁量につながり、「事実であれば記載が許される」と論結されるのかについての説明が全くなされていない点で著しく説得力を欠くものとなっている。

3

また、判決は本件内申書の記載は「上告人の思想、信条そのものを記載したものではなく、記載に係る外部的行為によっては上告人の思想、信条を了知し得るものではないし、上告人の思想、信条自体を高等学校の入学者選抜の資料に供したものとは解することができない」と断じて憲法一九条に反しないとしながら、それに引き続いて「調査書は、入学者の選抜の資料とされ、その選抜に基づいて高等学校の入学が許可されるものであることにかんがみれば、その選抜の資料の一とされる目的に適合するように生徒の性格、行動に関しても、それを把握し得る客観的事実を公正に調査書に記載すべきである」としている。

この判決の前半と後半が論理的に矛盾なくつながるものであるかどうかについては疑問がある。けだし、「性格、行動を把握し得る客観的事実を公正に記載すべき」ものとするならば、「記載に係る外部的行為によって思想、信条を了知し得る」に至るのは当然であるからである。

のみならず、教師が教育関係において取得した思想、信条にかかる情報は事実であってもこれを内申書に記載することは許されない。思想、信条にかかわる事柄は生徒自身が内心に留めておきたい事項であるばかりでなく、本来入学選抜に際して考慮してはならない事項である。これを生徒本人には秘匿しておきながら受験校に開示すること自体、教育関係の未だ成立していない「第三者」に開示したことを意味するから、教育上のプライバシーの権利を侵害するものである。ところが、判決は「調査書の記載による情報の開示は、入学者選抜に関係する特定小範囲の人に対するものであって、情報の公開には該当しないから」教育上のプライバシーの権利の侵害にならないとしている。

「特定小範囲の人に対するもの」であれ、本人には秘匿された自己に関する情報が「第三者」に開示されること自体が、そもそも「自己に関する情報をコントロールする権利」としてのプライバシーの権利の侵害になることを最高裁は知らないのであろうか。的外れの論を展開して恥じない最高裁判決に先例的価値は見出し難い。

4

＊上告審判決に対する私の批判として、別に『問われた教師の教育評価権――「内申書裁判」をふりかえって』(『季刊教育法』七四号、一九八八年、六二頁)があり、加筆のうえ、拙著『寛容と人権』(岩波書店、二〇一三年、一七四頁以下)に収録されている。

第6章

「日曜日授業参観訴訟」と教育裁量についての断想

―若い友人への手紙から―

Ｆさん、子どもたちと過ごした秋の一日はいかがでしたか。つかの間とはいえ、学校から一時解放されて、秋の日がな遊びに夢中になっている子どもたちの笑顔は、今もなおＦさんの心のなかに深く刻まれていることでしょう。

夏にはお手紙をいただきながら、返事が遅くなり秋になってしまった非礼をまずお詫びします。子どもの人権や学校の見直しが叫ばれながら、現状が一向に良い方向に向かっていないのは何故だろうか、とのＦさんの重い問いかけに答えを見出せないままに、遅ればせのペンをとりました。

Ｆさんの手紙には、文中随所に現在を生きる若者のしなやかな思考とセンスが溢れていて共感をおぼえるとともに、法学を学ぶ徒として荒削りな中にも肺腑をつくような鋭い論理が蔵されており、一度ならず考えさせられました。とりわけ、日本における教育裁判の現状に疑問を投げかけるくだりには、共感を超える論が含まれているように思います。

そこで、Ｆさんの疑問と指摘に応える意味でも、私がかかわった「日曜日授業参観訴訟」（東京地裁一九八六年三月二〇日判決、『判例時報』一一八五号、六七頁）を振り返りながら、教育裁量をどのようにして統制したらよいのか、を少しく考えてみようと思います。むろん、それは判決を批判するだけでなく、自らの裁判過程において見落としていたものが何であり、どんな点が不十分であったかをもう一度検証し、自己批判することをも意味しています。

「日曜日授業参観訴訟」がどんなケースであったかは、既にFさんも知っているところですから、以下の論述に必要な限りでごく簡単に述べることにします。一九八二年六月一三日・日曜日の「父の日」に、江戸川区立小岩小学校は父親参観授業を実施することとなり、正規の授業日として子どもを出席させるようにとの通知を親に出しました。同校に二人の子どもを通わせているSさん夫妻は、日曜日にはキリスト教の教会学校で子どもたちに宗教教育を行っており、二人の子どもも、教会学校にすすんで通っていました。自らの信仰を大事にした親子は結局授業を欠席する途を選んだのですが、学校は子どもを欠席扱いにし、その旨を指導要録にも記載しました。Sさん親子は指導要録の欠席記載の取消しと信教の自由及び教育を受ける権利の侵害による精神的損害の賠償を求めて、裁判を起こしたのでした。

本題に入る前に、「日曜日授業参観訴訟」の戦後憲法史における位置・意義について、若干ふれておこうと思います。Fさんは、樋口陽一教授が書かれた「自由をめぐる知的状況――憲法学の側から――」（『ジュリスト』九七八号、一七頁）という論文は読みましたか。樋口教授は、日曜日授業参観訴訟では「親の宗教理念に従って教育されるべきか、それとも、市民＝国家構成員としての理念に従って教育されるべきか、という選択が『国家からの自由』対『国家干渉による自由』というかたちをとって争われている」ととらえたうえで、これが教育裁判の本流に位置づけられるべきことを示唆しています。欧米で「教育」が憲法問題となるときの一般的構図から言えば、樋口教授がいみじくも指摘するとおりなのですが、若いFさんの眼から見ると、どのような像が描かれるのでしょうか。

いずれにしても、この事件では、日曜日授業参観への出席義務と、教会学校への出席の自由との調整が問題となっていたのです。図式的に言えば、校長の教育裁量と親・子どもの人権とが正面から衝突していた、といってよいかもしれません。〔なお、この事件が「教育のあり方」として孕むもう一つの構図について、私が求められて書いた〈一頁コメント〉を、参考までに本手紙に別添しておきます。〕

ところが、東京地裁判決は、日曜日授業参観の実施について校長に裁量権があることを前提とし、その逸脱・濫用を審査する過程で、信教の自由の侵害の有無について審査するという方式をとっています。つまり、教育裁量の土俵の上で、憲法問題の審査が行われているわけです。

問題の第一は、裁判所のとったこの審査方式にあります。人権制限の合理性の審査を行政裁量の当否という枠の中で行うという方式は、むろんこの判決に限らず、現代の日本の裁判実務を支配しています。しかし、行政裁量の存在を所与の前提として、その逸脱・濫用があるかどうかを審査するという方式では、概して行政裁量が優先され、政府利益が過度に重視されることは避けがたいといえます。それだけではありません。これでは優越的地位にある人権によって、行政裁量の存在それ自身を根本的に問うことが困難となるおそれがあるのではないでしょうか。

むろん、つとに奥平康弘教授が説いておられるように、問題はアメリカ型の違憲審査制とドイツ型の行政訴訟という異なった性質の制度が混在したままに営まれているという点にあり、この点を根本的に再検討することが先決といえるかもしれません。今はこれ以上この根本問題にふれることは差し控えますが、戸波江二教授が最近（当稿初出時）書かれた論文「統治過程における『裁判』――司法権の活性化の課題――」（『ジュリスト』八八四号、一九八七年、一三四頁）には、行政事件における司法審査の消極性の由来とその問題点が指摘されていますので、Fさんにも一読をおすすめします。

そもそも教育裁量を通常の行政裁量と同じレベルで語ることができるかどうかがまず問われなければなりませんが、その点はさておいても、本来教育裁量に優越すべき違憲審査が、教育裁量論の下位に従属させられ、裁量権の逸脱・濫用の枠の中で論じられる、という逆転した審査方式とどう対決するかを検討することは急務といえます。

日曜日授業参観訴訟の準備書面において、私たちは高柳信一教授や兼子仁教授の書かれた「意見書」に依拠しながら、違憲審査の基準についてはかなり詳細に展開しましたが、その前提問題として審査基準のもつ意味と位置や審査方式についてまで自覚的に論述することはしなかったように思います。これでは、折角の違憲審査基準が有効に機能する場面を設定しえないことになってしまいます。（なお、高柳信一教授の「意見書」は、『人間を護る』信山社、二〇〇一頁以下により知ることができます。）

しかし、更に一歩を進めると、違憲審査基準とのかかわりで考察する場合、問題となっている教育裁量を、司法審査を制限する行政裁量と同じレベルで論じてよいのかどうかも一度掘り下げて考えてみる必要があったような気がしてなりません。

これまでも、現代日本において学校・教師の行う分野はかなり広汎にわたっており、一口に教育裁量といっても一様でないことは、しばしば指摘されてきました。そして、教科教育の分野と生活指導の分野では区別して考えるべきであり、前者では教師の教育専門性を尊重するために、比較的広い教育裁量が認められるが、後者では本来子どもの自己決定権や親の教育の自由により、原理的に教師の教育裁量の余地は狭小であり、従って、校則や生活指導活動に関する裁判においては、目的や効果などの合理性の審査は裁判所が本来の権限として審査すべきだといわれてきました。

このように、これまでは、教師の教育活動の性質・機能に即して教育裁量の広狭が問題とされ、司法審査の範囲が論じられてきたに止まっており、それ以上に教師の教育専門性と行政庁の専門技術性と同じレベルにとらえたうえで、司法審査を制限する行政裁量とのアナロジーで教育裁量を議論するという基本姿勢そのものが問題とされることは少なかったように思われます。

しかし、三権分立の下で行政庁のもつ専門技術性をある範囲で尊重せざるをえないが故に司法審査を制限する「行政裁量」と、教師の教育活動がもつ特質から限定的に認められる「教育裁量」とは質的に異なっており、その裁量を統制する法理についても同一に論じられない面があるのではないでしょうか。〔何よりも、教育活動は「教師と生徒との人格的接触を通じ、その個性に応じて行われ」るものであり、日常的な教育過程の積み重ねという特質をもつのですから、教育裁量の結果それ自体とは区別された、教育過程の適正さをも審査するものとして、一方で他事考慮がなされていないか、他方で要考慮事項の考慮がきちんとなされたかどうかが、具体的事案に即してきめ細かく審査されなければなりません。また、審査基準・処分基準の設定・公開の有無、告知・聴聞などの事前手続の履践状況などの判断形成過程についても司法審査が丁寧になされなければならないと言ってよいでしょう。〕私も今のところ、これ以上の論及ができるほどには考えをまとめてはいませんので、問題を投げかけるだけに止めざるをえません。いつの日か、Fさんの意見・感想を聞きたいと思っています。

いずれにしても、日曜日授業参観訴訟においては、問題となっている校長の教育裁量の法的性質をきちんと見きわめ、違憲審査基準とのかかわりや教育に関する裁量統制のあり方と関連させて深く考えてこなかったことはたしかです。教育について国家からの自由を主張し、自由を侵害する力に対して司法的救済を実現するためには、司法の消極主義を打ち破るだけの法理をこちらから積極的に提示することが求められているといってよいでしょう。

日曜日授業参観訴訟を振り返ると、右の基本的な問題の他にもなお幾つか述べておかなければならない問題があるのですが、Fさんへの手紙も大分長くなってきましたので、もう一つだけ申し添えて、後は他日に期すことにします。

私たちは、親の宗教教育の自由とその意味を主張するにあたって、国際人権規約を手がかりにし、とりわけ、A規約一三条三項「この規約の締約国は、父母……が……自己の信念に従って児童の宗教的及び道徳的教育を確保する自由を有することを尊重することを約束する」を根拠にして、日本においても、親は自らの宗教・信念・思想に基づいて、学校の行うある種の教育に対しては拒否したり、一時的に学校の教育過程から子どもを引き離して参加させない自由（欠席の自由）をもっていることを強調しました。

このように、国際人権法を論拠に加えること自体はもとより問題はないのですが、その国際人権の位置を憲法や現行法とかかわらせて深くとらえる作業をしないまま、漫然と引用し論拠として挙げるだけに終わってしまったことを反省しています。これでは、教育裁量を統制し、裁判所に国際人権をもふまえた具体的救済を迫ることは困難です。

その意味でも、人権の普遍性の意味をあらためて問うことによって、憲法と国際人権との関係をとらえ返し、「憲法のほうを条約に適合するように解釈していくこと……つまり、人権条約の趣旨を具体的に実現していくような方向で憲法を解釈する、それが憲法解釈として必要になってくる。そういう方向で日本の人権保障の実定法体系を国際人権法のレベルにまで高めるという課題が、法律学者だけでなしに、人権の実践活動にも課されている」と説いておられる芦部信喜教授の論（「法学セミナー」四三七号、二九頁）を、もう一度しかりと噛み締めたいと思っています。子どもの権利条約にしても、それを日本における子どもの人権救済に現実に役立つ武器とするためには、条約を生のまま論拠とするのではなく、憲法や教育基本法などと深く関連させながらきめ細かな論議を積み重ねることが緊要なのではないでしょうか。

Ｆさんからの鋭い指摘と問いかけに促されるままに、日曜日授業参観訴訟におけるみずからの営みを反省しながら、思い浮かぶ断想を少し綴ってみました。思いつきと問題提起だけに終わっているようで内心忸怩たる思いですが、これからを担うＦさんたちのクールな眼差しとしなやかな姿勢の中から、子どもの人権救済に向けた確かな一歩が刻まれるのではないかと期待しています。

寒さに向かう折柄、ご自愛を祈念しています。

一頁コメント　弁護士として見た「日曜日授業参観訴訟」

学校教育に対する批判は、最近とみに強くなってきています。日本の近代化を支えてきた「学校信仰」が、揺らぎ出していることは否めません。

日本の近代化は、教育という本来は私的で多様な営みが、公教育に一元化され、学校が教育を独占していく過程の中で達成されました。そこでは、公教育の土台をなす「親の教育の自由」という意識は極めて希薄であり、親の教育権という観念は抜け落ちていました。したがって、公教育から自立した家庭の教育関係が、公教育と並んで正当に位置づけられることもなかったのです。

その結果、肥大化した公教育はその足元でぐらつき出しました。公教育は、多様で豊かな私教育＝親の教育の自由を土台にしてはじめて花開くものだからです。もともと公教育は、親の教育義務の共同化として、社会的・組織的に発展してきたものですが、「教育の私事性」は公教育の成立によってもこれに吸収されることなく、公教育の基底に存し、これを貫く原則であることに変わりはないはずです。親の教育の自由は、公教育に先行して存在し、公教育と緊張関係を保ちながら、公教育に日常的に要求を出し、これを批判することによって、公教育の内実を豊かにする源泉です。

それればかりではありません。親の教育の自由を認めることは、公教育が子どもを規格化し画一化することを防ぎ、日本社会を多元化し、豊かにすることにつながります。「みんなが同じ」ではなく、「みんなが違う」＝「一人ひとりが違う」ことを認めたうえで、公教育とこれを支える日本社会そのものを組み立て直すことがいま求められているのではないでしょうか。

「日曜日授業参観訴訟」は、信仰の継承という人間の内面的価値の形成の問題を通して、「信教の自由」という近代憲法の基本原理を問うただけでなく、公教育とその土台に存する親の教育の自由との関係を正面から問う訴訟でした。しかし、裁判所は、提起された問題の質と重さを受けとめることができず、既存の学校観と在来の教育常識にのっかり、平板で皮相的な判決を出して、こと足れりとしてしまいました。

＊なお、「日曜日訴訟」を、日本社会に根強く存する「学校信仰」へのプロテストの視点から問い返そうとした拙稿は、『寛容と人権』（岩波書店、二〇一三年、二〇七頁以下）に収録されている。

第7章 教師の懲戒権について
― 教育と懲戒についての省察・序説 ―

1

1 はじめに

教師による懲戒には、「教育の矛盾」が集約的に顕れている。「教育の矛盾」というより、「教育に内在する矛盾」と言い表した方がよいかもしれない。

学校教育法一一条は、「校長及び教員は、教育上必要があると認めるときは、監督庁の定めるところにより、学生、生徒及び児童に懲戒を加えることができる。ただし、体罰を加えることはできない」と定めている。この規定が、明治三三（一九〇〇）年八月二〇日の小学校令を引き継いだものであることを確認することから、本稿をはじめることにする。

小学校令四七条は、「小学校長及教員ハ教育上必要ト認メタルトキハ児童ニ懲戒ヲ加フルコトヲ得但シ体罰ヲ加フルコトヲ得ス」と規定していた。爾来、この規定は、教師に懲戒権を認めたものとされて、明治四〇（一九〇七）年三月二一日の小学校令の改正や昭和一六（一九四一）年三月一日の国民学校令を経ても、そのまま引き継がれた。それどころか、人権尊重を基調とする憲法や教育基本法の下でも、学校教育法においてほぼそのまま受け継がれて、今日に至っている。

② 利谷信義教授による疑問の呈示

私達に、今もなお鋭く突きつけられている指摘がある。一九七四年三月に開かれた日本教育法学会において、利谷信義教授によってなされた根源的疑問の呈示である。少し長くなるが、利谷教授の疑問をそのまま引用（「親と教師の懲戒権」『日本教育法学会年報』第四号、一九七五年、一九一頁以下）しよう。

「懲戒という言葉が戦前の法制からひきつがれたものである以上、それに新しい内容がもられたというならば、そこには深刻な内容的反省を伴わなければならなかったはずである。残念ながら、家族法学および教育法学において、この点の反省が十分であったとは言えない。むしろ、戦前・戦後における言葉の同一性が、内容の安易な同一化を結果したきらいがある」。懲戒が法律上の権利として認められたことにより、親や教師は刑事上・民事上の責任を免れることがあるが、「百歩ゆずって懲戒の有効性をみとめたとしても、これを懲戒権として法律上保障する必要があるのか、ということである。監護・教育のあるべき姿から言えば、そもそも親や教師が懲戒権で守られることを要しない。さらに、法的効果の面でも、監護・教育の過程において真にその必要から行われた行為は、懲戒権が法的に認められていなくても、そもそも刑法や民法の構成要件に該当しないであろうから、刑事上民事上の責任を問われるはずはない」。にもかかわらず、「法律上懲戒権を認めることは……監護・教育の必要と言いながら、実は抑圧・支配の手段としての懲戒行為を可能とするものではないか……。そうであればこそ、監護・教育の必要から言えば規定を要しないはずの懲戒権を、現行法上認めたのではなかったのか」と疑問を投げかける。

このような疑問を呈示し、家族法学と教育法学に原理的な課題を課したあと、利谷教授は自ら、「戦前の法体制において、親と教師の懲戒権がいかなるものであり、両者がどのように関連したかということについて、若干の検討を加えることにしたい」と論を進めている。同教授の歴史的検討は法制史資料に基づくものであり、3以下において展開する考察の前提となしうる十二分性を備えているので、要約にはなるが、できうるかぎり正確に引用することにする。

3 親と教師の懲戒権の歴史について

（1）まず、親の懲戒権については、明治政府による旧民法人事編（明治二三（一八九〇）年一〇月六日公布）が、「親権ハ父之ヲ行フ」（一四九）とし、「父又ハ母ハ子ヲ懲戒スル権ヲ有ス但過度ノ懲戒ヲ加フルコトヲ得ス」（一五一）としていた。これは、「子供ト云フモノハ親ニ従フノガ日本ノ道徳」との意見（法典調査会）に基づくものであった。

しかし、この旧民法の施行は延期され、改めて明治民法が制定（明治三一（一八九八）年六月二一日公布）されることとなった。その親族編は親権について、「子ハ其家ニ在ル父ノ親権ニ服ス但独立ノ生計ヲ立ツル成年者ハ此限リニ在ラス」（八七七）とし、「親権ヲ行フ父又ハ母ハ必要ナル範囲内ニ於テ自ラ其子ヲ懲戒シ又ハ裁判所ノ許可ヲ得テ之ヲ懲戒場ニ入ルルコトヲ得」（八八二）とした。起草者として中心的役割を果した梅謙次郎によれば、「懲戒権ハ主トシテ教育権ノ結果ナリト雖モ我邦ニ於テハ之レヲ未成年者ニ限ラサルヲ以テ必スシモ教育権ノ結果ナリト為スコトヲ得ス」とのことであるから、親権は、「子ノ利益ヲ護ル者」ではなく親の子に対する支配権であり、懲戒権は子を教育する手段ではなく、親の支配権の分肢に外ならず、「家族秩序の維持手段としての性格が、強く前面に出てきた」（利谷教授）ものになった。

（2）他方、明治五（一八七二）年八月に布かれた学制は、教師の懲戒権について明文の規定をおいていなかった。新律綱領（明治三（一八七〇）年一二月二七日頒布）による教令権とその裏付けとしての懲戒権の存在は当然の前提とされていたからである。

しかし、明治一二（一八七九）年九月の教育令第四六条は「凡学校ニ於テハ生徒ニ体罰……ヲ加フヘカラス」としたうえで、「体罰」とは「殴チ或ハ縛スルノ類」との注を付した。さらに、明治二三（一八九〇）年一〇月の小学校令六三条は「小学校長及教員ハ児童ニ体罰ヲ加フルコトヲ得ス」とし、体罰禁止規定をおいた。

それから一〇年後の明治三三（一九〇〇）年八月二〇日、前記のように、小学校令四七条は「小学校長及教員ハ教育上必要ト認メタルトキハ児童ニ懲戒ヲ加フルコトヲ得但シ体罰ヲ加フルコトヲ得ス」と規定し、教師に懲戒権を正面から認めたうえで、その限界を体罰禁止によって画するという体裁が整うこととなった。この学校教育法制が、その後、明治四〇（一九〇七）年三月の小学校令の改正や昭和一六（一九四一）年三月の国民学校令を経ても引き継がれたことは前述のとおりである。

このように、教令権とその裏づけとしての懲戒権が教育法制上も明確に位置づけられたことによって、「学校秩序の確立が前面に出る」ことになり、「教師を武装させ、権威づけたことの意義は大きい」と、利谷教授は論ずる。

（3）以上のように、明治三一年の民法親族編における親（父）の懲戒権と、明治三三年の小学校令における教師の懲戒権との二つは、共通の性格をもつものとして対応し、ほぼ同じ時期に法制上整備されたのである。

これにより爾後、子どもは、家族と学校において、親と教師の連携の下で、「監護」「教育」されることになり、その際子どもの行動を方向づける手段が、親と教師が有している懲戒権であった。家族と学校は、明治国家体制を下支えする役割を期待され、親と教師の懲戒権はその中核に据えられていたのである。こうして、明治憲法下における教育勅語ともあいまって、国家権力に従順な「臣民」を育成する体制が整えられたのである。

民法学の立場から有地亨教授も「戸主を頂点とする『家』制度と校長を頂点とする学校制度はヒエラルヒー的に構成され、親と子間、校長・教師と生徒・児童間はそれぞれ権力、服従関係によって支配され、懲戒権はそのような家父長制秩序を維持するための手段に用いられた」と述べている（「親の懲戒権と教師の懲戒権」『季刊教育法』二七号、一九七八年、八四頁）。

法制上は成立時期もその内容もほぼ同一となった「懲戒」概念が、実際にはどのようなものとして理解され把握されていたのかが、次なる問題となる。

4　明治憲法下における親と教師の懲戒権に関する裁判例

①大審院明治三七年二月一日判決（刑録一〇輯二号、一二三頁）

父親が知能の未発達の長男の不従順に立腹し、棒二本の両端をひもで縛り、長男の頭部をこの間に挟んでその両端を杭と樹木に結びつけたり、縄で長男の両手を背後に縛り小屋に押し込め棍棒で数回殴打し、約三時間監禁した事案について、大審院は「親権ヲ行フ父母ハ必要ナル範囲ニ於テ自カラ其子ヲ懲戒スルノ権利ヲ有スルヲ以テ、親権者タル父母カ懲戒権ノ実行上其子ヲ制縛監禁シ、又ハ之ヲ殴打スルノ必要アルニ当リテハ法律上之ヲ為スコトヲ得ヘク、其行為ニシテ苟クモ法律ニ定ムル『必要ナル範囲』ヲ逸脱セサル限リハ、刑事上ノ責任ヲ負フコトナカルヘキハ勿論ナリ」としたうえで、その懲戒の程度は「其親子ノ社会上ノ地位、懲戒ヲ受クル子ノ性情、親権者ノ矯正セントスル其子ノ非行ノ種類、性質等ニ依リテ定マルヘキハ問題ナルヲ以テ其手段竝ニ其寛厳如何ハ常ニ各個ノ具体的事実」について判断すべきであり、親は必要な範囲を超えなければ制縛監禁、殴打の懲戒も許されるとして、かなり広範囲な有形力の行使を許容した。

この判決は親の懲戒権の範囲と限度を示す最初のものであったが、その後も先例（リーディング・ケース）として引かれている（我妻榮『親族法』有斐閣、一九六一年、三三〇頁など）。

②大審院大正五年六月一五日判決（刑録二二輯、一一一一頁）

一年生の書き方の授業を妨害し侮辱的な言動を示した三年生に対し、憤慨した教師が直立を命じようとして胸をとらえて床に倒し、さらに壁に衝突させ、こぶや傷を負わせたという事案について、大審院は「校長及教員カ叙上ノ（小学校令四七条）懲戒権ヲ行フニ付キテハ須ク周到ナル注意ヲ用ヒ苟モ之カ為ニ児童ノ身体ヲ傷ツケ其健康ヲ害スルカ如キ結果ノ発生ヲ避止スヘキハ校長及教員タル職務上当然ノ義務」であるが、懲戒権行使による命令に対して、児童が従わなかったり逃げたりした場合には、「相当ノ力ヲ加ヘ其懲戒権ヲ行使」することも不法の行為というべきではないとしたうえで、業務上過失致傷として有罪とした原審判決を破棄して一審裁判所に移送し、同裁判所は「故意過失の有無に関する証拠が不十分である」として無罪とするに至った。

この判決は、教師の懲戒権の限界を規定する反面、その限度に至らない直接行動を容認するものであり、さらに逸脱した場合も故意過失を要件とすることによって限界を緩和しており、次の判決を導く基因となっている。

③福岡地裁久留米支部昭和五年一一月二六日判決（法律新聞三三二一号、四頁）

小学校教師が国語の成績品に父兄の認印を受けて提出を命じたのに、勝手に自分で捺印して提出した児童に対して、怒って殴打したので（その結果につき被害者は相当な傷害の発生を主張したが、裁判所は三、四回叩いたとしか認定しなかった）、被害者が慰謝料などを請求した事案について、裁判所は「蓋し身体に傷害を来さざる程度に軽く叩くが如きは、夫の父兄が其の保護の下にある子弟に対し懲戒の方法として屡々《しばしば》施用し居れる事例にして、此の事例に照らせば児童の保護訓育に任ずる小学校教員が児童に対し懲戒の手段として斯る程度の力を加ふることを得ずと為すは社会通念上妥当なる見解と謂ふを得ざればなり」とし、教師の殴打行為は「懲戒の手段として稍穏当ならずと雖叙上の如き事情の下に於ては其の有する懲戒権の範囲内の行為として之を是認せざるべからざる」と断じて、請求を認めなかった。

この判決は、「教師の殴打行為であっても体罰にならないもののあることを、親の懲戒権の現実のあり方からくる社会通念によって、積極的に根拠づけたもの」であり「親の懲戒権行使の現実をもって体罰禁止規定を骨抜きにするものであった」と利谷教授は批判する（「教育判例百選」『別冊ジュリスト』四一号、一九七三年、一八頁）。

（4）以上のように、明治憲法下の親と教師をめぐる法制上の変遷とその下での裁判例を丹念にたどった結果として、利谷教授は、「明治三〇年代初頭に確立した親と教師の懲戒権は、一応その範囲を画されながらも、裁判所によって、その行使についてきわめて寛大な取扱いをうけたのであった。それは、親と教師の権威の絶対化こそが、国家権力に従順な臣民を作るのに有効であるとされたからである」と指摘している（前掲・学会年報、二〇〇頁）。有地教授も、教師の懲戒権は親のそれと同質性を有し代行関係に立つと解しながら、教師に懲戒権を付与したことは、「教師が児童に対して支配的地位に立ち、権力・服従関係にあった」（有地・前掲論文、八四頁）と述べている。明治憲法下における教師の懲戒権の位置と意義は、これらの言説が端的に物語っていると言ってよい。

2

5 日本国憲法と（旧）教育基本法の下における親と教師の懲戒権

（1）日本国憲法の下における戦後の家族制度改革と教育制度改革は、親と教師の懲戒権にも大きな変化をもたらすことが期待されていた。

家族制度改革は、親権は父母の共同親権とし、その範囲を未成年の子に限るとした（八一八条）うえで、親権の内容は「子の監護及び教育をする権利を有し、義務を負う」こととした。また親の懲戒権は、子に対する支配権ではなく、子の監護及び教育に必要な範囲内で許容されるとした（八二二条）。（但し、戦後六〇年続いた、この規定には、「親権を行う者は……自らその子を懲戒し又は家庭裁判所の許可を得て、これを懲戒場に入れることができる」（一項）、その「期間は、六箇月以下の範囲内で、家庭裁判所が定める」（二項）とする条文が残置されたままであったが、実際には「家庭裁判所の許可を得て、懲戒場に入れるという制度は、現行法の下では存在しない」（我妻・前掲書三三一頁）ことから、漸く平成二三（二〇一一）年改正により削除された。）さらに、前記平成二三（二〇一一）年改正の際に、親権者の行う監護・教育は「子の利益のために」行うべきことが明文化され、それに伴い、親権者の懲戒権は「子の利益のため」の「監護・教育に必要な範囲内」と改正された。

しかし、教師の懲戒権を定めた学校教育法一一条は、文言上は明治憲法下の法令を引き継いでおり、その後の法改正によっても変えられることがなかったことは前述したところである。ただし、体罰が横行した戦前を省みて、昭和二三（一九四八）年一二月二二日、法務調査意見長官回答「児童懲戒権の限界について」において、『体罰』とは、懲戒の内容が身体的性質のものである場合を意味する。すなわち、①身体に対する侵害を内容とする懲戒―なぐる・けるの類―がこれに該当することはいうまでもないが、さらに②被罰者に肉体的苦痛を与えるような懲戒もまたこれに該当する。たとえば、端座・直立等、特定の姿勢を長時間にわたって保持させるというような懲戒は体罰の一種と解せられなければならない」とされた。さらに、特定の場合が②に入るか否かは、「機械的に判定することはできない」が、「当該児童の年齢、健康、場所的及び時間的環境等、種々の条件を考え合わせて肉体的苦痛の有無を判定しなければならない」とし、翌昭和二四（一九四九）年八月二日に法務庁が発した「生徒に対する体罰禁止に関する教師の心得」において具体的事例を例示して、その限界が明らかにされた。そのうえで、学校教育法施行規則一三条一項は、「校長及び教員が児童等に懲戒を加えるに当っては、児童等の心身の発達に応ずる等教育上必要な配慮をしなければならない」と定めている。

ここでは、その視点をまず懲戒を受ける児童等に置いて、その心身への苦痛の有無を中心にすえて懲戒権をとらえ返そうとする、視座の転換がめざされていることに気づくだろう。これは、教師の懲戒権が、明治憲法下と異なり、児童・生徒に対する支配権ではなくて、あくまでも、児童・生徒の人間としての尊厳を傷つけないことを前提とした、教育権の一貫としての懲戒権でなければならないことを志向していると言うべきである。

（2）こうした変化は、裁判上にも見られた。奈良・池原中事件についての大阪高裁昭和三〇（一九五五）年五月一六日判決（高裁刑集八巻四号、五四五頁）である。

中学教師が、懲戒のため整列させた男子生徒の頭部を右手拳で一回ずつ殴打した行為が暴行罪に問われた事案において、「基本的人権尊重を基調とし暴力を否定する日本国憲法の趣旨……に鑑みるときは、殴打のような暴力行為は、たとえ教育上必要があるとする懲戒行為としてでも、その理由によって犯罪の成立上違法性を阻却せしめるというような法意であるとは、とうてい解されないのである」と厳しく戒めている。そのうえで、弁護人の「親権を有する父母が其の子を懲戒の必要上体罰を加ふるも刑法上の暴行罪の対象とならざると同様」との主張を、「親という血縁に基づいて教育のほか監護の権利と義務がある親権の場合と教育の場でつながるにすぎない本件の場合とには本質的に差異」があると批判して、退けている（参照、小田中聰樹『教育判例百選』有斐閣、一二〇頁）。

このように、教師の懲戒を親のそれと同一線上にあるものとする見方を断ち切り、懲戒に付着する暴力性を払拭しようとする姿勢は、しかし、その後の裁判例や行政通達などにおいても貫かれることはなかった。戦後の体罰判例がなお揺れ動きを続けていることは、本書九四頁以下の「体罰裁判（民事）の一覧表」によっても明らかである（なお、私が、一九九〇年までの体罰判例を分析し論じたものとして、「体罰の全面禁止を求めて」（拙著『学校に市民社会の風を』筑摩書房、一九九一年、一四六頁以下）があり、あわせて参照いただきたい）。

いずれにしても、教師による教育の場での懲戒について、いま、根本的な省察が求められていることは確かである。本稿は、そのためのささやかな序説であるが、編集者の求めに応えて、歴史的変遷の叙述にいささか紙幅を割きすぎてしまったかもしれない。

6　現代公教育法制における教師による懲戒の変位と意味

3

（1）以上の歴史的叙述により明らかなように、教師による懲戒は、戦前の教育では、教育の権力性を支えるものとして重要な位置を占めていた。しかし、戦後は、教育の非権力性が説かれるようになって、懲戒はその位置を変えられ、片すみに押しやられることになるはずであった。

法律の世界では、懲戒とは、一般に「組織体における秩序違反者に対する制裁」とされているが、子どもに対するそれは、「子の監護教育上から見ての子の非行、過誤を矯正善導するために、その身体または精神に苦痛を加える制裁」（『新版注釈民法（二五）』有斐閣、一〇八頁）であり、生徒に対するそれは、「学校に在学する学生、生徒および児童に対して、紀律ないし秩序を維持するためまたは本人に対する教育上の必要から、一定の義務違反に対し制裁を科すこと」（天城勲編著『教育法規解説』第一法規、一九七一年、一五三頁）であると言われている。このように、懲戒は、その本質が「制裁」であり、そこには強制や非難という、生徒の自由意思への訴えとは異質的なものが含まれている以上、教育とは相容れないはずのものである。強制や非難あるいはペナルティーなどを内包する「制裁」によって、生徒の自由意思に訴えたりその良心を目覚めさせることは、およそ困難であり教育の本旨※からはずれたものとなるからである。

※子どもに良いものを齎すはずの「教育」が別のものを齎すこともあることは、内申書裁判の一審の最後（一九七八年六月八日）に証人となった高柳信一教授の次の警告にこめられている。高柳教授は、グラッペンの「教育は個人の自由にとって最大の恵沢である。しかし同時に又個人の自由にとって潜在的に最大の脅威である」という言葉を引用し、教育に人権侵害的要素が内在していることを指摘した後、「民主主義になれば、そういう個人の自由を抑圧する教育はなくなるかというと、決してそうではなく、むしろ民主主義だから尚更そういうふうに教育が機能せしめられる条件というものがある」と喝破して、教育に内在する危険性に不断の注意と監視が必要であるとしている。

（２）そもそも、学校で行われる懲戒には、①教師が日常の教育活動の中で行う叱責や起立・居残り学習や作業の指示などの個別的な制裁措置である「事実上の懲戒」の領域と、②生徒等の退学・停学・訓告という在学関係上の法的地位に一定の法的効果を及ぼし、学校（教師集団）として行う「懲戒処分」の領域との二つがある。それぞれの領域とも問題を孕んでいるが、以下では、依然として問題が多いにもかかわらず未解明な部分が残されている「事実上の懲戒」の領域（①）に絞って、論及をもう少し続けることにしよう。

この「事実上の懲戒」に関して、兼子仁教授は、『教育法（新版）』（法律学全集、有斐閣、一九七八年）において、次のように述べている。少し長くなるが、そのまま引用することにする。

「この法律規定は、学校教師による懲戒がもっぱら教育目的のためで教育権の一環にほかならないこと（教育的懲戒権）を確認するとともに、児童生徒等にたいする権利制限性を多分に伴う権能であるため、現代公教育法制としての学校制度の法定に際し一定の限定を法定しておくことを目的としている。」「学校教師が児童生徒等に対し、叱責や起立・居残り・作業などの指示といった制裁措置をとる『事実上の懲戒』は、人的規律性を伴っているが、教育条理上それは一定範囲において学校教育関係に必要な教育的権能として認められよう。……教師による懲戒は、教育権の一環として、生活指導のなかに教育専門的に位置づけられて児童生徒の人間的成長と学習権を保障するように行われるのでなくてはならない。実際、学校教師はへいぜい児童生徒の生活行動について生活指導を教育専門的に行っていくべきもので、懲戒はその中で教育上強い制裁措置を必須とするときに行われる、ひろい意味での生活指導方法にほかならない。」それゆえ、「現代教育における懲戒は、児童生徒にたいする強制だけでなく、本人の基本的な合意を根ざす人間的成長のための反省指導の要素を多く含むものである。……制裁措置たる懲戒は、単なる生活指導の場合以上に人権・権利の制限にわたりやすく、人身の自由や名誉権（とくに公開の懲戒の場合）の侵害にならないように注意されなくてはならない。」としたうえで、「学校教師の懲戒権の法的根拠は……国公私立学校を通じて、在学契約に示された親ないし生徒本人の当該学校教育をうけるという基本的同意である」が、これは「在学契約に教育条理上伴なう教育法的契約内容として、学校教師には一定範囲の教育的懲戒権が在学児童生徒に関して当然に認められうる。」という（四三三〜四三四頁）。

ここには、「懲戒」が秩序維持的観点ではなく、子どもの人間的成長発達と学習権を保障する人間教育的観点からとらえ返されて、教師の専門的教育権の一環に組み入れられたうえで、「生活指導」と繋げられその延長上に位置づけられようとしている。そして、懲戒権の行使に枠をはめるのではなく、逆に学校教育を受ける親ないし生徒本人の基本的同意なるものを擬制して、「教育的懲戒権」の名の下で是認してゆこうとする姿勢が見受けられる。日本国憲法下の教育法制において、教育の暗部・闇へと押しやられたはずの教師の懲戒は、新たな装いをもって光があてられようとしている、と言ってよい。

（3）「教育的懲戒」に連なるとされる「生活指導」は、より肯定的に説かれているように思われる。再び、兼子教授の前掲書・四三一頁以下を見てみよう。「教師の教育権には、教科教育のほかに、ひろく児童生徒の学校生活をめぐる人間的成長発達の指導助言活動である『生活指導』の権能が広汎にふくまれている。……生活指導も、教科教育と同じく児童生徒の学習権を保障していく学校教育活動であるが、そこにおける人間的成長発達の性質上、教科教育に増して、教育専門的水準を高めることがむずかしいとともに、児童生徒ないし父母の主体的意思を尊重していかなければならない。……生活指導は教科教育にはるかに増して、児童生徒の各種の人権・権利と直結しており、それらの人権・権利を侵害することなく学習権・人間的成長発達を保障していけるような指導助言活動でなくてはならない。そのためには、たんに消極的な指導態度ではなく、生活指導についても十分な教育研究をうらづけにした教育専門的水準の向上が期待されるのである。」

ここでも、教師に生活指導権があることを当然視したうえで、それが「生徒の人権・権利を侵害することなく学習権・人間的成長発達を保障していけるような指導助言活動でなくてはならない」と説かれている。

しかし、現実には「生活指導についても十分な教育研究をうらづけにした教育専門的水準の向上」は見られず、教育専門性からは程遠い、場当たり的な対応策や弥縫策《びほう》がとられる実例は枚挙に暇がないところである。「生徒指導」の名の下で生徒を追いつめ、その心に絶望を植え付け、生徒がその心身を切り刻む結果となる事態も起こっているのである（大貫隆志編著『指導死』、高文研、二〇一三年に詳しい）。

（なお、教師の生活指導権の範囲は、校内だけでなく校外にも及んでおり、親の教育の自由や懲戒とも衝突し抵触したまま、整理と限定もなされず、無反省に放置されているが、生活指導は原則として校外には及ばないとすべきである〔拙著『学校に市民社会の風を』筑摩書房、一九九一年、一二七頁以下。本書二三六頁以下を参照〕。）

（4）このようにして、教師の教育活動が、指導助言的な「生活指導」から、生徒に対する一定の強制を含む「懲戒」の領域へ移行するとして、二つを連続的にとらえる考え方は、兼子教授に見られるだけでなく、現在に至るまで多くの教育法学者にも支持されているようである（代表的なものとして、市川須美子『学校教育裁判と教育法』三省堂、二〇〇七年、一一〇頁以下など）。そして、こうしたとらえ方は、「懲戒は、弱味をもった一部の生徒に加えられる強制で、密室で行われ、闇に葬られやすい。生徒の人権が、秘かに侵害されやすい領域なのである。しかも、侵害は教育の名によって行われる。教育の名で権力が、生活指導の名で強制が、そして時には教育愛の名で報復が加えられる。生徒懲戒にはきわめて陰湿な世界がかくされている」とする深い自省（坂本秀夫『生徒懲戒の研究』学陽書房、一九八二年、五頁）を伴いながらも、三〇年以上もの間、批判的に検証されることなく維持されてきたのである。

その結果、教育現場では、懲戒は時にいびつなままにあやまって行使されたり※、実質的には懲戒でありながら強力な指導助言活動として装われたまま、生徒の心身を傷つけることも起こっているのである。

※いじめ防止体策推進法二五条は「校長及び教員は、当該学校に在籍する児童等がいじめを行っている場合であって教育上必

要があると認めるときは、学校教育法十一条の規定に基づき、適切に、児童に対して懲戒を加えるものとする」が、そこには教師に懲戒という強制力があることをあえて再認識させて、教師に毅然たる対応を求める姿勢だけが際立っている。

（5）懲戒と生活指導とを連続してとらえることは、懲戒の底に存する強制的要素を見えにくくし、また懲戒と生活指導との間に本来あったはずの仕切り・境を見落とすこととなり、懲戒を混迷させるとともに、教師の懲戒や生活指導に対する生徒や親の不満を鬱積させるだけの結果となっている。そうだとすれば、懲戒と生活指導に、生徒の権利保障のために手綱をかけ、最低限度の法的枠を科し、その実際的適用を限定的なものにする必要がある。

懲戒は、制裁として強制や非難を含み、不利益措置としての性格を有している以上、それが科される前には、対象たる生徒に対して、その問題行動ないし非違行動などについて、親を含む第三者（弁護士も含む）の立ち会いの下で、十分な告知と聴聞・弁明の機会を与えるとともに、その事情聴取の結果を記録にとどめ、それらの記録を本人と親を含む一定の者に開示する、という手続的な保障を最低限の法的措置としてとるべきである。教育的懲戒というのであれば、なおさら、教育的な検証が後に可能となるような丁寧な取扱いが要求されるべきである。もとより、こうした手続的な保障の履践は、「懲戒」の段階に移行してはじめて求められるのではなく、連続しておりその境目を画することも困難な「生活指導」の段階でも同様に履践されなければならない。教師の「教育専門的水準の向上」は、大学での講義や机上の勉強でよりも、こうした個別具体的な教育実践記録の丁寧な検証を日常的に積み重ねることによって、はじめて可能となるからである。

（6）このように、教師の懲戒権について根源にまで遡り、問い直しや厳しい制約を科すことは喫緊の課題ともなっているが、それはまた、子どもに対する暴力に関する国際社会の歩みに添うものであり、形成されてきた国際準則の要請にも応えるものである。本稿を閉じる前に、「子どもに対する暴力の絶対的・全面的禁止」

に向けての国際社会の歩みと到達点を辿り確認しながら、教師の懲戒権について釘を刺しておきたい。

・一九八九年　子どもの権利条約は、一九条一項、二八条二項、三四条、三七条（C）、三八条において、子どもへの暴力が子どもの人権を侵すものであるとした。

・一九九九年　社会権規約の一般的意見一三は、「委員会の見解によれば、体罰は、世界人権宣言及び二つの規約の前文に謳われている国際人権法の基本的な指導原則、すなわち、人間の尊厳と矛盾するものである。公然と行われる侮辱などの学校の規律のその他の側面もまた、人間の尊厳と相容れないであろう」と指摘している。

・二〇〇一年　国連・子どもの権利委員会（CRC）は、〔一般的討議の勧告〕「家庭及び学校における子どもへの暴力」を発している。そこでは、「教育は、二八条二項に規定される規律についての厳格な限界を尊重し、学校における非暴力を推進するような方法で提供されなければならない。委員会は、最終見解において、体罰の行使が子どもの固有の尊厳及び学校の規律についての厳格な限界を尊重するものとは言えないことを繰り返して明らかにしてきた」と述べている。

　同年、国連総会は、事務総長に対し子どもへの暴力に関する詳細な研究の実施を決議し、独立専門家としてパウロ・セルジオ・ピネイロを任命した。（このように、その分野の専門家を任命し詳細な調査・研究を実施したうえで、報告書を提出させて課題を析出するという手法は、女性に対する暴力の問題においても同様にとられている。）

・二〇〇六年　ピネイロは、調査・研究を遂げた結果、国連総会に「子どもに対する暴力に関する報告書」を提出し、「子どもに対する暴力はいかなるものも正当化できず、防止可能である」と明言した。なお、そこでは「暴力」とは「あらゆる形態の身体的若しくは精神的な暴力、傷害若しくは虐待、放置若しくは怠慢な取扱い、不当な取扱い又は搾取（性的虐待を含む）」と定義している。この「報告書」をふまえて、次の二つの措置がとられている。

第一に、ＣＲＣは、〔一般的意見八〕「体罰その他の残虐なまたは品位を傷つける形態の暴力から保護される子どもの権利」を発表した。そこでは、「体罰」とは「物理的力が用いられ、かつ、いかに軽微であろうと何らかの苦痛または不快を起こすことが意図されたすべての罰」と定義する（ここでは、「いかに軽微であろうとも」と厳しく戒めていることに留意すべきである）。また、「子どもの品位を傷つける精神的・心理的な罰」とは、「例えば、子どもをけなし、辱め、侮辱し、身代わりに仕立てあげ、脅迫し、こわがらせ、または笑いものにするような罰」だとしたうえで、法律による全面的禁止を求めている。

また、ＣＲＣは、「体罰が懲戒（規律、しつけ）の名の下で正当化されることを拒絶する」と明確に指摘して（CRC/C/GC/8（2006））、注目された。

第二に、国連総会は、〈子どもに対する暴力に関する国連事務総長特別代表〉を設置することにし、二〇〇九年、マルタ・サントス・パイス（ＣＲＣの元委員）を特別代表に任命した。（パイスは日本にも来て、日本の関係者（日弁連やＮＧＯなど）からも事情聴取し意見交換をしている。）

・二〇一一年　ＣＲＣは、〔一般的意見一三〕「あらゆる形態の暴力からの自由に対する子どもの権利」を採択した。これは、世界の子どもたちが直面している暴力は、体罰だけでなく、ネグレクト、性的虐待、障害児に対する暴力、いじめをはじめとする子ども同士の暴力、自傷行為や自己危害、ＦＧＭ（女性器切断）、マスメディアにおける暴力、インターネット等の情報通信技術を通じた暴力などあらゆる形態の暴力等を含んでいることを指摘し、これらについて包括的な取り組みを求めている。促されている措置は多岐にわたるが、子どもの権利の視点に立った「国家的調整枠組み」の構築と即時的実施が緊要であり、問題が生じる度に対処療法を繰り返すだけでは、子どもに対する暴力の効果的減少にはならないと強調していることが目を引く（詳細は、「子どもの人権」第五三号〔子どもの人権研究会、二〇一一年一一月〕を参照）。

以上のような国際準則の発展をふまえて、実際にも国際社会において子どもに対する暴力の全面的な禁止に向けての歩みは近年顕著に見られるようになり、子どもの体罰の全面的禁止を掲げている〔Global Initiative to End All Corporal Punishment of Children〕によれば、世界の約三分の二の国が学校における体罰を法律で禁止している（二〇一三年一一月現在）。伝統的に体罰を容認していたイギリスも、ヨーロッパ人権裁判所の判決（一九八二年）を受けて、一九八六年に公立学校での体罰は禁止されたのであるが、私立学校での体罰はそのままになっていた。しかし、二〇〇三年までには私立学校においても禁止された。

家庭における体罰を含む全面的禁止を達成した国は、二〇一四年九月段階では三九ヶ国になっている。一九七九年に家庭での体罰を含む全面的禁止を定めたスウェーデンを皮切りに、北欧諸国やヨーロッパの国々に広がり、近年はドイツ（二〇〇〇年）やアイスランド、ハンガリー、ギリシャ、オランダ、スペイン、ポーランド（二〇一〇年）なども加わっており、最近は中南米の国々やアフリカ諸国にも広がっており、今後も増えてゆくことが予想される。そうした趨勢のなかで、パイスは「例外のない法の制定」を強く訴えている。

体罰は、①家族・家庭の中、②学校等の教育施設の場の他、③福祉・養護施設や矯正施設等の場でも起きており、あらゆる場での体罰の禁止を現実に実現することが求められている。それには、子どもに対する「懲戒権」そのものをもう一度根源から問い直すことからはじめるよりほかないだろう。

判　決　内　容
・暴行行為は、感情的なもので懲戒権の行使と見るべきではなく、又懲戒の手段としても暴行をすることは許されない。 ・暴行と精神分裂病との因果関係を否定 →町に対し慰謝料（3万円）のみ認容
・「本件懲戒行為は、単に教育的効果を期待しえない不適当な訓戒の方法であるというにとどまらず、原告の身体的自由を長時間にわたって拘束し、その自由意志を抑圧し、……ついには体罰による身体への侵害にも及んだのである」から、「懲戒権を行使するにつき許容される限界を著しく逸脱した違法なものである」 ・教師にとって被害者が自殺することは予見不可能であり、懲戒行為と死亡との因果関係は認められない →県に対し慰謝料（3万円）のみ認容
・体罰と児童の蜘蛛膜下出血との間には因果関係がある ・「学校教育法11条は……明文をもって体罰を禁止しているから、加害教師のなした殴打行為が違法であることは明瞭である」 →市に対し治療費（4万4450円）、慰謝料（100万円）を認容
・本件加害行為に至る経緯とその態様からすれば、教師は校内での規律維持を含む教育上の目的から懲戒行為をなしたものとみられるが、「加害行為はいわゆる体罰に属するものである」から正当な懲戒権行使の限界を逸脱し違法 →県、市に対し慰謝料（10万円）を認容

第8章　体罰裁判（民事）の一覧表

判決年月日	当　事　者	体罰の態様・程度
福岡地裁 飯塚支部 1959・10・9 『下級裁判所民事裁判例集』 10巻10号 2121頁	被害者は中学3年生（男） 加害者は公立中学校体育担当教師（男）	校内で発生した盗難事件について事情聴取を行なった際、被害者の態度に腹を立てて顔面を2回殴打 （被害者は、中学卒業後精神分裂病の診断を受け通院）
福岡地裁 飯塚支部 1970・8・12 『判例時報』 613号 30頁 （最高裁） （1977・10・25） （『判例タイムズ』 355号 260頁）	被害者は高校3年生（男） 加害者は県立高校担任教師（男）	授業中の態度等について長時間説諭し、その間平手で頭部を数回殴打 （被害者は、担任教師を恨む旨の手紙を残して翌日自殺）
前橋地裁 高崎支部 1972・9・7 『判例時報』 680号 24頁	被害者は小学4年生（男） 加害者は公立小学校担任教師（男）	体育の授業中さわいだことを注意され篠の教鞭で頭頂部を1回強打（被害児童が脳動静脈奇形という先天的体質の保有者であったため、蜘蛛膜下出血となり、加害教師は責任を感じ後に自殺）
横浜地裁 1978・3・31 『事故処分判例』 3巻917頁	被害者は中学2年生（男） 加害者は公立中学校教師（男）	怒鳴りつけて生徒の胸ぐらをつかんだうえ、右頬部を平手で2回叩いた （生徒は2日後から恐怖心等のため約1ヵ月にわたり不登校に陥った）

判決内容
・体育授業中における懲戒行為は、体育授業の本来的目的から外れるものであるから、それを行う必要性があり、その方法が通常行われているもの（例えば運動場内のマラソン、うさぎ飛び、正座等）にして社会通念上相当にしてかつ危険を伴わないものたることを要する ・直ちに体罰であるとまではいえないが、懲戒の限度を超えた違法な行為であり、本件事故につき体育教師には過失がある →県に対し入通院慰謝料（230万円），後遺症慰謝料（200万円），弁護士費用（50万円）などを認容
・懲戒行為であると体育のための指導・訓練であるとを問わず、学校ないし教師が生徒に一定の行為を命ずるにあたっては生徒の安全に十分配慮すべきである ・直ちに体罰であるとまではいえないが、懲戒の限度を超えた違法な行為である →県に対し入通院慰謝料（230万円）、後遺症慰謝料（230万円）、弁護士費用（70万円）などを認容
・暴行の程度、その後の被害者の行動等からみて、暴行と死亡との因果関係を認めることはできない →請求棄却
・体罰および同級生の暴行と突発性難聴との因果関係を認め、体罰は学校教育における懲罰行為の行使の過程でなされたものである →国賠法1条により市、民法914条により加害生徒の両親に対し、逸失利益（345万2257円）、慰謝料（170万円）、弁護士費用（50万円）など合計584万1001円を認容
・被害生徒が清掃時間に遅れたのについては正当な理由があるのに、その事情もよく把握しないまま体罰を加えた措置は、教育上の必要性を欠く違法なもので過失は免れない →県に対する慰謝料（50万円）、弁護士費用（10万円）など合計66万2859円を認容

判決年月日	当　事　者	体罰の態様・程度
千葉地裁 1980・3・31 『判例時報』 1112号 58頁	被害者は高校1年生（女） 加害者は県立高校体育教師（男）	体育の授業中、バスケットボールのパス練習中にボールを相手方チームにとられたことを理由に、女生徒6人を体育館2階ギャラリーの高さ3.1 m のコンクリート縁に懸垂させたところ、一女生徒が手足がしびれてバランスを崩して床下に落下して腰を強打
東京高裁 1984・2・28 『判例時報』 1112号 54頁	同　上	同　上
水戸地裁 1982・12・15 『判例時報』 1078号 112頁	被害者は中学2年生（男） 加害者は公立中学校体育教師（女）	悪ふざけをたしなめるために頭を右手拳で数回殴打 （被害者は、1週間後、脳内出血で死亡）
神戸地裁 伊丹支部 1984・4・25 『判例時報』 1134号 128頁	被害者は中学1年生（男） 加害者は公立中学校体育教師（男）	自習時間の課題をやっていなかったことに対する訓戒として、数回にわたり投げとばし、更に右足で右腹付近を強く足蹴りし、左耳左顔面付近を平手で1回強打 （被害者は、翌日、同級生から左耳顔面付近を平手で殴打され、その後右耳が突発性難聴となる）
鹿児島地裁 1984・11・6 『判例地方自治』 12号61頁	被害者は中学1年生（女） 加害者は公立中学校担任教師	清掃時間に遅れた女生徒に対し、理由を十分聞かないまま顔面を殴打したため、外傷性・心因性の傷害を負わせた

判決内容
・「慎重な教育上の配慮のもとに……行われる限りにおいては、状況に応じ一定の限度内で懲戒のための有形力の行使が許容される」 ・本件懲戒行為は口頭による注意に匹敵する行為であって、教師の懲戒権の許容限度内の適法行為である →市の責任を否定
・「体罰とは、事実行為としての懲戒のうち、被罰者に対して肉体的苦痛を加える制裁をいい、殴る・蹴る等その身体に直接有形力を行使する方法によるものと、正座・直立等特定の姿勢を長時間にわたって保持させる等それ以外の方法によるものとが含まれる」 ・「いやしくも体罰が加えられたといえる以上は、たとえ懲戒行為としてなされたものであっても……法律上は違法な行為であって、体罰に違法なものと適法なものとがあるというが如き見解は、当裁判所の採らないところ」 →市に対する慰謝料（5万円）を認容
・「とっさに怒りを覚えて殴打行為に及んだものと推認するのが自然である」 →都に対し慰謝料（20万円）、弁護士費用（10万円）を認容
・有形力の行使が殴打・足蹴り等生徒の身体に傷害を生じさせるようなものである場合には、違法な体罰である ・「大声で怒鳴り、原告をして学校を退出し、欠席するに至らせたということからすれば……懲戒の範囲を逸脱し、教育的配慮を欠いて違法」 →県・市に対し慰謝料（30万円、各行為につき10万円）を認容
・体罰と難聴との因果関係は否定したが、耳鳴りとの因果関係は認める ・「（傷害の発生は多分に偶発的な要素によることがある。傷害を発生させないためにも、体罰自体を厳禁する必要がある）」 →県に対し慰謝料（30万円）を認容

判決年月日	当　事　者	体罰の態様・程度
浦和地裁 1985・2・22 『判例時報』 1160号 135頁	被害者は中学2年生（男） 加害者は公立中学校担任教師（女）	自習時間中自席を離れていたことに対する懲戒として出席簿で頭を1回叩いた
静岡地裁 1988・2・4 『判例時報』 1266号 90頁	被害者は中学2年生（男） 加害者は公立中学校担任教師ら（男）	上履きをはいたまま床上に正座させたうえ顔面を平手で十数回殴打し、更に手拳で頭頂部を軽く数回小突き、更に顔面を平手で数回殴打 以上により第4時限の授業を受けさせなかった
東京地裁 1989・4・24 『判例時報』 1330号 64頁	被害者は定時制高校4年生（男） 加害者は都立定時制高校体育担当・学級担任（男）	学級日誌に対し揶揄するような論評を書いた教師に抗議したところ、教師は手拳で顔面を殴打
浦和地裁 1990・3・26 『判例時報』 1364号 71頁	被害者は中学3年生（男） 加害者は公立中学校担任・体育担当教師（男）	2年次、職員室に通じる階段踊り場で、顔面を平手で数回殴打、腹を膝で蹴る 3年次、社会科資料室において、顔面を平手で殴打 同12月、朝の学級活動において、級友の面前で、「二度と学校に来るな」「もし来たいんなら、親と一緒に俺の前で土下座して謝れ」と怒鳴りつけ登校を禁止した
鹿児島地裁 1990・12・25 『判例時報』 1395号 124頁	被害者は高校3年生（女） 加害者は県立高校生活指導係教師	正座させて側頭部等を数回平手で殴打 （被害者は、耳鳴りが続き、難聴になった）

判決内容
・「他の生徒たちが給食をとっている中で、原告を正座させて顔面を蹴ったもので、屈辱感を与えるものであった」「原告が負傷しているとわかったのに……これを放置した」 ・事故報告書に一部不正確な点があり、原告は訂正を求めたが、市教育委員会は応じなかった →市に対し慰謝料（50万円）、弁護士費用（5万円）を認容
・頭部を教務手帳で叩き、傷害を負わせた点に関する限り、違法性がある →市に対し治療費（3630円）、慰謝料（30万円）、弁護士費用（10万円）を認容
・各有形力の行使は、いずれも明らかに体罰で、しかもその違法性も相当強く、侮辱的発言も、身体に対する侵害とあわせて一連の連続した行為ととらえて評価するのが相当である ・これらの違法行為と自殺との間には相当因果関係はなく、自殺の予見可能性はない →県に対し慰謝料（300万円）を認容
・頚椎捻挫と暴行との間には因果関係がある ・いわれのない暴力を教師から受けて、教師に対する不信感が生じ、長期欠席を余儀なくされた ・事故報告書の訂正の申入れをしたが、すみやかに訂正せず、また、内申書に暴行が欠席の原因であることを明記しないなど不誠実な対応をした →市に対し慰謝料（150万円）、弁護士費用（30万円）を認容
・殴打はかなり執拗で、その程度もかなり強いものであり、教育上の必要もなく違法 →県に対し慰謝料（20万円）、弁護士費用（2万円）を認容
・「学校教育の現場において体罰が根絶されていないばかりか……体罰擁護論が、いわば国民の『本音』として聞かれることは憂うべきことである。教師による体罰は生徒・児童に恐怖心を与え、現に存在する問題を潜在化させて解決を困難にするとともに……生徒・児童に対し暴力によって問題解決を図ろうとする気風を植え付ける」 →都と市に対し慰謝料（50万円）を認容

判決年月日	当　事　者	体罰の態様・程度
千葉地裁 1992・2・21 『判例時報』 1411号 54頁	被害者は中学2年生（男） 加害者は公立中学校担任・体育担当（男）	給食開始時刻に遅れたことを理由に正座させてその顔面を足で2度蹴る
大阪地裁 1993・9・3 『判例時報』 1494号 130頁	被害者は高校2年生（男） 加害者は工業高校実習助手（男）	製図の授業中に、実習助手に教務手帳で頭部を数回叩かれて負傷した
岐阜地裁 1993・9・6 『判例時報』 1487号 83頁	被害者は高校2年生（女） 加害者は高校陸上競技部顧問教師（男）	部活動において「ブス」「のらくらでぐず」などと侮辱され、頭部を竹の棒や試合用のやりで叩かれ、顔面を手拳や平手で殴られ、また正座させられるなどしたため、自殺した
浦和地裁 1993・11・24 『判例時報』 1504号 106頁	被害者は中学2年生（男） 加害者は公立中学校部活顧問教師	バレーボール新人戦終了後、選手全員を体育館廊下に集合させ、左手で顔面を殴打し、原告はよろけて、鉄筋コンクリート角柱の壁面に左側頭部をぶつけ、頚椎捻挫により長期欠席を余儀なくされた
福岡地裁 行橋支部 1996・4・16 『判例時報』 1588号 137頁	被害者は高校1年生（男） 加害者は県立高校体育教師	体育の授業中に、右平手で顔面を4、5回にわたり殴打
東京地裁 1996・9・17 『判例タイムズ』 919号 182頁	被害者は中学2年生（女） 加害者は市立中学校教師（男）	社会科の授業において、激昂して怒鳴り机を蹴ったあと、右手で顔面を殴り、「なんだ、その顔は」と言って、さらに顔面を殴打し、髪の毛を手で鷲づかみに引っ張った

判　決　内　容
・「有形力の行使は、その性質上、生徒等の権利侵害を伴いがちなものであることに加え……生徒等に屈辱感を与え、いたずらに反抗心を募らせ、所期の教育効果を上げ得ない」 ・「有形力の行使が、生徒等の身体に傷害を生じさせるようなものである場合には、それ自体、違法な体罰である」 →市に対し慰謝料（20万円）、弁護士費用（2万円）を認容
・10数回にわたり、平手でその顔面や頭部、両手などを殴打した行為は、暴行というべき違法な加害行為であることは明白である →学校法人に対し治療費（3万6824円）、慰謝料（80万円）、弁護士費用（10万円）を認容
・本件殴打行為は懲戒権の行使（教育的指導）と評価することはできず、単なる暴力である ・本件殴打行為から児童の自殺という結果を生ずることが経験則上「通常」といえることが必要であるが、「通常性」は加害者において通常有すべきであった知識経験を基礎として、実際に生起した、損害の発生に至る因果の経過が、加害行為の危険性の現実化していく過程として首肯しうるものと認められれば足り、因果の経過がかなりの蓋然性をもって連なっていることまでの必要はないとして、殴打行為と自殺との相当因果関係を認めた（但し、5割の減額が相当） →市に対し逸失利益（1798万9277円）、慰謝料（1250万円）、親固有の慰謝料（各200万円）、弁護士費用（各172万円）を認容
・本件殴打行為は給食指導として許される限度を超え、体罰に該当する ・本件フックの取り上げに伴い腕に押し当てた行為は体罰ととられかねない不適切な指導であり、感受性の豊かな小学1年生に与えた影響は多大である →都と区に対し慰謝料（50万円）を認容
・後頭部に腫れを生じさせるほどの身体に対する有形力の行使は体罰に該当する、指導の目的があったとしても、他に適切な方法は考えられ、本件行為に及ぶ合理的な理由は何らない →慰謝料（20万円）と弁護士費用（2万円）を認容、なお親の受けた被害は生命侵害と比肩すべきものとは認められないので棄却

判決年月日	当　事　者	体罰の態様・程度
大阪地裁 1997・3・28 『判例時報』 1634号 102頁	被害者は中学2年生（男） 加害者は市立中学校担任教師（男）	教師が家庭訪問に訪れた際、顔面を叩いたり、襟首を掴んで揺すったり、額に手を当てて押し上げようとしたり、頭を手で押さえて下げさせようとしたり、背後の壁に押しつけたりした
千葉地裁 1998・3・25 『判例時報』 1666号 110頁	被害者は高校3年生（女） 加害者は私立高校教師（男）	学年集会の場で、口頭で注意することなくいきなり平手で顔面を1回叩いたあと、感情的となり、さらに平手で顔面を10数回にわたって叩いた その後、首の後ろを手で押さえ、左手等を引っ張るようなかたちで体育館の外に連れ出した
神戸地裁 姫路支部 2000.1.31 『判例時報』 1713号 84頁	被害者は小学6年生（男） 加害者は市立小学校担任教師（男）	ポスター描きにつき質問した児童に対し、「説明したやろ、何回同じことをいわすねん」と怒号して左平手で頭部を1回、両頬を往復で1回殴打し、さらに頭頂部を1回、両頬を往復で1回殴打したところ、児童は帰宅後ロープで首吊り自殺をした
東京地裁 2001.3.23 『判例地方自治』 220号 70頁	被害者は小学1年生（男） 加害者は区立小学校担任教師（女）	給食を残した児童に対する指導として耐熱強化ガラス製食器で頭部を1回程度叩いた、体操着掛けフックを振り回していた児童から同フックを取り上げ、児童の腕に押し当てたため腕に全治2日間を要する擦過傷を負わせた
札幌地裁 2003.8.2 『LEX/DB』 28082751 裁判所ウェブサイト	被害者は高校1年生（女） 加害者は音楽教師	遅刻して登校した生徒に対して生活指導を行う必要を感じて、音楽教師が声をかけたところ、生徒が無視して通り過ぎようとしたので、頭頂部を1回殴打したところ、頭部に冷却を要する腫れを生じさせた

判　決　内　容
・被害者の精神発達が 2、3 歳の幼児程度にとどまるダウン症児であることからすると、何ら教育的意図はなく、教育的効果も期待できないものであるから、「体罰」とは異なる「違法性」の強い行為であり、多大の精神的苦痛を与えた →県に対して慰謝料（520万円）と弁護士費用（52万円）を認容
・教育上の効果がないことから、直ちに加害者らの行為が不法行為と評価されるものではない一方、効果があるからといって、どのような手段・方法を採っても違法でないといえるものでもなく、結局、諸事情を総合し、社会通念上、許容される範囲内の行為か否かによって、個別的に判断するしかない ・頭髪を丸刈りにすることは、体罰の一種であることは否定できない上、頭髪を丸刈りにされることによって、男子であっても一定の屈辱感がもたらされることを考慮すると、社会通念上相当な行為とはいえない ・被害者をこづいたり、顔面付近を叩いたりした行為は懲罰として行われた暴行である ・これら丸刈りにした行為、こづいたり叩いたりした行為は違法と評価する余地が十分に認められる →不法行為に基づく損害賠償請求権は時効（3年）によって消滅しているとして請求棄却
・教育上の効果がないことから、直ちに加害者らの行為が不法行為と評価されるものではない一方、効果があるからといって、どのような手段・方法を採っても違法でないといえるものでもなく、結局、諸事情を総合し、社会通念上、許容される範囲内の行為か否かによって、個別的に判断するしかない ・頭髪を丸刈りにすることは、体罰の一種であり、このことによって、男子であっても一定の屈辱感がもたらされることを考慮すると、社会通念上相当な行為とはいえず、違法である ・被害者をこづいたり、顔面付近を叩いたりした行為は、社会通念上許容される範囲を越えた体罰であって、違法である →地裁における消滅時効の主張を排斥した →慰謝料（100万円）（会社と実質的主宰者の連帯責任）を認容

判決年月日	当 事 者	体罰の態様・程度
神戸地裁 2005.11.11 『判例時報』 1918号 48頁	被害者は聾学校中学部に通うダウン症の障害のある生徒（男） 加害者は副担任（男）	体育大会に向けての全校児童による合同練習の際に無理やりスタート地点に連れていこうとして顔面及び胸部を数回殴打し、額部打撲、胸部打撲の障害を負わせたほか、被害者は心身の不安定、不眠、異常な抜け毛を伴う重篤なチック症状に陥った
名古屋地裁 2006・12・7 『判例時報』 1973号 98頁 『判例タイムズ』 1248号 251頁	被害者は高校1年生（男）（ただし、高校進学後間もなく不登校となり、自室に閉じこもって生活するようになる。6月には高校を退学。） 加害者は有限会社塾教育学院（不登校・引きこもりの子供らに集団生活をさせて、自立を支援するなどの矯正教育を行う）の実質的主宰者（女）及びその補助者ら	被害者が他の寮生とともに寮（会社所有の施設）を抜け出し、連れ戻された際、抜け出した後に自転車を盗んだ旨述べたため、盗みと寮を抜け出した罰として、頭髪を丸刈りにし、3度目の逃げ出し、その連れ戻しの際には、懲罰として指導員が被害者をこづいたり、顔面付近を叩いたりした
名古屋高裁 2007・9・26 『判例時報』 2008号 101頁 （確定）	同 上	同 上

判決内容
・養護学校における児童の就学関係は、都道府県教育委員会の保護者に対する入学期日及び就学校の指定処分によって発生するとしても、就学関係は、養護学校設置者である公共団体と児童との間に生ずると解されるところ、このような法律関係に基づいて特別な社会的接触の関係に入った公共団体と児童との間においては、公共団体は、信義則（信義誠実の原則）上、安全配慮義務を負い、その義務違反により児童に損害が生じたときは、債務不履行による損害賠償義務を負担する ・加害教師は、県が被害児童に対して負担する安全配慮義務の履行補助者と解すべきところ、児童をしばしば叩いたことは暴行であり、体罰というべきであって、以上によれば、県には安全配慮義務違反があった →県に対し慰謝料（150万円）、弁護士費用（15万円）を認容
・前訴事件判決（福島地裁郡山支部判2004・7・6）において、暴行と認定され、体罰に該当するとして、違法とされる →県と市に対し連帯して損害賠償金（50万円）を認容 →控訴審（仙台高裁）において訴訟上の和解が成立し、市に対する請求が放棄され、県に対する控訴が取り下げられ、県は被害生徒に対し、認容額を支払う →県が国家賠償法（以下、国賠法）3条1項の費用負担者として被害生徒に支払った賠償額を、市が同法1条1項に基づく責任を負うとして、市に対し同法3条2項に基づく求償権の行使として支払を求めた 求償金請求について ・本件体罰は、市立中学校内で生徒の授業態度についての指導時に生じたものであり、学校設置者である市の運営管理上生じた事故であるから、市の監督責任は大きいといえるが、一方、県費負担教職員の任命権が県教育委員会に属するとされる以上、県にも一定の任命責任があり、さらに、本件体罰は故意による不法行為であるところ、単なる学校運営管理上の問題のみならず、教師の教職員としての資質の問題をも含んでおり、これらを総合考慮すると、内部関係における負担割合としては県を1、市を2とするのが相当である

判決年月日	当 事 者	体罰の態様・程度
神戸地裁 2007・2・23 『判例地方自治』309号 67頁	被害者は知的障害（A級：重度の精神発達遅滞）を有する小学生（3年、4年、6年時に被害を受ける） 加害者は県立養護学校担任（3年、6年時）かつ学年主任（3年、4年、6年時）の教師	3年時ころから5年時を除き6年時までの間、被害児童の行動が遅いと感じたり、指示に従った行動をしなかったりしたときなどに、しばしば被害児童を叩いており、そのため身体にあざ等が生じたこともあった
福島地裁 2007・10・16 （求償金請求事件） 『判例時報』1995号 109頁 『判例タイムズ』1283号 114頁 『判例地方自治』308号 74頁 『最高裁判所民事判例集』63巻8号 1860頁	被害者は中学2年生（男） 加害者は市立中学校教師（男）（県費負担教職員）	国語の授業中、授業態度が悪かった生徒に対し、指導をするためトイレに連れて行く途中、生徒の腰を後ろから2回蹴り、その後トイレで左腕を5、6回蹴った

判決内容
求償金請求について ・国賠法3条2項の「内部関係でその損害を賠償する責任ある者」とは、損害賠償債務の発生原因となった公権力の行使としての職務執行に要する費用を負担する者であって、その負担すべき費用には職務執行に要する費用とともに、賠償費用も含まれている ・本件賠償債務は、県費負担教職員の教育活動中の違法行為により発生したものであるが、県費負担教職員に対する費用負担の内容は、市町村立学校職員給与負担法1条によれば、いわゆる人件費に関するものに限定され、教育活動から発生した賠償費用は負担の対象とされていない ・地方公共団体の事務を行うために要する経費は、当該地方公共団体が全額負担することとされ（地方財政法9条）、学校経費は、その学校の設置者が負担するのが原則であり（学校教育法5条）、その経費には教育活動から生じる費用が含まれていると解されるところ、本件体罰に対する賠償費用の最終負担者は、学校設置者である市というべきである
求償金請求について ・市町村が設置する中学校の教諭がその職務を行うについて故意又は過失によって違法に生徒に損害を与えた場合において、当該教諭の給料その他の給与を負担する都道府県が国賠法1条1項、3条1項に従い上記生徒に対して損害を賠償したときは、当該都道府県は、同条2項に基づき、賠償した損害の全額を当該中学校を設置する市町村に対して求償することができる ・高裁と同様に、学校教育法5条、地方財政法9条、市町村立学校職員給与負担法1条を根拠にして、市の全額負担を認めた

判決年月日	当　事　者	体罰の態様・程度
仙台高裁 2008・3・19 (求償金請求事件) 『判例タイムズ』1283号110頁 『判例地方自治』308号71頁 『最高裁判所民事判例集』63巻8号1872頁	同　上	同　上
最高裁(二小) 2009・10・23 (求償金請求事件) 『最高裁判所民事判例集』63巻8号1849頁	同　上	同　上

判決内容
・教育的指導としての注意のみから出たものとはいえず、個人的な腹立たしい感情をぶつけたものと認められ、児童がまだ小学2年生であり、身長が130センチメートル程度であったのに対し、教師は成人男子の平均的身長であり、身長差からしても、力の強さからしても、胸元を両手で掴んでやや上向きにつり上げ、壁に押しつける行為態様からしても、教育的指導の範囲から逸脱しており、体罰といわざるを得ない →慰謝料（50万円）、治療費（1万5665円）、通院費（7万8480円）、弁護士費用（6万円）を認容
・胸元を掴むという行為は、喧嘩闘争の際にしばしばみられる不穏当な行為であり、年齢差や身長差、被害児童との面識がなかったこと等を総合すれば、児童の恐怖心は相当なものであったと推認される上、捕まえるためには他に穏当な方法が可能であったことからしても、この行為は社会通念に照らし教育的指導の範囲を逸脱するものであり、体罰に該当する →慰謝料（10万円）、治療費（1万5665円）、通院費（7万8480円）、弁護士費用（2万円）を認容

判決年月日	当　事　者	体罰の態様・程度
熊本地裁 2007・6・15 『判例地方自治』 319号 18頁 『最高裁判所民事判例集』 63巻4号 915頁	被害者は小学2年生（男） 加害者は市立小学校教師（男）	コンピューターをしたがる児童を、休み時間に廊下で、その児童の担任とともになだめていたところ、被害児童は、教師がその児童をいじめていると思い、落ち着かせようと、教師に覆い被さるようにして肩を揉んだため、それをふりほどいた際、被害児童は廊下に倒れた そこに数人の女子が通りかかったところ、被害児童は他の男子とともに、じゃれつくように女子らを蹴り始めたので、他の男子の蹴る行為を制止して主に他の男子に注意をした その後、その場をはなれ職員室に向かおうとした教師のでん部付近を、被害児童は後ろから2回蹴って逃げ出したので、追い掛けて捕まえ、その胸元の洋服を両手で掴んで壁に押し当て、児童がつま先立ちになる程度に上向きにつり上げ、大声で「もう、すんなよ」と怒った 被害児童から手を放したところ、児童は階段の上に投げ出され、転んだ
福岡高裁 2008・2・26 『判例地方自治』 319号 13頁 『最高裁判所民事判例集』 63巻4号 936頁	同　　上	同　　上

判　決　内　容
・児童の身体に対する有形力の行使ではあるが、他人を蹴るという児童の一連の悪ふざけについて、これからはそのような悪ふざけをしないように指導するために行われたものであり、悪ふざけの罰として肉体的苦痛を与えるために行われたものではないことが明らかであり、自分自身も悪ふざけの対象となったことに立腹して本件行為を行っており、やや穏当を欠くところがなかったとはいえないとしても、その目的、態様、継続時間等から判断して、教員が児童に対して行うことが許される教育的指導の範囲を逸脱するものではなく、体罰に該当せず、違法性はない →一審判決取消し、請求棄却
・本件懲戒行為は、非常に感情的に行われており、胸ぐらを両手でつかんでゆするという行為態様、転倒の結果やその後の対応等を考慮すると本件懲戒行為（とりわけ児童の胸ぐらを両手でつかんでゆすった行為）は、社会通念に照らして許容される範囲を逸脱した有形力の行使であり、体罰に該当する違法行為である ・衝動的な行動に陥りやすい児童であることは十分に認識していたことを考慮すると、自殺を含めた何らかの極端な行動に出る可能性は認識しえたのだから、信義則上の安全配慮義務として、教室を飛び出した児童を追いかけるなど、精神的衝撃を和らげる措置を講ずるべき義務を負っていたにもかかわらず、これをせずに放置した点で少なくとも過失がある ・児童の自殺は、懲戒行為及び事後行為から1時間前後のうちに行われており、他に外部的な要因は見当たらない以上、懲戒行為及び事後行為に内在する危険性が現実化したものと認めるのが相当であり、行為と自殺との間には相当因果関係がある ・自殺は、児童の心因的要因が相当程度寄与していることに加え、自殺自体が損害の拡大に寄与した程度を考慮すると、損害額の9割を減額するのが相当である →市に対し慰謝料（2500万円）及び逸失利益（3503万6712円）の1割である600万3671円（両親が相続）、親固有の慰謝料（各自100万円）、弁護士費用（各自40万円）を認容

判決年月日	当事者	体罰の態様・程度
最高裁(三小) 2009・4・28 『判例時報』 2045号 118頁 『判例タイムズ』 1299号 124頁 『判例地方自治』 319号 10頁 『最高裁判所民事判例集』 63巻4号 904頁	被害者は小学2年生(男) 加害者は市立小学校教師(男)	被害児童は、休み時間にだだをこねる他の児童をなだめていた教師の背中に覆いかぶさるようにしてその肩をもむなどしていたが、通り掛った女子数人を他の男子と共に蹴るという悪ふざけをした上、これを注意して職員室に向かおうとした教師のでん部付近を2回にわたって蹴って逃げ出したので、追い掛けて捕まえ、その胸元を右手でつかんで壁に押し当て、大声で「もう、すんなよ。」と叱った
福岡地裁 小倉支部 2009・10・1 『判例時報』 2067号 81頁 『判例タイムズ』 1321号 119頁 (控訴)	被害者は小学5年生(男) 加害者は市立小学校の担任かつ学年主任教師(女)	**懲戒行為** 教室内で新聞紙を棒状に丸めたものを振り回し、人工内耳を装着している児童の顔にあてたため、その行動を戒める必要から、級友の居並ぶ教室内で被害児童の胸ぐらを両手でつかみ、ゆすったため、児童はこれに抵抗し、いすから床に倒れたが、児童が精神的にショックを受けたことに配慮せず、児童が「帰る。」と言ったのに対し、「勝手に帰んなさい。」と言い返し、黒板の方に向かった **事後行為** 児童は教師に対し、水が半分程度入った500ml のペットボトルを投げつけ、ペットボトルは教師の近くの壁に当たり、児童は教室を飛び出したが、数分後自分のランドセルを取りに戻った際に、教師は「何で戻ってきたんね。」と怒鳴り、児童はランドセルをとって教室を再び飛び出していき、その数分後に教師はホームルームを終え、他の児童らを下校させるも、この出来事を保護者にも学校管理職にも報告していない (帰宅直後、児童は自室で首をつって自殺)

判決内容
・本件染髪行為は、教員の生徒に対する有形力の行使ではあっても、その趣旨・目的は、生徒指導の観点から見てもとより正当なものであり、当時、頭髪の脱色や染色に関する本人の自発的な改善の見込みはなく、両親による指導・改善に期待することも困難であったという状況下で、本人の任意の承諾の下で実施され、その方法・態様や、継続時間（1時間程度）を見ても、社会的に相当と認められる範囲内のものであって、教員が生徒に対して行うことが許される教育的指導の範囲を逸脱したものではなく、体罰にも当たらず、違法性を認めることはできない
・教育施設における規則や校則の教育性は、生徒一人一人の社会性、自立性、責任感を育成することにあるから、これに則った本件染髪行為は、生徒指導の観点から見てもとより正当なものであり、当時、頭髪の脱色や染色に関する本人の自発的な改善の見込みはなく、両親による指導・改善に期待することも困難であったという状況下で、本人の任意の承諾の下に実施されたことに加え、その目的、態様、継続時間（1時間程度）等から判断して、教員が生徒に対して行うことが許される教育的指導の範囲を逸脱するものではなく、体罰に該当せず、違法性は認められない
・本件暴行は、懲戒としてではなく、バレー部の部活動の指導の一環として行われたものであっても、教師が生徒を平手又は竹刀を用いて頭やみぞおち等の身体枢要部を複数回にわたり叩くことは、違法な有形力の行使である暴行に該当する ・被害生徒の退部、病状、不登校、転学について、本件暴行が全く無関係とまではいえないが、他の要因も影響しており、加害教師が被害生徒宅に赴き、本件暴行等につき謝罪している等、相応の対応をしていることを考慮すると、精神的苦痛に対する慰謝料は、130万円（請求額は400万円）が相当である →県に対し慰謝料（130万円）、弁護士費用（13万円）を認容

判決年月日	当 事 者	体罰の態様・程度
大阪地裁 2011・3・28 『判例時報』 2143号 105頁 『判例タイムズ』 1377号 114頁 『判例地方自治』 357号 48頁	被害者は中学2年生(女) 加害者は市立中学校の生活指導教諭(女)ら	染髪脱色をしないという校則に違反したとして、放課後の保健室内で、生徒指導と称し、市販の白髪染め用染髪剤を使用して、生徒の頭髪を黒色に染色した
大阪高裁 2011・10・18 『判例地方自治』 357号 44頁 (上告・上告受理棄却)	同　上	同　上
前橋地裁 2012・2・17 『判例時報』 2192号 86頁	被害者は高校1年生(女) 加害者は県立高校の教師で、被害生徒が所属する女子バレー部の顧問(男)	バレー部の練習の際、気合を入れるためなどの目的で、平手又は竹刀を用いて、被害生徒の頭、尻、太もも、みぞおちなどを、複数回にわたり叩いた(本件暴行) 被害生徒はバレー部を退部する 退部の直前やその後に、神経性食思不振症、うつ状態、心因反応及び不眠症と診断され、登校できなくなり、転学するに至る

第9章 「必殺宙ぶらりん裁判」が明らかにしたこと

「必殺宙ぶらりん裁判」と、いささか奇妙な名称が付けられている裁判（千葉地判一九八〇年三月二一日『判例時報』一一一二号五八頁、東京高判一九八四年二月二八日『判例時報』一一一二号五四頁）があります。

事件は、原告の女生徒が、一九七三年一〇月四日、千葉県立安房農業高校一年に在学中に起きました。体育の授業でバスケットボールのパス練習中に、この女生徒を含む女生徒チームが相手方の男生徒チームにボールを取られたことを理由に、原告らは体育教師から〝必殺宙ぶらりん〟と称する懸垂をやれと言われました。女生徒六名はともに体育館二階のギャラリーのコンクリート縁（高さ三・一メートル）にぶら下がり教師の合図で一斉に飛び降りるように命じられていたところ、原告は合図のある前に手足が痺れ身体が硬直したため、バランスを崩して体育館床に落下し、腰を強打して失神しました。原告は神経外科病院に入院するなどの治療を受けたものの、その後も頭や背が痛む後遺症に悩まされて学業も遅れ、修得単位が不足し卒業延期となったが、補習授業などを経て分離卒業することができたというのが概要です。

私は、原告の代理人として、体育教師と同校校長を相手取り損害賠償請求事件を担いましたが、民事事件での争点は、大きく分けると二つありました。

一つは、体育授業のバスケットの練習中に相手方チームからパスをカットされたことを理由に、女子高校生に三・一メートルのギャラリーの縁にぶらさがらせることが、体育指導であるのか、パスをカットされたことを懲戒事由とする懲戒行為であるのか、それとも学校教育法一一条が禁じている体罰であるのか、という点です。

体育指導の一つとしての補強運動だというのが被告側の主張でしたが、一、二審判決ともこれをキッパリと斥けました。ギャラリーの縁にぶらさがらせるという行為が、①バスケットボールの教育目的との関連性を見出し難いこと、②パスをミスした場合にこれを行うとされていたこと、③筋力の鍛錬の方法としても世上ほとんど例をみないほど稀有で異常であること、の三点から到底体育指導とは認められないというのです。

それでは、被告の体育教師の行為は学校教育法一一条が禁じている「体罰」にはあたらないのだろうか。懲戒すべき理由も何らないのに故意に身体的苦痛を与えた、とする原告の主張に対して、一審判決は、①故意に負傷させる意思は認められない、②ことさらに長時間にわたって懸垂したままの状態を保持させようとしたとも認められない、の二点から「直ちに体罰であるとまではいえない」としました。

しかし、学校教育法一一条が禁じている「体罰」とは、生徒に肉体的苦痛を与える懲戒行為（昭和二三（一九四八）年一〇月二二日、法務庁通達）です。したがって、①「負傷させる意思」の有無は体罰か否かの決め手にはならないはずです。②肉体的苦痛の有無も単なる時間の長短ではなく、行為の危険性・異常性によって実体的に把握されなければなりません。しかし、二審判決も、この点については判断を変えようとはしませんでした。

そして、一審判決は、被告の体育教師の行為は、「体育授業中の懲戒行為であると認めるのが相当である」としました。しかし、バスケットの練習中にパスをカットされることは当然にありうることで、それ自体は何ら懲戒すべき事由にはならないはずです。この私達の主張を受けて、二審判決は、「懲戒行為をするについては……生徒の側に懲戒に値する行為があったことを要する」としたうえで、「被控訴人の側において、控訴人の責任を考えるにあたって考慮しなければならないような非違ないし過失があったとは認められない」と断じて、体育教師の行為は「体育授業中の懲戒行為の外形態様をなすもの」「懲戒に類する行為」であるとしました。

それでは、「懲戒行為」あるいは「懲戒行為の外形態様をなすもの」が適法となるのはどのような場合だろうか。一審判決は、①懲戒の必要性、②方法の通常性、社会通念上の相当性、③危険を伴わないこと、の三点をあげましたが、二審判決は更に、④生徒の側に懲戒に値する行為があったことを、その要件として追加しました。被告の体育教師の行為にこれらの要件が欠けていたことは一、二審判決とも認めているところですが、二審判決は、更に次のように注意深く書き加えています。「懲戒行為であると体育のための指導、訓練であるとを問わず、学校ないし教師が生徒に対し一定の行為を命じるにあたっては、生徒の安全に十分注意すべき義務がある。」この学校・教師の生徒に対する安全配慮義務を前提にして、二審判決は被告の体育教師の行為を「懲戒の限度を超えた違法なもの」とした一審判決を支持しました。このようにして、二審判決は一審判決にきめ細かい検討を加え、これを一層精緻にし、教師の行為に厳しい評価を与えています。

裁判の二つめの争点は、体育教師の行為や校長の本件事故に対する態度・対応を、単に事故発生時だけでなく、その後も含めて法的にどのように評価するかという点です。

一審判決は、この問題を原告の後遺症の原因をなすものとして取り上げています。そこでは事故直後からの体育教師や校長の対応の仕方が一つひとつきめ細かく検証され、さらには法廷における供述内容や態度まで法的に問題とされています。とりわけ、校長が事故発生直後、原告や他の生徒から事情聴取をしなかったこと、体育教師からの一方的な報告に基づいて正当な授業活動の一環として捉えたこと、県教育委員会にも同旨の報告をしたことが問題とされていることは注目すべきことです。そのうえで、判決は次のように諭しています。

「体育教師、校長らは教師としてよりも先ず一個の人間として原告に対して遺憾の意を表わし労わりの言葉をかけるのが当然であろう。被告らの本件事故に対する頑な態度は人を指導する教師の態度としてもとるものと非難されても止むを得ないものであり、このような被告らの頑な態度が感じ易い時期にある原告を傷つけ……後遺症の原因となったことは十分窺える。」

一審判決のこの部分は、二審判決もそのまま維持しています。原告の後遺症が「心因性のもの」と認定されたことは意想外のことであったとはいえ、裁判官が体育教師・校長らの事故発生後の対応・態度についてもここまで深くとらえ、剔抉しようとしたことに〝教育裁判の心〟を見た思いがしてなりません。（そのうえで、一審判決は、原告の女生徒に対して四八〇万円、女生徒の母親に対して三九万余円の支払いを命じていたのですが、二審判決は附帯控訴に基づき、女生徒に対し五二〇万円、母親に対して四九万余円の支払いを命じ、賠償額においても被告らに対してより厳しい判断を示しています。）一、二審の裁判官もまた「床から三・一メートルの高さのギャラリーの縁にぶらさがる」生徒の立場・目線に自らを置いて、教師の行為を裁こうとしたのではないでしょうか。

〔加筆〕原告本人によるドキュメントとして、「青春を賭けた十年の裁判――千葉県立安房農業高校体罰事件」（『教師の体罰と子どもの人権』学陽書房、一九八六年、一〇五頁以下）があり、研究者による判例研究として、『教育判例百選（第三版）』有斐閣、一九九二年、一一六頁（中野進教授執筆）と『「必殺宙ぶらりん」と事実上の懲戒の法理』（今橋盛勝・長谷川幸介執筆）（『季刊教育法』五二号、一九八四年）があり、「教育法的に注目されるのは、事故発生についての過失責任だけでなく、事故発生後の被告らの対応の仕方を、道義の問題にとどめず、法的責任の問題としてとらえていることである」（一一〇頁）と指摘している。

（なお、問題の体育教師は過失傷害罪に問われ、館山簡判（一九七八年九月二八日）が事故防止の注意義務違反により罰金三万円を科し、東京高判一九七九年一一月一五日、最高決一九八一年五月二九日もこれを支持している。）

第10章　「体罰」裁判の新しい地平とその定着

1　問題の所在

子どもが学校で教師による「体罰」を受けて心身に傷を負ったとき、その親たちが許し難いとして行動に向かうのは、かけがえのないわが子が教師の「体罰」により傷ついたという事実に対する怒りや直視に発しているのはもちろんですが、それ以上に裁判を提訴するまでに至るのは、多くの場合その事実が発生した後の学校や教師たちの不誠実きわまりない数々の対応・措置に対する憤りからです。

「体罰」をしてしまった後に教師たちや学校がとる行動や姿勢には、残念ながら、ある一様なパターンがあると言ってもよく、まるで判で押したかのような対応がおしなべて見られます。「体罰」をした教師は多くの場合、殴打の態様や回数などを実際よりも軽くて少ないものとし、「体罰」を受けた子どもに心底から詫びたり労わりの言葉や姿勢を示すのではなく、弁解がましい謝罪や形ばかりのお詫びを（校長・管理職等とともに）してしまうと、それで一件落着したかのように振舞い日常に戻っていきます。それだけではありません。学校で「体罰」がなされた事実は、教育委員会に報告されることになっているのですが、校長の中には報告書の作成や提出を怠ったり渋ったりし、何とか作成された場合でも、体罰の事実や（受傷の）結果、当事者の言い分などが正確に記述されなかったり、事態を曖昧なままに糊塗してしまうことが往々にしてあるようです。報告書を受け取った教育委員会も、その正確性や問題点などについて特に検証することなく、そのまま漫然と引き継ぎこれを前提として次の処置に及ぶというのが通例となっています。

「体罰」を受けた子どもと親が最も深く傷つくのは、教師により「体罰」を受けたという事実（第一次被害）よりも、むしろ、その後の教師・校長ら学校のこれら不誠実な対応・姿勢や教育委員会のとる誠意の感じられない措置（第二次被害）にあり、この点こそが親たちが許し難いこととして強く憤っていることであるといっても過言ではありません。子どもや親が「体罰」に発して裁判を決意するまでに至るのは、多くの場合、このような主に体罰後の一連の不誠実な事態・不手際にあるというのは、私だけでなく弁護士たちの多くが体験していることでもあります。それどころか、こうした現象は、「体罰」だけでなく、いじめや学校事故など学校を舞台にした他の事件でも広く見られるのですが、学校事件・事故後の一連の不誠実な過程がそれ自体対象として取上げられ自覚的に司法の場で問われることは、これまでのところ少なかったようです。

しかし、事件・事故後に見られる教師・学校等の不誠実な対応により子どもや親が更に傷つくことがないようにするためには、事故後の過程を仔細に検証し、その過程に存する不誠実で配慮を欠いた行為や措置（不作為・怠慢を含む）を直視して、そこに法の光を当てる営為を積み重ねることが有用です。これまでは、単に事件・事故後の事情として付加的に主張されるに止まっていたように思われますが、今後は事後の過程を仔細に分析して、個別の違法行為として法律構成する必要があります。事後の不適切な措置は、教師の暴行に起因する生徒の人格権や学習権の侵害の内容をなすものとして慰謝料算定の不可欠な要素とすることもできますが、事後の不適切な措置自体が教師・校長や教育委員会などの新たな注意義務違反とされて、被害生徒に対する人格権や学習権を侵害する違法行為となると法律構成することが有用だからです。

「体罰後の不手際も責任」との見出しを付けられた（〔新聞記事〕参照）裁判例は、私が代理人の一人として、体罰後の不誠実な過程にも司法のメスを当てようとした試みであり、体罰裁判の新しい地平を切り拓くものとして、そのもつ意義は小さくないように思います。

〈新聞記事〉体罰後の不手際も責任（朝日新聞1992年2月22日号）

体罰後の不手際も責任

習志野市に賠償命令

千葉地裁判決

千葉県習志野市の市立中学校在学中に担任教諭から体罰を受けた元生徒が、習志野市と教諭を相手どって損害賠償を求めた民事訴訟の判決が二十一日、千葉地裁で言い渡され、河本誠之裁判長は習志野市に慰謝料など五十五万円を支払うよう命じた。しかし、教諭個人の賠償責任は認めなかった。判決は、体罰が生徒に与える屈辱感や、体罰後の教諭や学校、市教委の不適切な対応なども慰謝料請求の根拠として認めた。原告側代理人で内申書裁判なども手がけた中川明弁護士は「従来の体罰裁判よりも踏み込み、子供の人権に配慮した新しい内容だ」と話している。

原告側代理人「子供の人権配慮」

訴えていたのは習志野市秋津のアルバイトAさん(一九)。訴状によるとAさんは、市立第七中の二年生だった八六年七月、給食の時間に遅れたことを理由に、担任教諭(三六)に床に正座させられたうえ、運動靴をはいた右足で顔面を二度けられた。このため、前歯二本がずれたほか歯の神経一本がまひ、下唇裂傷などのけがをし、五カ月間通院した。

Aさんは①みせしめ的な体罰で屈辱を受けた②教諭はけがに気付きながら程度を確認しなかった③体罰後もAさんの学習や登校について特別の配慮をせずその結果、長期欠席するようになった④学校は、教諭だけから事情を聴いた事故報告書を作成、内容に誤りがあることから訂正を求めたが市は一切応じなかった——などを理由に慰謝料など三百八十万円を求めていた。

判決では、「他の生徒たちが給食を取っている中でひとり正座させて顔面をけった。屈辱感を与えたのはいうまでもない」としたほか、教諭らがけがの程度を確認せず、治療の手配もしなかったことや、体罰と長期欠席の因果関係も認めた。一方で、教諭がAさん側に謝罪して「今後は絶対に体罰をしない」との誓約書を出し、刑事処分も受けた上、約三年間、学校を離れて教育センターなどで研修したこともくんで、「原告の身体的、精神的苦痛の慰謝料は五十万円が相当」とした。

習志野市の教育次長は「すべて弁護士に任せており、まだ判決文が届いていないので、コメントできない」と話している。

この教諭は翌年、傷害罪で略式起訴され、七万円の罰金刑とされ、市教委から口頭による訓告を受けた。

報告書訂正求める

判決で「不正確」と指摘

習志野市立第七中学校の体罰をめぐる千葉地裁判決は、学校が作成した事故報告書に触れ、「不正確な点がある」と、損害賠償の根拠の一つとして認めた。体罰を受けたAさん親子は、これまで市教委に訂正を要求しながら門前払いされてきたが、判決に力を得て、改めて訂正を求めるとともに、生徒の言い分も入れた報告書の制度化を促したい、と話している。

報告書は「顔面を一回けった」「前歯が少しずれた程度で、唇は変色も、はれもない」としていたが、判決は、「二回けった」「前歯がずれ、唇が裂傷で出血した」というAさんらの主張を受け入れた。

② 習志野市立第七中学校「体罰」事件
（千葉地判一九九二年二月二一日、『判例時報』一四一一号、五四頁）

事案は、習志野市立第七中学校において、中学二年の男子生徒（原告）が給食開始時間に遅れてこそこそと教室に入ってきたことに腹を立てた担任教師（被告）が、原告を床に正座させ叱責したうえ、運動靴を履いている右足で原告の顎の辺りを一回蹴ったが、原告の態度に反省の色が見られないと判断してもう一度原告を左足で蹴ったので、原告は前歯脱臼、下口唇裂傷、右下顎打撲の傷害を負い、約四ヶ月の通院治療を余儀なくされたというものであり、概ね原告の主張どおりの事実を認めています。

そのうえで、千葉地裁判決は、慰謝料算定要素として、（一）教師らの体罰後の配慮の有無を重視し、本件ではそうした配慮が欠けていた、すなわち①教師は原告が負傷しているとわかったのに、障害の程度を確認せず、これを放置し、診療等の配慮もしなかった。②教師は数日後に一度謝罪したのみで、特別の配慮をせず、原告は長期欠席をするようになった、（二）校長は本件行為に至った経緯、行為態様、負傷の程度等について事故報告書を作成し、市教育委員会に提出したが、報告書の内容に一部不正確な点があった、（三）原告が再調査のうえ訂正するように求めたが、市教育委員会はこれに応じなかった、と判断してこれらの配慮の欠如を慰謝料算定にあたってのプラス（増幅）要素とした点が注目されます。

この判決を〈判例特報〉として取上げた『判例時報』一四一一号、五四頁は、特にそのコメントにおいて、「本判決の意義は……第二に、慰謝料算定要素として、教師が体罰をした後の配慮の有無を重視している点（本件では、そうした配慮が欠如していたとされる）が注目される。……また、本件事故調査が必ずしも正確になされておらず、その不服が容れられていなかった事実が本件慰謝料算定要素とされていることも、その延長線上の問題として位置づけられるものといえよう」と説いて、判決の意義を強調しています。このようにして切り拓かれた体罰裁判の新しい地平は、次の裁判に引き継がれることになりました。

3 大宮市宮原中体罰・内申書裁判
（浦和地判一九九三年一一月二四日、『判例時報』一五〇四号、一〇六頁）

この事件も私が代理人の一人となったのですが、事案の概要は、次のとおりです。一九八四年一〇月一九日、大宮市内の中学校男子バスケットボール新人戦の第一試合終了後、宮原中の顧問教師は接戦の末辛勝したことに腹を立て、原告を含む選手全員を体育館廊下に集合させて……反省の言葉を述べさせた後、左手のひらで各生徒の右顔面を順次殴打したところ、最右端に佇立していた原告はよろけて、鉄筋コンクリート角柱の壁面に左側頭部付近を激突させ、頭部打撲、頚椎捻挫等の傷害を負いました。その結果、原告は、頭痛、眩暈、肩凝り、倦怠感等の後遺症に悩まされ、長期欠席を余儀なくされたのです。また、学校長は「教職員事故報告書」を作成するにあたって、教師からの事情聴取はしましたが、原告ら生徒からの事情聴取はしなかったため、事実に反する記載がなされました。そこで、原告の母が誤った部分を指摘して、報告書の訂正を申入れたのですが、学校長はすみやかに訂正せず、翌々年一一月二六日すぎに漸く訂正しました。のみならず、学校長は原告の高校受験にあたり志望校に提出する「内申書」において、原告の欠席日数の多さが、教師の暴力に起因するものであり、学校に責任があることを記載すると約束したにもかかわらず、暴行を隠蔽する目的とその責任を問う原告らに報復する目的で、事実に反する不利益な内容の内申書を作成しました。

浦和地裁判決は、顧問教師が原告を殴打するに至った経緯・態様について、原告の主張を全面的に認めたうえ、教師の暴行は「何ら懲戒事由もなくなされたもので」「正当化しうるに足りる教育的配慮等があったものとは認められない」と厳しく断罪しました。そして、原告の主張する前記後遺症をすべて認めたうえで、頚椎捻挫と暴行との間には因果関係があることも認めました。

更に暴行後において、（一）顧問教師は校長に報告せず、親にも知らせなかったばかりか、原告に直接謝罪もしなかった、（二）学校長は原告から事情を聴かずに、教師の言い分にそった「事故報告書」を作成したので、原告の負傷の事実も明記されず、また原告の母による訂正の申入れに対しても速やかに応じず、再度の協議の後に訂正した、（三）学校長は「内申書」の作成にあたり原告の母親と話し合い、内申書において原告の欠席日数が本件行為に起因するものであり本件中学校に責任があることを明記することにしたが、実際には「本件行為が遠因となった」「頭を壁にぶつけた（激突したとは書かれていない）」（長期欠席の理由は）「情緒不安定による登校拒否もある旨」の記載をした、（四）これら暴行後の一連の学校長・教師の行為・態度は、「事後的対応の不誠実さを示すものとして慰謝料算定の一事由に取り入れられるべきだ」と判示しました。

この判決も被告らが控訴しなかったため確定したのですが、判決は暴行（体罰）後においても、学校・教師は誠実な事後的対応をすべき教育法上の義務があり、これを尽くさなかった場合には、暴行（体罰）による生徒の精神的損害を更に拡大し進化させたものとして責任を負わなければならないとしています。『判例時報』のコメントも「学校側の対応の悪さを慰謝料算定の積極要素とした点に特色が見られる」としており、事後的対応の不誠実さを問題とする方向が一層推し進められたことを示しています。

第11章　子どもの死をめぐる学校の説明責任

1　ある女生徒の自死

私が弁護士としてかかわっていた、ある裁判(1)のことから、始めることにする(2)。

その事件は、東京都下の町田市で起こった。一九九一年九月一日、二学期を明日に控えた午後七時すぎのことである。

町田市立T中学校二年の女生徒A子は、「明日、どうしてもT中学校へ行かなければいけないの?」との言葉を母親に残して、その数分後に、JR横浜線成瀬駅下りの線路上に自ら身を横たえて、死を選んだ。

A子の両親は、愛娘の突然の自死が信じられなかったし、その死を受容することはできなかった。父親はその裁判の冒頭(3)、意見陳述の機会を与えられて、次のように述べている。

「いくら私どもが否定しようと、A子の死は厳然たる事実なのです。A子は何かに深く傷つき、悩み追い詰められて死を選んだのです。……しかし、私どもはA子の深く傷ついた心に気づくことができませんでした。本当に情けない親です。A子が何に悩み追い詰められていたのか、そのことを親である私どもが気づいていれば、そしてA子の心を少しでも慰め励ましてやることができていれば、A子の選択は絶対に違っていたはずです。A子の生命を救うことのできなかった親として、悔み切れない日々が今もなお続いています。

A子が生きている間、その苦しみを理解してやれなかった親として、私どもは遅ればせながらでありますが、どうしてもA子の苦しみを理解したい、A子の心に寄り添いたいと思いました。このような気持ちは、私どもと同じような境遇におかれた親であれば誰でも抱くものであると思います」。

両親は告別式の後、A子の友人たちから、A子が夏休み前からあからさまに無視（シカト）されていたこと、事件の数日前には取り囲まれて脅迫されていたこと等を聞いた。両親らは初めて、A子が学校で「いじめ」にあっていたらしいと知った。

両親はA子の死の真相を知るために、学校で何があったのかを知りたいと思い、T中学校に協力を求めた。A子の死後、T中学校は関係生徒から事情を聴取したり、調査らしきものを行っていたからである。「遺書」は見つかっていないが、T中学校は二学年の生徒に九月一一日にA子の自殺に関する全体集会を行った後「作文(4)」を書かせた。さらに一学年の生徒には九月一八日に、三学年の生徒には九月二一日に「作文」を書かせた。T中学校はA子に関するさまざまな情報を収集していたのである。

父親は「A子が亡くなった今、私どもにとっては、A子に関する情報はA子そのものだ」（裁判の冒頭における意見陳述）と考えて、T中学校に対してその開示を求めた。学校で何があったのか、それを知ることにより、わが子の苦痛と苦悩に少しでも近づきたいと願ったからである(5)。

ところが、T中学校の対応は頑なであった。校長は、「職員会議で議論している内容については、たとえ親に対してでもいえない」と言い張り、生徒たちに書かせた「作文」についても、親に対して「見せるわけにはいかない」とはねつけて、開示を拒んだ(6)。

T中学校のあまりの閉鎖性に直面して、親は愕然とし、それまで抱いていた学校観を根底から揺さぶられた。学校が、親とは異質の価値基準によって動いていることを思い知らされたのである。T中学校には、親とともに死の原因を究明し、生徒の死という痛ましい事態の再発を防止するという姿勢はなく、もっぱら事故に対する責任を回避し、自らの保身を優先する姿勢だけが際立っていたからである。T中学校がこだわったのは、自らの責任の回避であって、その生徒の死の原因の究明ではなかった。

ことは、これだけで終わらなかった。第二幕が続く。

父親は、T中学校が「作文」を見せることを拒んだので、やむなく町田市個人情報保護条例に基づいて、「A子の死について説明をした後、生徒に書かせた作文のうちA子にかかわるもの」として「作文」の開示請求をした。「ひとりひとりの生徒の『作文』から、A子の思いや面影を知り、A子に何が起き、A子がどのように悩んだかを知りたい」（裁判の冒頭における意見陳述）と思ったからである。

この開示請求に対するT中学校の対応は、めまぐるしい変遷を重ねた。詳しく述べることは控えるが、おおよそ次のとおりである。

開示請求されたT中学校は、①半年以上もたってから、「一年生と三年生分は返却した」と回答した。②親の調査によって、それが虚偽だとわかると、「三年生のものは一〇月半ば【開示請求前】に廃棄し、一年生のものは三月下旬に返却した」といい出した。③ところが、廃棄したはずの三年生のあるクラス担任が今も自ら保管していると親に述べたことから、「そのクラスを除く三年生の『作文』は一〇月半ばに焼却した」といいかえた。④しかし、訴訟(7)が提起されると、今度は「三年生の『作文』の大半は翌年三月中【開示請求後】に焼却した」と主張を変えた。個人情報保護審査会に虚偽報告をした理由を問われて、校長は「開示請求後に焼却したとは言えないので、事実に反していたことは知っていたが、開示請求前に焼却したことにした」と弁明している(8)。

このように、T中学校は、事実を隠すだけにとどまらないで、事実をねじ曲げ、虚偽であることを知りながら、虚偽を重ねた。親のT中学校に対する不信は決定的となった(9)。

(1)裁判は二つある。一つは、T中学校が全生徒に書かせた「作文」の開示を父親が町田市個人情報保護条例に基づいて請求したところ、町田市教育委員長が非開示決定をしたので、その処分取消しを求める訴訟（東京地裁平成五（一九九三）年（行ウ）第二五号事件、東京高裁平成九（一九九七）年（行コ）第七三号事件）である（以下、「作文」非開示処分取消請求事件という）。二つは、親は学校に対して生徒の死の原因を調査して報告することを請求する権利があるとして、両親が原告となってT中学校の調査・報告義務違反による損害賠償を請求する訴訟（東京地裁平成七（一九九五）年（ワ）第二九九三号事件）である（以下、学校の調査・報告義務訴訟事件という）。（編集部補注：「行ウ」は「行政訴訟事件・地方裁判所第一審訴訟事件」を、「行コ」は「同・高等裁判所控訴事件」を、「ワ」は「民事訴訟事件・通常の第一審訴訟事件」を指す事件記録符合）

(2)本稿は、私がかかわった右二つの裁判の対象となった事件を素材として取り上げるが、もとより、具体的な事件そのものについて論述するものではないし、右「作文」非開示処分取消請求事件についての東京地裁判決（平成九（一九九七）年五月九日『判例時報』一六一三号、九七頁以下）に対する批判や評釈を意図するものでもない。

本稿の目的は事件の奥にひとしく通底している、在学中のわが子の突然の死の真相を知りたい、という親のわが子に対する思いを学校教育「制度」とのかかわりでどのようにして権利としてくみあげることができるのか、また、学校教育「制度」が制度としての自律性を維持・確保するためになすべき説明責任について、若干の序曲的な考察を行い、その概要を素描するものである。

なお本稿は、「学校は教育の責任をどのようにとるのか?」岩波講座『現代の教育――危機と改革――』第〇巻「教育への告発」岩波書店、一九九八年、六五頁以下に掲載したものに大幅に加筆し、これに必要な注をつけ加えたものである。

(3)「作文」非開示処分取消請求事件についての第一回口頭弁論期日（一九九三年三月三〇日）において行われた。以下、裁判の冒頭における陳述はすべて同じ。

(4)T中学校が生徒たちに書かせたものは、A子の自殺の直後に、A子の自殺を踏まえて生徒に指示して書かせたものであるから、教科指導としての作文ではないのはもとより、通常の生活指導としての作文ともいえない面をも有している。以下で

「作文」と括弧づきで表記するのは、そのゆえである。

(5) 両親は、愛娘を突然亡くして以来、なぜわが娘が逝ったのか知りたいとの思いから、学校に対して中で何があったかを教えてほしいと何度も求めたが、学校の壁に拒まれ続けた七年間の歩みを綴ったドキュメントを、後に上梓した。前田功・前田千恵子『学校の壁』教育史料出版会、一九九八年。その書の表紙と背表紙には、「なぜわが娘が逝ったのかを知りたかっただけなのに」との象徴的なことばがそのままに記されている。（なお、『朝日新聞』一九九八年四月二日夕刊、『東京新聞』一九九八年四月一二日参照）

(6) 生徒に書かせた「作文」を親に開示することを拒んだのは、校長だけでなく、T中学校の教師たちのほとんど全員の意向であったことに、問題の深刻さが潜んでいる。

(7) 「作文」非開示処分取消請求事件。

(8) 虚偽報告をしたT中学校のH校長は、地方公務員法上の戒告処分を受けた。

(9) 「作文」非開示処分取消請求事件についての東京地裁判決（平成九（一九九七）年五月九日）も、「T中学校の本件開示請求に対する対応は極めて不誠実なものであり、その調査も真摯さを欠いたものであったと評されてもやむを得ないというべきである。したがって、原告が被告の主張になお疑惑を払拭しきれないとする気持ちも充分に理解できるものである」と指摘し、T中学校の対応に疑問を投げかけている。

2　子どもの死をめぐる親と学校

学校で何があったのかを知りたい、という親の痛切な願いの底にあるのは、わが子が死に至ったいきさつをたどり、子どもの心に何があったのかを知りたい、という親としてのまっとうで、自然な気持ちである。それは決して加害者や学校の責任追及に一直線に向かうものではなく(10)、むしろ、子どもに先立たれ、寄り添えなかった親としての苦しみと責任感であり、心の中でなお生きているわが子への尽きぬ愛情である、といってよい(11)。

親がわが子の「死に向かうまでの情報を学校と共有すること」によって、生前学校で何があったのかを知ることを願うのは、何よりもまず、愛するわが子の命を救いえなかった自らの責任をたどり、親としての重荷を負うことを自らに課すことによって、わが子を喪った苦しみと悲しみを自ら癒したいとの思いからである。

このごくあたり前の親の気持ちをT中学校は受けとめえないどころか、これを踏みにじり、その前に立ちふさがる存在となってしまっている。T中学校は、自校の子どもの命を救いえなかった苦しみを、親と分かちあうとするどころか、ひたすらその責任を回避することに終始している、といっても決して言いすぎではない。

学校が現在このような存在となっているのは、ひとりT中学校だけではない。ルポライターの鎌田慧氏は、最近『せめてあのとき一言でも――いじめ自殺した子どもの親は訴える――』(12)を発刊した。この本は、わが子の命を「いじめ」によって奪われた一二人の親（A子の親もその一人として含まれている）の肉声をそのままに書き留めた記録であるが、これをひもとくとき、子どもの命を救いえなかった苦しみを親と分かちあおうとしない学校への絶望が、親たちすべてをおそっていることを感知することができる。

「いじめ」だけではない。体罰や学校事故など、不慮の出来事でわが子が命を失い(13)、学校生活を全うできなくなったとき、親がひとしく抱くのは、わが子について学校で何があったかを知りたい、との痛切なまでの願いである(14)。それは、学校でわが子を喪った親たちに共通に存する通底奏音として、学校に向けられている。

しかし、今、日本の学校はこの親の願いに応えてはいない。たんに応えていないだけでなく、学校はその手のなかにあるものを隠して、親のアクセスを拒むほど頑なになっている。「学校はコンクリートに囲まれた組織と化して人間の心にむかわず、無機質の制度として、むしろ親にむかって敵対する。それは見事なまでに共通したあらわれかたである」(15)との鎌田慧氏の指摘は正鵠を得ているといってよい。こうして、学校と親との間に両者を隔てる壁が作られる。この「学校の壁」は共通して広く存し、学校は親から遠ざかるばかりである。

日本の学校は、いつから、親から遠い存在となってしまったのか。親から遠い存在となった学校が、子どもにとって身近な存在であるはずがない。

(10) このような状況に投げ込まれたとき、親は多くの場合、子を喪った悲しみを、他人を責めることによってではなく、自らを責めることで癒そうとする。同旨・奥野修司『隠蔽——父と母の「いじめ」情報公開戦記——』文藝春秋、一九九七年、一二四頁。

(11) 子どもを亡くした親の、癒しがたい心の傷や深い思い・心情については、アン・K・フィンクベイナー（Ann K. Finkbeiner）／高橋佳奈子訳『子どもを亡くしたあとで』（原題、*After the death of a Child: Living With Loss Through the Years*）（朝日新聞出版、一九九七年）が、あますところなく伝えている。

〔なお「訳者あとがき」で、高橋さんは「親の人生において何一つとして変わらないものはない……唯一変わらないものがあるとすれば、それは死んだ子どもへの愛情で、親はみな何らかの形で子どもとの絆を保ち続け、まるで子どもと自分が一人の人間になったかのように、子どもの人生を自分のそれに重ねあわせて生きている」と書き記している。

この「亡くなった子どもに関する記憶」が親やその子どもを取り巻く人々（教師や学校を含む）の間において「共有される」ことによって、亡くなった子どもは親や周囲の人々の心をつなぎとめ「社会的に」生き続けることができる、といえるのである。〕

また、柳田邦男『犠牲（サクリファイス）——わが息子・脳死の11日——』文藝春秋、一九九五年、二〇三頁以下の、次男の自死を親として受け止めようとして淡々と記す「二人称の死」の視点は、心を強く打つ。いのちを「共有」したわが子を喪った親に対するグリーフワーク（悲嘆を癒す作業）の重視は終末医療だけでなく、法律学にも求められていると思われるが、日本の法律学（とくに不法行為法）は、これまでこれを等閑視してきたのではないだろうか。

(12) 鎌田慧『せめてあのとき一言でも——いじめ自殺した子どもの親は訴える——』草思社、一九九六年。

(13) なお、フィンクベイナー・前掲注（11）によれば、「子どもに先立たれた親は一様に罪悪感に苛まれている」（二〇一頁）が、「子どもに自殺された親は他の理由により子どもを亡くした親よりも罪悪感が強い」という（二〇七頁）。

(14) 例えば、体育授業中の死亡に関して、福島地裁郡山支部平成九（一九九七）年四月二四日判決（『判例時報』一六四二号、一二〇頁以下）における原告・親について、同じような姿勢をみることができる。『読売新聞（福島版）』一九九七年四月二五日によれば、中学一年生の男子生徒が体育の授業中に突然死した事件について、両親は息子が「どうして死んだのかを知りたい」として、四〇人の同級生から当時の状況の聞き取り調査をし、その調査結果を証拠として提出した。これが、一審裁判所が事故原因を「首を絞めるなど同級生の暴行」によるものと認定したことにつながった、との原告代理人の見解を報じている。

(15) 鎌田・前掲注（12）二五四頁。

3 学校教育「制度」の成立とその意味

近代社会において、公教育の場としての学校を、親の教育責務を共同化・社会化（私事の組織化）したものととらえてよいかどうかは別にして(16)、学校が現在は、教育を受ける権利を実現する「制度」として確立していることはあらがいようのないところである。

すなわち、国民はすべて教育を受ける権利をもち、また、保護する子どもに教育を施す権利をもっている（憲法二六条・一三条）が、「国民各自がみずからできることには限界がある。現代の高度な技術文明の展開は、教育施設や教育専門家を具備した教育制度を前提とした教育を必然的に要求している」(17)。したがって、現代国家にあって、教育を受ける権利とは、国家に対して合理的な教育制度と施設を通じて適切な教育の場を提供することを要求する権利を意味していることになる。

このような教育制度と施設として、一九世紀以降、学校は急速に制度化されていき、国家的規模での義務教育制度の成立によって、「制度」として確立された。

むろん、学校は教育の場として、一直線に制度化されたものではない。ここで詳述することは控える(18)が、学校は元来は教育（education、ラテン語では educare）とは別の存在であり、日常世界から遮断された秘儀的イニシエーション（通過儀礼）空間であった(19)。学校ははじめ教育の場ではなく、規律訓練を行う場とされていた。

しかし、一五世紀から一八世紀にかけて徐々に、子ども期が固有なものとして意識され区別されるようになり、〈教育的なまなざしと関心〉が広まるとともに、子どもが家庭と学校によって囲い込まれ、そのなかで教育されるようになると、学校は教育の場として普及し、一九世紀前半において公教育制度として成立した。これにより、教育は本来そのなかに有していた「育てる」意味を稀薄にし、〈教〉が〈育〉を凌駕し組織化されたうえで、学校に排他的に独占されるに至った。〔このように、「教育と学校とは、もともと別物であった。二つは、歴史的にも範疇的にも別の領域に属するものとして存在していたのであるが、今では分かちがたいものと化してしまっている」が、「二つをその結び目にまで遡り問い直すことによって、教育の場として学校を捉えること自体から、私たちを解き放つことが焦眉の急となっている」のである。はじめは「規律訓練を行う場」であった学校が、「教育の場として普及し、一九世紀前半において公教育制度の中核をなすものとなった」とする視点の含意については、拙著『寛容と人権』岩波書店、二〇一三年、補論五、二二六頁）を参照していただきたい。〕

こうして成立した〈制度としての学校〉は近代国家の発展過程において、「教育を社会的統制の手段として意識的に使用しようとする意図」に基づいて創設され、「教育を定型化するための制度」として位置づけられた。そのかぎりで、学校は「社会の主要な諸機能の再分肢という機能を、意図的・組織的に遂行する制度」と定義してさしつかえないだろう(20)。

むろん、ここでいう「制度」とは、盛山和夫教授が示唆しておられるように、次のようなインプリケーションをもつものとしてとらえられるべきである。

「制度は理念的な実在であって、基本的には意味および意味づけの体系である。ただし、科学的な認識が、世界にすでに存在する意味および意味連関を発見するものであるのに対して、制度における意味は社会によって新しく創造された意味である。それは石のように人々の思念を離れて存在するのではなく、人々の思念においてのみ存在する」(21)。

このように、「制度」を人々の主観的な意味世界に究極の根拠を置く理念的実在としてとらえることによってはじめて、社会的世界が制度的世界のなかに埋め込まれていて、人々の行動や感情が制度によって左右されていることを受け入れることができる。

いずれにしても、近代社会は、人々とその諸活動を多様な地位と役割に分割し、それに見合うものとして諸制度を再編創設し、その制度的網目のなかに人々を配置したが、学校はそうした制度的網目のひとつにほかならないのである(22)。

(16)堀尾輝久『現代教育の思想と構造』岩波書店、一九七一年、九頁、一四頁など。なお堀尾の「私事の組織化としての公教育」論への批判については、黒崎勲『現代日本の教育と能力主義』岩波書店、一九九五年、一二五頁以下を参照。

(17)野中俊彦・中村睦男・高橋和之・高見勝利『憲法Ⅰ（新版）』有斐閣、一九九七年、四五九頁。同旨・佐藤幸治『憲法（第三版）』青林書院、一九九五年、六二六頁。

(18)さしあたり、寺崎弘昭「近代学校の歴史的特異性と〈教育〉――『学校』の近代を超えて――」『講座 学校 一』柏書房、一九九五年、一〇一頁以下を参照。

(19)W・J・オング／柿沼秀雄・里見実訳「ルネッサンス期の成年儀礼としてのラテン語教育」『叢書・産育と教育の社会史4』

新評論、一九八四年。

(20)勝田守一「学校の機能と役割」『勝田守一著作集　第五巻』国土社、一九七二年、一三四頁。

なお勝田が教育を次のようにとらえる点も、注目してよい。「教育という概念は、学習の目的をもった指導を中核として形成されてきたし、これからもその内容は精密に彫琢されなければならない。しかし、教育の概念はそれに尽きるものではない。それは社会的な過程として、制度であり、慣行である」(「教育学入門」『勝田守一著作集　第六巻』国土社、一九七三年、二四〇頁)。

(21)盛山和夫『制度論の構図』創文社、一九九五年、二二一頁。なお同書の次のような指摘も、きわめて示唆に富んでいる。「制度とは——といっても、いうまでもなく、人々が『制度』という用語でこのことを理解している必要はないが——、具体的な個々人を超えた存在であり、その拘束は等しく人々に適用される、という了解である。人々は一次理論のレベルでかかる『集合的実在』を想定している。

重要なことは、制度や規範という概念や言葉ではなく、そのような超越的で普遍的な性質を持った集合的実在の観念であり、ある人においてそうした概念が存在する限り、その内容がどんなものであれ、それはその人自身を何らかの形で——場合によっては、『不当だ』という判断を伴いながらも——内的に拘束するものである。したがって、何が制度であるかに関する人々の理解の喰い違いとは、超越的機能を持って人々を拘束しうるような集合的実在とはなんであるかに関する知識の喰い違いである」(二六二頁)。

(22)藤田英典「岐路に立つ学校——学校像の再検討——」岩波講座『現代の教育——危機と改革——』第二巻「学校像の模索」岩波書店、一九九八年、一四頁。

4 学校教育「制度」の利用者・担い手としての親

現代社会がさまざまな「制度」に依存しており、権利を「制度」と密接不可分なものとして関係づけ・結びつけてとらえることが大切であることは、奥平康弘教授の説くとおりである(23)。権利は、「制度」の世界に属するとともに、個人の意思あるいは利益のなかにも存する概念として、制度の周縁部分にある個人の側にはめこまれ（einräumen）ており、個人のイニシアティブに基づくその行使は、制度の利用者である個人を救済するだけでなく、同時に制度そのものの(24)欠陥を指摘し、制度を軌道修正する(25)契機ともなりうるのである。その意味で、「『権利』は、個人にとってそれ自体が目的であると同時に、客観的には『制度』が『よき制度』であるために必要不可欠な公共性を担うコンセプトなのである」(26)。

このように、現代社会における「制度」と「権利」との関係をとらえることができるとすれば、田中成明教授のように、「各制度はそれぞれの自己同一的な存立と作動を可能とする固有の内在的倫理をもっている」(27)がゆえに「異なった善き生き方を追求する市民が、対話的合理性基準の規制のもとで賢慮を働かせ、正義原理とその実現のための制度構想を、不正義の抑止・回復に照準をあわせつつ、公正な手続的状況で理性的に議論しあう共通の公共的議論空間が確立されていることが、リベラルな社会の最小限の倫理的条件」(28)である、と説くことが可能となるのではないだろうか。

学校はそうした「制度」のひとつとして、こんにち学校教育制度として確立しているが、その「制度」のなかで、親はなお要（かなめ）の位置を占めている。すなわち、近代の学校教育制度は、親にわが子の就学を義務づけることによって成立しており、そこに子どもを通わせる親の存在なくして存立しえないものとなっている。学校教育法も親に就学義務を課した（二二条・三九条）うえで、さまざまな制度的仕組みを定めており、制度としての学校が、子どもの成長に向けて親と協力・提携する必要性は、今後強くなりこそすれ、弱まることはない。

このことは、学校に子どもを託している親が、制度の利用者として、制度としての学校が十分に機能していないとき、親の権利を行使して、制度の利用上の欠陥・不十分な機能を正す役割を期待されていることを意味する。親は、わが子の教育に関して、親の権利に基づき、学校や学校を指導・監督すべき教育行政当局に対して、一定の要求をすることができるが(29)、親のこの教育要求権の行使は、親の学校教育制度への参加の契機となると同時に、学校の措置が違法・不当である場合には、親の権利の回復につかえるだけでなく、他方で、学校教育制度の欠陥を是正し、軌道修正を行い、制度をよりよくする役割を果たすことになるのである(30)。〔以上の視点を更に発展させた拙稿として、「学校・教師と親の関係の問い直し──教育のパラダイムの転換──」（拙著『寛容と人権』、岩波書店、二〇一三年、二一一頁以下）がある。〕

とりわけ、親は、学校に託したわが子が学業を終える前にその生命を失った場合には、学校教育制度の利用を全うすることができなかった者として、わが子の死に至るまでの事実解明を要求することができるのである。それによって、学校教育制度が制度本来の機能を果たすことのできなかったのが制度の欠陥・不全によるものであることを明らかにし、これを是正・修正することにより、制度本来の機能の回復をはかる役割を果たすことが可能となるのである。

親が制度のなかで位置づけられないとき、学校の管理機構化を招くことがある。かつて西ドイツで、「管理されすぎた学校（verwaltete Schule）」という批判的視点が打ち出され、教育界に衝撃を与えたことがある。その主唱者であるH・ベッカー（H.Becker）教授は、一九五四年に書いた「管理されすぎた学校──その危険性と可能性──」と題する論文において、次のように指摘して、学校の管理機構化に対する警鐘を鳴らした(31)。

「われわれの学校は『管理されすぎた学校』となっている。……近代学校は……自律的な人間たちの生活空間であったのに、次第に行政的なヒエラルヒーにおける末端機関になりさがっている。こんにち、学校は、その行政機構において税務署、労働局、警察署と同様な位置にある」。

ベッカーがこのような警句を発せざるをえなかった背景には、むろん、当時の西ドイツの学校制度が負っている歴史的事情があり、国の「学校監督（Schulaufsicht）」は内的教育事項にまで及ぶものとされていた。その後、西ドイツでは彼の批判を受けて、一九七三年に連邦政府の教育審議会が学校教育への父母・生徒参加を勧告して以来、父母・生徒の学校参加が積極的にはかられ、制度化された。ここで、その中身に立ち入ることは控えるが、学校の自律性の強化と父母・生徒の学校参加は、互いに同時に存在するときにのみ意義があるとされて、学校に親を組み込むこころみが制度的に押し進められている(32)。

こうした西ドイツのこころみとは逆に、日本では、今なお、学校教育制度の存立に不可欠な存在として親を位置づけ、制度の担い手（トレーガー）として組み込んでゆくという発想に乏しいため、学校の管理機構化は押し進められ、学校と親との距離はむしろ広がってゆくばかりである。

日本における学校の管理機構化の進行と親の学校参加に対する消極的姿勢は、一方で学校の密室性・閉鎖性を招来し、他方で学校による情報の独占と情報の操作現象を生んだ。二つは今、相伴って生じているが、裏腹の関係にある、といってよい。その結果、学校でわが子に何が起こったのかを知りたいという親に対して、学校はひたすら事故に起因する責任問題にどのように対処するか、という管理機構の保守にとらわれた姿勢をとり続け、また、学校の有する情報を親に対して隠蔽することによって、わが子に関する情報への親のアクセスを困難にし、親による学校教育制度の是正の途をふさいでいる(33)。

「親の「学校でわが子に何があったかを知りたい」という願いの前に立ちはだかる学校に対するたたかいが、はじめは「私的（private）な憤り」という色彩を持つものであったとしても、それは自然なことといえよう。

しかし、わが子を喪った親を襲うこの「私憤」は、そこにとどまることはなく、「学校で何があったかを知りたい」という親の願いが聞き届けられないのは、学校と親との間に両者を隔てる壁が作られており、しかもその壁が多くの学校に共通して存在していることを感知して、親は「学校の壁」そのものに立ち向うことになる。それは、親が目の前に立ちはだかる壁の背後に、無数の同質の壁が折り重なるように存在していることに想い至り、それらの壁とそれに立ち向う自らを、開かれた場（forum）で討議し批判にさらす決意をしたことを意味する。そのとき、学校に向けられた親の憤りは、私的なものから、「公的（public）な憤り」の性格を帯びるものに止揚したのである。

こうして「私憤から公憤へ」と向かった親は、教育制度としての学校が十分に機能していないことに対して、制度の利用者として親の権利を行使することを通して、制度の欠陥・機能不全を問い制度を改革する役割〔制度（改革）訴訟〕を果たすことになる。

(23) 奥平康弘『憲法Ⅲ――憲法が保障する権利――』有斐閣、一九九三年、九五頁以下。

(24) この場合、制度を所与のものとして固定的にとらえるべきではない。「閉じられた制度」ではなく、働きかけを柔軟に受けとめてときには自らを変えることもできる「開かれた制度」が、ここで前提とされていることに留意すべきである。制度のとらえ方については、若干その意味は異なるが、長谷川晃『解釈と法思考――リーガル・マインドの哲学のために――』日本評論社、一九九六年、一七六〜七八頁における論述が参考となる。

なお関連して、同書一八五頁以下の論述は示唆に富む。とくに「正義の原理は制度の論理の必然的前提条件として、制定法の体系に対する高次の道徳的制約条件を与えている」（一八六頁）のであり、「制度が開かれているということが制定法体系の不可避のあり方であって、そこには種々の非―制定法的な考慮が流入してくるのであり、制定法の他に原理や価値あるいは通念などが複雑に絡み合った形で法的判断がなされることになる」（一八八頁）のである。

(25)むろん「制度」の存続・維持を前提としての軌道修正だけではすまない場合がありうる。制度疲労により、制度そのものを廃止する必要がある場合も起こりうるし、新たにオルタナティブな制度を構想し、創設しなければならないことも生じてくる。
　教育制度としての学校教育制度についても、近年、抜本的な見直しが行われ、一元的な学校教育制度とは別のオルタナティブな教育制度の必要性が主張されはじめている。これについては、さしあたり、拙著『学校に市民社会の風を――子どもの人権と親の「教育の自由」を考える――』筑摩書房、一九九一年、八五頁以下。また、日本弁護士連合会『問われる子どもの人権――子どもの権利条約に基づく第一回日本政府報告に関する日本弁護士連合会の報告書――』こうち書房、一九九七年、一三五頁参照。

(26)奥平・前掲注(23)九八頁。なお、同教授は、『制度』コンセプトが出てくるのは、個々の諸『制度』を超えた社会総体を想定し、それとの脈絡で個別『制度』の意義、役割分担などを捉えようとする人間の意欲と無関係ではない」と指摘する(奥平康弘『憲法の眼』悠々社、一九九八年、九六頁)。

(27)田中成明『法的空間――強制と合意の狭間で――』東京大学出版会、一九九三年、一一八頁。

(28)同右一三〇頁。

(29)兼子仁『教育法(新版)』(有斐閣、一九七八年)によれば、親は教育条理上、子どもの教育について教師・学校に対して要求を出す権利があり、子の学習の自由に代位する親の学校教育内容選択の自由に基づき教育選択権ないし拒否権を有しており、さらに子どもの学校教育に関する積極的な要求権をも有している、とする(三〇〇頁)。ただし、この積極的な教育要求権の主体は親個人ではなく親(父母)集団である、という(三〇四頁)。

(30)したがって、親のこのような権利行使が、同時に学校教育制度の改革に資することを踏まえて、司法はその救済的役割を積極的に果たすことが求められているのである。とりわけ、学校教育制度が制度本来の機能を果たすことを怠り、制度の利用者である親・子どもとの間において紛争を惹起した場合には、親・子どもの権利の回復をはかることを通して、制度の改革を招来するという司法的救済がめざされなければならない。もし裁判所が、親・子どもの権利の救済を拒み、学校の措置を追認するようなことがあれば、司法に期待された現代的役割を自ら踏みにじる結果となるのである。

(31)Hellmut Becker, *Die verwaltete Schule. Gefahren und Möglichkeiten.*, In: Merkur,1954,SS.1155-56.

なお、兼子・前掲注（29）一八四頁参照。

（32）その最新の情報は、柳澤良明『ドイツ学校経営の研究――合議制学校経営と校長の役割変容――』亜紀書房、一九九六年に詳しい。

（33）この点については、問題の指摘にとどまるが、拙稿「学校の情報独占・操作にどう立ち向かうか」季刊教育法一一四号、一九九八年、一七頁以下（本書二五〇頁以下）を参照。

5　学校教育「制度」のなかの「いじめ」

親が学校に委託した子どもが、学校教育制度とのかかわりでその生命・身体に侵害を受けて、死や傷害などを惹起したとき、学校はこれを「制度」の存続・維持にかかわる問題として取り組むことが求められる(34)。「いじめ」問題は、学校教育「制度」に直接かかわる問題として(35)、現代日本の学校がひとしく負っている最大の課題である。「いじめ」によって、子どもはかけがえのない身体と人間としての尊厳を傷つけられるだけでなく、時にはその生命を自ら絶つことさえあるからである。

最近の「いじめ」は、クラス、部活動、友人集団など学校を主な舞台にして発生していることは周知のところである(36)。「いじめ」が学校教育制度の不可避的現象といえるかどうかはなお今後の研究を待たなければならないが(37)、それが学校教育制度の日常的展開のなかで生じた病理的現象であることだけはたしかである(38)。

学校教育「制度」のなかでの「いじめ」は、「制度」のなかに引き込まれた人間相互の関係の渦から生じた確執・軋轢と葛藤である。それは「制度」のなかでの人間関係調整機能の不全により生じたものであり、そこからの人間関係の離脱の困難性も含めて、「制度」と切り離しては理解しえない面がある。

学校はこんにち、「いじめ」ないしはその疑いがある事実によって、生徒が自ら命を絶ち、あるいは生徒の心身が傷つけられた場合には、何よりもまず、その事実の調査・確認をあたうかぎり行い、事実を解明しなければならない。学校のこの事実解明は、「いじめ」があったときだけでなく、むしろ、その疑いがあるときにこそ入念に尽くされなければならない(39)。それは、制度の日常的展開のなかで、どのような背景と経緯のもとでそうした事実が惹起されたのかを、丹念にたどり検証することによって「亡くなった子どもに関する記憶を共有する」ことであり、再び「いじめ」ないしその疑いがある事実によって、生徒が自ら命を絶ち、あるいは生徒の心身が傷つけられるような事態が生じないように、種々の教育的対応をするのに役立てるために行うのであって、学校としての責任の有無を明らかにすることを第一義的目的として行うのではない。

　そうした事実の調査・確認の目的ないし生徒指導の目的をもって、学校は在校する生徒に「作文」を書かせることを日常的に多く行っている(40)。ここで生徒が書かせられる「作文」は、学校教育の通常の課程で教科指導の一環として生徒が書く「作文」と異なることは明らかであり、同じ「作文」のことばがあてられているとしても、その性格まで同一にするものではない。「いじめ」の存在ないしその疑いが存在する場合、生徒に「作文」を書かせることは、いわば学校教育制度の病理的現象ともいうべき事態に対処するために、学校が制度の存続・維持をはかるために実施しているのである。

　したがって、「いじめ」の存在ないしその疑いが存在するときに、それを契機として、学校が生徒に「作文」を書かせる場合、指示に従って書く生徒は、たんなる個人的な地位に基づいているのではなく、客観的には学校教育制度の存続・維持を担う学校の構成員ないし準構成員としての地位に基づいているというべきである。そのかぎりにおいて、また、書かれた「作文」は、生徒個人のたんなる私的性格の文書というよりは、学校教育制度の存続・維持につかえる公的性格を多く帯有している文書ということになる(41)。

　こうして、「いじめ」ないしはその疑いによりわが子が被害を受けた親が、学校教育制度の利用者・担い手として、わが子の苦しみや死に至るプロセスを知ることによって、学校教育制度をよりよい制度にするために、学校が生徒に書かせた「作文」の開示を求めた場合に、それを開示して親と情報を交換し共有することは、学校が制度の存続・維持にかかわる「いじめ」という病理的現象にどう対処したかを明らかにし、学校教育制度の改革を志向することに資することになるのである(42)。

(34)アメリカにおいても「いじめ」を安全な学校（Safe School）というコンテクストのなかでとらえようとする動きがあり、一九八四年にはNational School Safety Center（NSSC）が設立されている。詳細はNational School Safety Center（1996）Bully-free schools, NSSC Newsjournal FALL 1996を参照。

(35)鎌田・前掲注（12）二五〇頁は、「いじめはたしかに社会の病気といえるものだが、学校制度のなかで発生している以上、学校システムにその原因がある」と断ずる。

(36)日本弁護士連合会『いじめ問題ハンドブック――学校に子どもの人権を――』こうち書房、一九九五年、二〇頁。

(37)現代の「いじめ」の構造的研究は少なくないが、最新のものとして、清永賢二「いじめの現代的諸相」、森田洋司「いじめの集団力学」、浜田寿美男「いじめの回路を断つために」以上すべて岩波講座『現代の教育――危機と改革――』第四巻「いじめと不登校」岩波書店、一九九八年、九三頁以下と、神保信一編『イジメはなぜ起きるのか』信山社、一九九八年、宇井治郎編『学校はイジメにどう対応するか』信山社、一九九八年、中川明編『イジメと子どもの人権』信山社、二〇〇〇年が、それぞれ示唆に富んでいる。

(38)河合隼雄「病理の構図から抜け出す道はどこにあるか」（前掲注（37）岩波講座『現代の教育』第四巻、二八五頁以下）は、「いじめ」を現代日本の学校に存する病理的現象としてとらえるとしても、医学をモデルにした単純な病理の構図を抜け出して「文化的創造の病」としてとらえ、共感的な人間関係をもって接することが肝要である、と力説する。

(39)この点でも、入院中の患者の死因が不明であり、遺族が死因の解明を希望しているとき、病院は死因解明に必要な措置を提案しその実施を求めるかどうか検討する機会を与える信義則上の義務がある、とする東京地裁平成九（一九九七）年二月二五日判決（『判例時報』一六二七号、一一八頁以下）で示された考え方は参考となる点が多い。

(40) このことは「作文」非開示処分取消請求事件に関する東京地裁判決も「いじめ対策としての事実確認の重要さは、教育者の間では当然のこととされており、また、生徒指導の過程での書くことの重要さは、生徒自らの行動の整理、内省を深め、自戒を進めさせ、情緒的認識を客観化し知性に高める方法として推奨されていた」と判示しているとおりである。

(41) この点について盛山・前掲注（21）二二六頁を参照。盛山教授は、人々の分節されたふるまいが制度的な意味を担っているかぎりにおいて、それを「制度的な行為」と呼ぶことができるが、それは、当該社会において社会的な意味をもつと判断されるかぎりのすべての行為をいう、とする。

(42) この意味で、「作文」非開示処分取消請求事件に関する東京地裁判決は、さらに一歩を進めて、学校が生徒に書かせた「作文」を、制度の利用者・担い手としての親に開示することを認めるとともに、そのための条件を具体的に明らかにすべきだったのではないだろうか。判決は「原告への開示に同意する者の作文を個別的に開示することは、T中学校における教師の教育的配慮として妥当な措置であるということができる」とする一方で、「教師の教育的配慮と責任における作文の公開、開示という点については、……原告がT中学校に対して不信を抱くことを相当とするような事情があり、教師の教育的配慮自体に対して不信感を抱いていることは想像に難くない」として、教育的配慮による開示が困難であることを認めながら、一転して、「このことは適切な教育的配慮を求める理由とはなっても、個別的な教育的配慮を排して作文の公開、開示をすべきことの理由とはならないのである」と判示して、結局、すべてを、両親が不信感を抱いているT中学校の教育的配慮に委ねてしまう、という矛盾した立場に両親を追い込んでいる。これでは司法は、わが子の自死を契機にして書かれた「作文」の開示を求めて、学校教育制度の改革に向けて訴えを提起した両親に応えていないことになる。もともと両親は、T中学校に対して、「作文」を開示するように教育的配慮を求めたが、これを拒まれたので、やむなく司法による救済を求めることになったからである。

6 学校の「説明責任」と情報開示義務

「開かれた学校に」という声は、最近、とみに強くなってきている。「いじめ」問題への総合的な対策を検討していた文部省（当時、以下同様）の『児童生徒の問題行動等に関する調査協力者会議報告書』（一九九八年）も、「いじめの情報を保護者らに提供して理解や協力を求め……、開かれた学校に」することの必要性を説いている(43)。また、「いじめ情報を父母に示す」ことを訴えるある新聞社説(44)は「父母が『自分たちの学校』にいじめがあることを知れば、おのずと学校参加への入り口になる……子らの根深い学校不信を解くには、第三者の目から教室を隠すのではなく、外に向かって開くことが早道だ」と力説する。これらは、「いじめ」の背景に、学校の密室性・閉鎖性が存在していることを端的に示すものであるが、むろん、「開かれた学校」にする必要性は、「いじめ」問題の解決のためだけではない。

現在、学校が子ども・親に関して収集し保有している教育情報には、①教育個人（本人）情報……指導要録、内申書（調査書）、就学時検診記録、健康診断記録、家庭環境調査表など、②教育事故（状況）情報……体罰報告書、いじめ（死亡）報告書、学校事故報告書など、③教育行政（一般）情報……学校管理情報、職員会議録、教科書採択情報などがあり、実に多種多様である。しかし、学校はこれらの多様な教育情報のほとんどを、子ども・親には開示せず、これら情報を独占し、学校の都合のよいように操作することすら行っている(45)。

このような学校の教育情報に関する独占と操作は、子ども・親の学校に対する閉塞感を強め、「学校を開く」ことを焦眉の課題とするに至っている。一九八〇年代から、自治体の情報公開条例や個人情報保護条例を手がかりにして、これらの教育情報の開示を求める動きが親・子どもや市民らによって行われ、開示の種類・範囲は少しずつ広げられてきているものの(46)、日本の学校に長年存する学校慣行に妨げられて、なお多くの教育情報が学校の内に閉じ込められたままである。

学校が管理機構化への途から脱して、子ども・親との間に広がった距離を縮め、「開かれた学校」となるためには、学校が子ども・親に対して、学校が収集・保有している教育情報を開示するだけでなく、何よりも学校のなかで生じた事柄について調査し、「説明する責任（accountability）」を果たすことを、学校の第一次的（primary）な制度責務とすることである。

「説明責任（accountability）」はカレル・ヴァン・ウォルフレン（Karel van Wolferen）氏によって広く説かれるようになったが(47)、氏の論述に対する評価とは別に、この言葉の裡に存する考え方には、少なくとも閉塞状態にある日本の学校の「いま」を切り開くものが含まれている。

学校が学校を成り立たしめている子ども・親から、自らを遮断している現実（「偽りのリアリティ(48)」）に対する批判と警告を踏まえて、学校をまず子ども・親に対して開くことがいま何よりも求められている。

子ども・親たちがいま学校に求めてやまないのは、学校で何があったのかという事実の調査・解明をあたうかぎり行い、その結果を明らかにすることであり、そのようにして何よりもまず子ども・親に対して説明する責任を制度として十分に果たしてほしいということに尽きるのであって、学校に対して直ちに法的責任（responsibility）を負わせることではない。その意味では、学校の説明責任は、まず事実を究明し、事故の再発を防止するという、言葉の正しい意味での教育的対応につながるものであり、真の教育的配慮の中核をなすものであるといってよい(49)。いいかえれば、教育的配慮とは、何よりもまず学校がこの説明責任を制度としてきちんと果たすことである(50)。

学校のこの説明責任は、学校教育制度が制度を存続・維持するために自律的に果たさなければならないだけでなく、制度に子ども・親を引き入れた責務としても負う必要があるものであり、「教育上の説明責任」とでもいうべきものである。学校がこの教育上の説明責任を果たさなかった場合、学校は制度の利用者（ユーザー）であるとともに担い手（トレーガー）である子ども・親に対して、法的義務としての情報開示義務を負うことになるのである(51)。

学校の法的義務としての情報開示義務は、学校がその機能や役割を果たすために保有している情報を、制度の利用者としての子ども・親に開示し、提供することを義務づけるものである。それは広く近代社会が設けた制度のなかにあって、情報量において優位な制度の側がその保有する情報をその利用者に開示し提供して、公正を実現するために必要な手だてであるだけでなく、何よりも教育という営み自体が求めるものでもある。「子どもの教育は教師と子どもとの間の人格的接触を通じ、その個性に応じて行われなければならない」（学力テスト最高裁判決）が、この人格的接触は、教師と子どもとの間のコミュニケーション（行為）により、相互の「対話」を通して行われる。「対話」は情報を共有することを前提とし、その共有度を高めることによって(52)、教育的営みとして十全なものとなる。この教育的営みから導かれる情報開示義務を学校教育「制度」との関連でどのようにとらえるかについての詳しい検討は、別稿に譲ることにする。

(43) 文部省『児童生徒の問題行動等に関する調査協力者会議報告書』一九九八年、二〇頁。〔なお、文部科学省は、二〇一一年六月一日に、初等中等教育局長通知「児童生徒の自殺が起きたときの背景調査の在り方について」を出している。〕
(44)『朝日新聞』一九九五年一二月一八日社説。
(45) 学校の情報独占・操作によって、体罰、「いじめ」、学校事故などの子どもの人権侵害の実相が子ども・親の眼からみえにくくなり、その結果、子どもの人権侵害が拡大し、被害が深化していることについては、さしあたり、拙稿・前掲注（33）を参照。

(46)これらの教育情報の開示が、教育的な営み、教育法理に基づく本来の筋によるのではなくて、自治体の情報公開条例や個人情報保護条例を根拠・手がかりとする、いわばバイパスによって行われていることに問題がある点についても、さしあたり拙稿・前掲注（33）を参照。

(47)カレル・ヴァン・ウォルフレン『人間を幸福にしない日本というシステム』(毎日新聞社、一九九四年）八一頁など。ちなみに、ウォルフレン氏は、前掲の前田功・前田千恵子『学校の壁』の上梓に際して、次のような推薦文を寄せている。
「より民主的な日本をつくるために勇気ある日本の市民は何ができるか。この本はそれを見事な形で示している。市民には社会の仕組みを知る必要がある。それがよりよい社会をつくるための第一の必須条件だ。自らの体験を記したこの本は、子どもたちが学校で受けている非公式なしつけ――いじめ――の仕組みについて、多くのことを伝えてくれる」。

(48)ウォルフレン・前掲注（47）一九頁など。

(49)なお、一九八〇年代以降のイギリスにおける教育上のアカウンタビリティーについて、藤田・前掲注（22）二五頁を参照。

(50)その意味でも、「いじめ」の存在ないしその疑いが存在するとき、学校が生徒に書かせた「作文」を親に積極的に開示することは、学校が果たすべき説明責任の第一歩である、といってよい。

(51)二つめの学校の調査・報告義務訴訟が提訴されたのは、T中学校がこの「説明責任」を果たさなかったために、これを学校の情報開示義務として法律構成して学校・教師の「法的責任」を問う事態になったのである。
〔この二つめの訴訟は、係属した東京地裁民事六部において和解が成立し、その第三項は「市や学校・教師は、原告らが自殺原因について調査することに異議はなく、市は原告らの調査活動に対して真摯な態度で対応する」とされた。これを受けて、原告らが町田市に対し「作文」の開示請求をしたところ、市（の情報公開審査会）が「作文」中の個人名のみは匿名にしたもののその余はすべて開示したことによって、親の知りたいという願いが実現されたのである。こうして、原告らの願い・目的が和解という柔軟な紛争解決手続を通して最終的に達成されたことは特筆に値する。〕

(52)J・ハーバマス（J.Habermas）が、今日ではいかなる実質倫理も不可能とし、可能な唯一の倫理は意思疎通的倫理である、と説いているのは示唆に富む。情報に対する制限がない完全に開かれたコミュニケーションによる相互了解によって、「対話」に基づく行為調整も可能となるのである。

〔追記〕

本格的な掘り下げた論考にまで至っていないので、ここに追記することに聊かためらいを覚えるが、学校の制度責任としての「説明責任」に対応する、親の「知る権利」としての教育情報開示請求権の骨格とその導出過程を素描すると、次のようになるといえようか。

（1）「結婚し、家庭を設け、子どもを育てる権利」は、個人が公権力から干渉されることなく、自ら決定することができる権利として幸福追求権（憲法一三条）に含まれる（佐藤幸治「憲法（第三版）青林書院、一九九五年、四五九頁。なお、Meyer v.Nebraska,262 U.S.390（1923）,Pierce v. Society of Sisters,268 U.S.510（1925））。

（2）「親の子どもを育てる権利」の中核をなすものは、子どもを教育する自由・権利であるが、この自由・権利は子どもに対するコントロール作用を伴い、子どもをどのように教育するかの自由を内含しており、子どもの教育を受ける権利（憲法二六条）を充足させるものであることを前提として認められる（佐藤幸治、前掲・六二六頁）。

（3）旭川学力テスト事件最高裁大法廷判決（一九七六年五月二一日）も、「親は子どもに対する自然的関係により、子どもの将来に対して深い関心をもち、かつ配慮すべき立場にある者として、子どもに対する支配権、すなわち子女の教育の自由を有する」が、「親の教育の自由は、主として……学校外における教育や学校選択の自由にあらわれるものと考えられる」（傍点、筆者）として、親の教育の自由の範囲を限定的には捉えてはいない。

（4）親の教育の自由・権利の内容として認められているものには、①家庭教育の自由（家庭を拠点とする普通教育〔home based education〕の実施を含む）、②宗教教育の自由、③学校選択の自由、④私立学校の設置・経営の自由、⑤学校教育内容の選択とその一部拒否権（不参加・欠席の自由）、⑥学校の教育課程への参加権、⑦教育情報開示請求権などがある。

（5）親は、学校選択の自由（③）のコロラリーとして、学校選択の際に「十分に知らされたうえでの選択」（informed choice）ができるように教育情報へのアクセスが認められるだけでなく、学校教育内容を選択（⑤）し、学校の教育課程に参加する（⑥）ためにも、学校の保有する情報を「十分に知らされる」ことが必要である。

（6）また、親は就学義務を負い学校に教育の一部を委託している者として、受託者である学校に対して報告を請求することができる（民法六四五条）。この親の報告請求権は在学関係に基づくものであるから、契約関係が成立している私立学校においてはもとよりのこと、公法上の身分取得に伴い成立する教育役務・施設利用関係に立つ公立学校であっても、その法的性質の基本は変わるものではない（加藤永一『学校教育契約』現代契約法体系第七巻、有斐閣、一九八四年、二五五頁。また伊藤進「在学契約の特質」『NBL943号』商事法務、二〇一〇年、六三頁など参照）。

（7）諸外国においても、親の教育情報の開示請求権は広く認められている。

・アメリカ……「家族の教育上の権利とプライバシーに関する法律」（Family Educational Rights and Privacy Act.1974、「バックレー修正法」）により、親又は一八歳以上の子どもに広く教育情報の開示請求を認める。

・フランス……父母は各教師に教育的情報を求める権利を有する。

・ドイツ……（統一前）西ドイツ「学校法」五三条は「父母及び生徒の知る権利」（一九八〇年）（Informationsrechte）を認める。

なお、（統一前）西ドイツ連邦憲法裁判所判決は「親は学校における出来事でこれを秘匿することが個々の親の教育権を侵害するものについて報告を受ける権利を有する」（BVerfGE, Urteil vom9.2.1982）とする。

（8）親は、自己の存立・実現にかかわる個人情報として固有の請求権を有する。とりわけ、いじめに関する情報は、いじめが子どもの生命・身体を危殆に陥れ、精神に回復し難い傷を与えることがあるので、子どもの成長に責任を負う者として、自己の存立・実現にも深くかかわる事柄（個人情報）として不断に把握しておく必要がある、と法構成することも可能である。

第12章 イジメ問題に法と法制度はどう取り組むべきか ―「法化」社会における課題―

I はじめに ―二つの事例がつきつけるもの―

イジメを問題とし、これについて論じる場合には、予めいくつかの限定をしておくことが、問題の整理に役立つだけでなく、議論の有用性の観点からも望ましい。とりわけ、法と法制度の角度からイジメ問題に取り組むにあたっては、そうした考察態度は不可欠であろう。はじめに、私の基本的な視座を明らかにしておくために、二つの事例を紹介し、その意味を考えてみることにしたい。

1 イジメ ―プロセスの行きつく先の子どもの死―

「ぼくはみんなに、わるくちをいわれて、きらわれている。このはんとし、いじめられた。ちょっと、むこうにいってくる」

ひらがなで書かれたこの遺書は、北海道恵庭市立小学六年のK君が、自宅近くの雑木林の枝にかけたロープで首をつって自死をした現場に残されたノートの切れ端に、走り書きされていた、という（一九九二年九月一七日付「北海道新聞」夕刊）。

一一歳の少年が残した言葉の全文はこれだけであるが、ここには、自分に向けられていたイジメという事実を、自分がこれまで生きてきたこの世にしっかりと刻印しておきたいという、切ない願いが張りつめられており、読む者をして慄然とさせる。追い詰められたあげくの自死が、少年にとり二度と帰ってはこられない向こう側に旅立つことではなく、再び戻ってこられるものとみなされていることが、なまなかの言葉で表しえないほど痛ましい。

イジメを問題とし、論じるにあたっては、このかけがえのない個体としての子どもの死に正面から向かい合い、その死に真摯に応えることから出発しなければならない。

イジメによって、子どもが死を選んだり死に至ったりすることが、実数のうえではなお少ないとしても、毎年そうした子どもがいることはまぎれもない事実である。右の事例と同じ一九九二年についても、一ヵ月後の一〇月二〇日には、福岡県北九州市小倉北区の中学三年の女子生徒が、自宅マンションの屋上で首をつって自死するという事件が発生している。家族三人に宛て丁寧な字で書かれた遺書には、「私は学校で友だちから無視されています。原因はよくわかりません。……だから、あやまってみました。でもゆるしてくれてはいないようです。なんだかわけがわからなくなってしまいました」と記されていた、という（一九九二年一〇月二六日付「毎日新聞」）。ここには、クラスの多数による無視が無視された側にはその原因がわからないままに、その居場所を奪い、死へと追い詰めてゆくプロセスが綴られている。

むろん、子どもの死の原因をイジメと断定することが難しい場合があることは否定しえない。しかし、イジメと子どもの死との関係を切り離すことができないことが多いのもたしかである。現代のイジメは、一過的な暴力現象ではなく、継続的に行われ次第にエスカレートする性向を有している。イジメはプロセスを持つものとしてとらえられるが、そのプロセスの行きつく先に、子どもの死という事実の惹起を防ぐことは現実に困難であるばかりか、むしろ死は不可避なことがらとして認めざるをえないのである。子どもの死は、イジメの中に構造的に含まれているのであり、決して偶然的な出来事でもないし、例外的事象とみなされてもならない。

ただ、子どもが死を選び・死に至るほどのイジメは、深層レベルのイジメであることがほとんどである。その意味で、深層レベルのイジメについて考察した結果を、量的には圧倒的に多い表層レベルや中層レベルのイジメにまで及ぼすことについて、疑義が出されるかもしれない。イジメを段階的（表層・中層・深層）にとらえ、その段階に応じた個別的対応が必要な場合があることはたしかだからである（清永賢二「いじめの現代的諸相」岩波講座『現代の教育―危機と改革―』第四巻「いじめと不登校」岩波書店、一九九八年、一一一頁）。しかし、イジメが構造的にプロセスを持ち、しかも、それが非連続的でなく連続性を有して極限まで達することがある以上、そのプロセスの行きつく先から逆照射して、問題を浮かびあがらせることが有用な結果を生むように思われる。

イジメによって、子どもはかけがえのない身体と人間としての尊厳を傷つけられるだけでなく、ときにはその生命を絶ち・絶たれることがあるのである。子どもの死を直視し、その死に応えるかたちで、イジメ問題にあたうかぎり具体的・実践的に取り組む必要がある。無意識であれ、イジメを死と切り離して、簡単にイジメ一般に広げたうえで、イジメ問題として総花的に展開し、その対策を網羅的・総論的に説くだけでは、もはや有用な言説とはいえない地点に来ているように思われる。

法と法制度の分野でイジメ問題に取り組むにあたっても同様であり、イジメの先にある子どもの死と切り離すことなく、具体的・実践的に考察しなければならない。イジメについて一般論・総論を語る時期は、もう過ぎてしまっているのである。

私がそのような思いにとらわれたのは、この少年の自死を報じる新聞（同日付「朝日新聞」夕刊）に接したところからであるが、私が弁護士としてかかわった事件と裁判は、私のこの思いに拍車をかけることになった。

その事件のことや裁判を素材にしての論述を、私は最近いくつかの場（例えば、「子どもの死をめぐる学校の説明責任」『北海道大学法学部ライブラリー1「人権論の新展開」』北海道大学図書刊行会、一九九九年〈本書一二六頁以下〉）でしているので、また同じ記述を繰り返すのは少なからず気が引けるが、以下の論述を展開するにあたって恰好の素材を提供しているように思われるので、少しつづめて紹介することにする。

② 残された親の願い

事件は、東京都下の町田市で起こった。一九九一年九月一日、二学期を明日に控えた午後七時すぎのことである。

町田市立T中学校二年の女生徒が、「明日、どうしてもT中学校へ行かなければいけないの？」との言葉を母親に残して、その数分後に、ＪＲ横浜線成瀬駅下りの線路上に自ら身を横たえて、死を選んだ。

女生徒の両親は、愛娘の突然の自死が信じられなかったし、その死を受容することはできなかった。父親はその裁判の冒頭、意見陳述の機会を与えられて、次のように述べている。

「いくら私どもが否定しようと、A子の死は厳然たる事実なのです。A子は何かに深く傷つき、悩み追い詰められて死を選んだのです。……しかし、私どもはA子の深く傷ついた心に気づくことができませんでした。本当に情けない親です。A子が何に悩み追い詰められていたのか、そのことを親である私どもが気づいていれば、そしてA子の心を少しでも慰め励ましてやることができていれば、A子の選択は絶対に違っていたはずです。A子の生命を救うことのできなかった親として、悔やみ切れない日々が今もなお続いています。

A子が生きている間、その苦しみを理解してやれなかった親として、私どもは遅ればせながらでありますが、どうしてもA子の苦しみを理解したい、A子の心に寄り添いたいと思いました。このような気持ちは、私どもと同じような境遇におかれた親であれば誰でも抱くものであると思います。」

両親は告別式の後、A子の友人たちから、A子が夏休み前からあからさまに無視（シカト）されていたこと、事件の数日前には取り囲まれて脅迫されていたこと等を聞いた。両親らははじめて、A子が学校でイジメにあっていたらしい、と知った。

両親はA子の死の真相を知るために、学校で何があったのかを知りたいと思い、T中学校に協力を求めた。A子の死後、T中学校は関係生徒から事情を聴取したり、調査らしきものを行っていた。「遺書」は見つかっていないが、T中学校はA子の自殺に関する全体集会を行ったあと、全校生徒に「作文」を書かせていた。T中学校はA子に関するさまざまな情報を収集していたのである。

父親は「A子が亡くなった今……A子に関する情報はA子そのもの」であり、「ひとりひとりの生徒の『作文』から、A子の思いや面影を知り、A子に何が起き、A子がどのように悩んだかを知りたい」（裁判の冒頭における意見陳述）と考えて、T中学校に対してその開示を求めた。学校で何があったのか、それを知ることにより、わが子の苦痛と苦悩に少しでも近づきたいと願ったからである。

ところが、T中学校の対応は頑なであった。校長は、「職員会議で議論している内容については、たとえ親に対してでもいえない」と言い張り、生徒たちに書かせた「作文」についても、親に対して「見せるわけにはいかない」とはねつけて、開示を拒んだ。

T中学校は親とともに死の原因を究明し、生徒の死という痛ましい事態の再発を防止するという姿勢をとらなかった。学校がこだわったのは、自らの責任の回避であって、その生徒の死の原因の究明ではなかった。学校は自校の子どもの命を救いえなかった苦しみを、親と分かちあおうとはしなかったのである。

父親は、T中学校が「作文」を見せることを拒んだので、やむなく町田市個人情報保護条例に基づいて、「A子の死について説明をした後、生徒に書かせた作文のうちA子にかかわるもの」として「作文」の開示請求をした。更に、「作文」は学校の保持している情報の一部にすぎないので、親はわが子の教育の受託者である学校に対して、わが子の死の原因を調査して報告することを請求する権利があるとして、「学校の調査・報告義務を問う」訴えを起こした。

学校で何があったのかを知りたい、という親の痛切な願いの底にあるのは、わが子が死に至ったいきさつ・プロセスをたどり、子どもの心に何があったのかを知りたい、という親としてのまっとうで、自然な気持ちである。それは、決して加害者や学校の責任追及に一直線に向かうものではなく、むしろ、子どもに先立たれ、寄り添えなかった親としての苦しみと責任感（親は多くの場合、子を喪った悲しみを、他人を責めることによってではなく、自らを責めることで癒そうとする）であり、心の中でなお生きているわが子への尽きぬ愛情である。それは、学校でわが子を失った親たちに共通して存する通底奏音である、と言ってよいだろう。

イジメ問題に向かう法と法制度は、残された親のこの願いにも、具体的・実践的に応えるものでなければならない。残された親の願いに応ええない法理論や法制度論は、よしや論としてかたちを備えていても、実践の世界ではその有用性を保ちえないのである。

イジメによって死を選んだり、死に至ったりした子どもの魂の叫びと、残された親の死の前に何があったのかを知りたいという願い――この二つを受け継いで、イジメ問題に取り組むべき法と法制度の具体像を構想し、その概要を以下に素描することにしたい。

Ⅱ　イジメ発覚後の問題を考慮する必要性

もう一つ、あらかじめ指摘しておいた方がよい点がある。イジメ問題を論じるにあたっては、イジメが発覚する以前だけではなく、イジメ問題として発覚してから以後のこともその視野に入れなければならない、という点である。むしろ、イジメが発覚してから後の問題を、自覚的に検討の対象に据えて多面的に考察することが、いま求められているのではないだろうか。少なくとも、法や法制度のありようを構想するにあたっては、後者の問題は欠かすことはできない、と言ってよいだろう。

❶「教室の病」としてのイジメ問題の不可避性

むろん、イジメを減少することに向けての模索・努力は、変わることなく続けられなければならない。しかし、さまざまな努力や工夫が重ねられてきたにもかかわらず、文部（科学）省統計によっても、イジメの発生件数は（本稿執筆時の二〇〇〇年時点では）一九九五年の六〇、〇九六件をピークとしてその後減少に転じたものの、いまなお毎年相当多くのイジメの存在が学校によって（一九九七年度については、イジメがあった学校の割合は、小学校二一・五%、中学校四七・八%、高校三〇・九%である。〔加筆時の二〇一五年では、二〇一三年度において、イジメを認知した学校の割合は、小学校四八・四%、中学校六五・五%、高校四四・四%であった。〕）報告されている。また、法務省人権擁護局が一九九五年四月に発表した「中学生の生活に関するアンケート調査」（対象中学生数は一三、四四四人）によれば、イジメをした経験がある生徒は全体の四三・四%であり、イジメをこれまでに受けたことがある生徒は三六・一%に達しており、イジメを受けた場所として一番多いのは「教室の中」で六一・九%となっている。

これは、イジメが「教室の病」として日常的に生じている現象であり、どこの学校においても、生徒の誰に対しても、いつでも、起こりうる出来事であることを示している。のみならず、イジメ発生のメカニズムと子どもたちのおかれた状況や学校の姿勢に特段の変化が見られないことからすると、今後もイジメにより死に至る例や深刻なケースが生じることを防ぐことは難しく、またその数（むろん、統計上の表面的な数ではなく、子どもたちの眼からとらえた、非顕在的なものも含む実数をいう）が大幅に減少することを予測することも困難であるように思われる（森田洋司・清永賢二『（新訂版）いじめ―教室の病い―』、金子書房、一九九四年、六頁など）。

そもそもイジメが集団や社会関係にひそむ力のアンバランス（非対称的な力関係）、力の濫用によって生じるのだとすれば（ダン・オルウェーズ／松井賚夫他訳『いじめ こうすれば防げる―ノルウェーにおける成功例―』、川島書店、一九九五年、二九頁）、イジメという現象は、おとなであれ子どもであれ、人間が集まっているところに必ずといってよいほど認められる普遍的な事実であるともいえる。その意味では、「極論すれば、いじめのまったくない子どもの世界などは病的であり、子どもの世界からいじめを一掃しようなどという考えは、子どもの世界への冒瀆に等しい」という言説（森田洋司「いじめの集団力学」岩波講座『現代の教育―危機と改革―』第四巻「いじめと不登校」岩波書店、一九九八年、一一五頁）は、余りにもシニカルに過ぎて、受け入れがたいかもしれないが、実相を言いあてていることは否めないのである。

先にイジメ問題を考えるにあたっては、イジメが発覚する以前だけではなく、イジメ問題として発覚してから以後のこともその視野に入れなければならず、少なくとも法と法制度の世界では、発覚後の問題を考慮することが必須となると述べたのは、この学校現象としてのイジメの不可避性という現実をふまえてのことである。こうして、イジメ発覚後の問題を考慮の対象に加えることにより、一方で法と法制度の面における考察にリアリティをもたらすことができ、他方で現在の日本社会においてイジメが問題として発覚した後に生じる深刻な事態に応えることができることになる。後者については、項を改めて、その意味をもう少し説明しておこう。

②「イジメ問題の第二段階」と学校教育紛争の特徴

日本においては、イジメが発覚してその標的となった子どもの親、とりわけイジメによりわが子を失った親が、学校にどんなことがあったのかを知りたいとして事実の解明をはじめると、途端に学校はそれまでの同情的なポーズを振り捨て、親のこの行動を妨害しようとして、事態の取り繕いと事実の隠蔽を図り、まわりのＰＴＡや地域住民もこれに迎合し加担するという状況が現出する。イジメによる生徒の自死は、学校の汚名のように受け取られ、学校の名誉を守るためという名目で、学校と地域社会の連合体ができあがる。事実を解明したいと願い、行動に移した親は、被害者であるはずなのに、あたかも学校を責め立てる加害者であるかのようにみなされ、地域で冷視され孤立させられることになる。

このような逆転現象は、まるで判で押したように、どこの地域でも一様に生じている。ルポライターの鎌田慧氏は、イジメによりわが子の命を奪われた一二人の親を訪ね歩いてその肉声をそのままに書き留め、『せめてあのとき一言でも──いじめ自殺した子どもの親は訴える──』（草思社、一九九六年）を発刊したが、そこには、イジメ発覚後にこれを問題とした親たちを、この逆転現象が襲っていることが記されている。被害者の親の「こんどは、わたしたちがいじめられています」との悲しい述懐は、被害者の親と学校及び地域の不特定多数との間に、新しいイジメの関係が成立したことを物語るものである。

このイジメ発覚後に生じた問題状況を「イジメ問題の第二段階」として位置づけるのは、評論家の芹沢俊介氏である。芹沢氏は「いじめという学校現象にはいじめが発覚する以前の問題と発覚してから以後の問題とがある。これまでの議論の多くは発覚以前の問題つまり生徒間の問題に集中していた。だがいじめ問題は発覚以後にも新たな展開を見せることがしだいに明らかになりつつある。学校はその両方に深く関与している」と指摘して、学校の関与の仕方に「構造的な逃げ」という言葉をあてたあと、「イジメ問題の第二段階」として重視している（『子どもたちはなぜ暴力に走るのか』岩波書店、一九九八年、八〇頁、八三〜八五頁）。

学校に異議申立てをした親が、学校の名誉を傷つけるものと仕立てられ、地域社会から孤立させられるのは、イジメの場合だけではない。日本では、体罰（教師の暴力）であれ学校事故であれ、その被害者あるいは親がひとたび学校・教師の責任を問いはじめると、同じような状況に追い込まれることが多い。私の弁護士としての経験でも、被害者あるいは親が、被害に苦しみながら漸く決意して訴訟を提起したところ、一転して学校を責め立てる加害者であるかのように扱われ、中傷や脅迫・嫌がらせを不特定（匿名）の人々から受け、地域からの孤立感を深めさせられた例があった。そうした例が、どこの地域でも、また異議申し立ての理由がいかなるものであれ、一様に見られることからすると、こうした逆転現象は、広く日本の学校問題一般に存する特徴であるように思われる。

その意味では、「学校問題においては、被害者は事件後再度、加害者という仮装を強いられた被害者になるのである」との芹沢氏の指摘（右同書、八五頁）は、それ自体日本における学校教育紛争の法社会学的考察にあたっての課題の一つを指し示しているだけでなく、法と制度の面から具体的・実践的なアプローチをするに際して考慮すべき規範的な問題の存在をも暗示しているのである。

いずれにしても、法と法制度の面における考察において、イジメ発覚後の問題を対象として取り上げて考慮することは、被害の拡大・増幅を防止することに役立つだけでなく、法と制度のトータルな具体像を設計・構想する際の重要な一部をなすものとして必須のことがらとなるのである。

Ⅲ 日本社会の「法化」と学校教育紛争としてのイジメ問題

1 日本社会におけるイジメの社会問題化

日本社会において、学校におけるイジメが多くの人々の関心を強く引き、はじめて社会問題化したのは、一九八五年のことである。

「第一次イジメ注目期」と言われているこの年、イジメを原因として自死した子どもは――文部省（当時、以下同様）統計によっても――九人にのぼった。事態を重視した文部省は、三月八日に、イジメの全国調査をはじめて実施し、また法務省もイジメ実態把握のため人権擁護委員会に協力を要請することとなった（三月一三日付「毎日新聞」）。更に、六月二九日に、文部省は「児童生徒のいじめの問題に関する指導の充実について」と題する初等中等教育局長通知（文初中第二〇一号）を発し、同省の設置した検討会議が六月二八日付でとりまとめた「児童生徒の問題行動に関する検討会議緊急提言――いじめの問題の解決のためのアピール――」を添付して、各都道府県教育委員会教育長に対して、イジメ問題を解決するための措置・対策をとるよう求めている。

しかし、それらは学校現場におけるイジメを生み出す構造や土壌にまでメスを入れるものではなかった。そのためその後も、いわき市小川中三年男子生徒が、同級生による金銭強要などを苦にして自死する事件（九月二六日）や、群馬県富士見村中二男子生徒が、部活動でのイジメを苦にして自死する事件（一〇月一八日）などが相次いで起こった。これらの事件直後に書かれた、ある「社説」は、次のような指摘をしている。

「なぜ学校でいじめが起きるのかには、いろいろな角度からの分析がありえよう。だが、あえてしぼれば、いま学校はすべての子をそれぞれに伸ばす場ではなくなっている。学校が要求する型や尺度に合わせようとし、合わない子を規格外の人間視してさげすみ、憎む。安易な体罰の横行も、そこに起こる。いわば学校教育制度それ自体が、大きないじめの仕組みになっている観がある。」（一九八五年一〇月二八日付「朝日新聞」）

この「学校教育制度それ自体が、大きないじめの仕組みになっている」との指摘は、問題の核心を突くものであり、一五年経た今日においても、なお言説の輝きを失っていないのではないだろうか。しかし、ここでは、法と法制度の角度からイジメ問題を考えてゆこうとするものであるので、これ以上の言及は控えることにする。

こうして日本の学校におけるイジメが社会問題化したのに応えて、問題に取り組んだのは、文部省や各地の教育行政当局だけではない。法務省人権擁護局も、イジメを人権侵犯事件として扱うことになった。また、各地の弁護士会においても、この年（一九八五年）の一〇月に秋田で開かれた日本弁護士連合会の人権擁護大会の決議を受けて、「子どもの人権救済の窓口」を設置して、イジメ問題に積極的にかかわることになった。更に、教育学者・心理学者・精神科医など関係各界の人々や、市民・親たち、マス・メディアなども、それぞれ意見・提言などを述べ、広く関心を示した。しかし、それらの多くが総論・精神論に止まっており、具体性を欠くものであったことは、先述したとおりである。

その結果、翌一九八六年二月一日には、東京都中野区富士見中二年男子が、重度なるイジメを受けて「このままじゃ『生きジゴク』」との遺書を残して自死し、社会に大きな衝撃を与えた。日本社会は、イジメに対して実効性のある措置をとることができなかったことを露呈したのである。ただ、一九八六年以降、文部省に報告されたイジメの数が減少に向かったので、イジメに対する社会の関心も一時ほどの勢いをなくした。

ところが、一九九四年一一月二七日に、西尾市東部中二年男子生徒が、暴力と金銭の強要を受けて、「どんどんいじめがハードになり、しかも、お金もぜんぜんないのに、たくさんだせといわれます。もうたまりません」との遺書を残して自死したため、再び大きな衝撃が社会を襲った。その年の暮れから翌年にかけて、イジメ問題は、マス・メディアを通して社会の注目を広く集め、政府あげての対応策が語られる事態ともなった。文部省の設置した「児童生徒の問題行動等に関する調査研究協力者会議」が、一九九六年七月に出した「いじめの問題に関する総合的な取組について」と題する報告書は、その評価は分かれるものの、教育行政当局や学校現場などに問題を投げかけたことは否定しえない。

これが、「第二次イジメ注目期」である。この社会現象は、九〇年代半ばに達し日本社会の私事化が進む中で、暫時続いた。私事化現象の進行とイジメの社会問題化との関係をどのようにとらえるかは（一例として、前掲・森田洋司「いじめの集団力学」二二六頁以下）、微妙で一筋縄ではゆかないものを含んでいるが、社会の成熟度の程度や質と深くかかわっていることだけはたしかである。

このように、学校におけるイジメ問題に、日本社会がはじめて注目したのは一九八五年のことであり、それから一〇年後の一九九四年から五年にかけて、再び大きく注目することとなった。

〔その後、二〇〇六年、北海道滝川市で、前年の九月九日に市立小六年の女子生徒が七通の遺書を残して自死を図り翌年一月六日に死亡した事件について、担当教諭らが被害者を注意深く観察し互いに情報を共有していれば、同人が同級生に仲間はずれにされていたことを認識することができたこと、また市教育委員会（以下、市教委）がイジメを示唆する遺書の内容を把握しながら公表していなかったことにより、遺族が更なる精神的苦痛を受けたことが明らかとなった。同じ頃、福岡県筑前町や岐阜県瑞浪町の中学校でも、イジメにあっていた生徒が自死した。それらの事件前の一九九九年三月〜二〇〇六年の七年間の児童・生徒のイジメ自死はゼロと報告されていたが、これに対して「数字減らし至上主義だ」との批判がなされた結果、文科省は調査をし直し、一九九九年三月〜二〇〇六年一〇月までの自死四一件中、一四件でイジメが確認され、うち三件はイジメが自死の主な原因だったと結論づけた（「第三次多発期」）。

そして、二〇一一年一〇月一一日に大津市の市立中二年の男子生徒が自宅マンションの一四階の手すりを乗り越え自死した。中学校が直後に実施したアンケート調査には、複数の生徒がイジメと自死との関係を示唆する回答をしていたが、市教委は因果関係は不明として、調査を三週間で打ち切った。二〇一二年七月、アンケート内容が明るみに出ると、市教委は世論の厳しい批判を浴び、大津市長は学校や市教委の調査が不十分だったことを認め、同年八月、学校や市教委から独立した「第三者委員会」を設置して、「いじめの事実関係を調査し、自殺の原因、学校の対応等について考察するとともに、再発防止について青少年の健全育成の観点も踏まえて審議すること」を目的として調査に乗り出し、同調査委員会は二〇一三年一月三一日、詳細な事実認定をふまえた「調査報告書」を公表した。大津市のこの先導的な試みは、日本社会にイジメの防止や事後対応に取り組むことの緊要性を改めて認識させる契機となった（「第四次イジメ注目期」）（本書後述二〇四頁参照）。〕

学校におけるイジメ問題に対して、日本社会は大きな注目・関心を示しただけでなく、社会のさまざまな分野が問題の解決に立ち向かい、取り組みを行なった。文科省や教育行政当局、関係機関の打ち出した対応策や提言等については前述したとおりだが、さらに学校・教師、親はもとより、市民や研究者、マス・メディアなどもそれぞれに対応策や提言を発し、それらのいくつかは実施に移された。〔それらの詳細と問題点については、『イジメブックス・イジメの総合研究』第一巻〜第六巻（信山社、一九九八〜二〇〇三年）、特に第三巻『学校はイジメにどう対応するか』一九九八年と第五巻『イジメは社会問題である』一九九九年に譲る。〕

〔なお、本稿加筆時における直近の調査結果である文部科学省初等中等教育局児童生徒課による平成二六（二〇一四）年一〇月一六日付『平成二五年度「児童生徒の問題行動等生徒指導上の諸問題に関する調査」等結果について』によれば、イジメの認知（発生）率の推移（一〇〇〇人当たりの認知件数）は、一九八五（昭和六〇）年度においては、小学校八・八件、中学校九・二件、高等学校一・五件、計七・六件であったが、翌年度には計二・六件となり、その後は計一・数件台を推移していたが、西尾中事件のあった一九九四（平成六）年度には計三・五件と上昇に転じ、爾後は計三・数件台～二・数件台と漸減しつつ推移し、更に二〇〇一（平成一三）年度からは再び一・数件台となって推移した。しかし、前記の滝川小事件のあった二〇〇六（平成一八）年度に急激に八・七件に上昇したあとは、七・一件～五・〇件の間で推移していたところ、大津事件が社会問題化した二〇一二（平成二四）年度は、小学校一七・四件、中学校一七・八件、特別支援学校六・四件で計一四・三件と急上昇を見せた。なお、一九九四（平成六）年度からは特別支援学校、二〇〇六（平成一八）年度からは国私立学校・中等教育学校も含められるようになった。

また、調査対象である「いじめ」の定義についても、二〇〇六（平成一八）年一〇月一九日通知（文科初第七一一号）において改められ、「いじめ」とは、「当該児童生徒が、一定の人的関係のある者から、心理的・物理的な攻撃（インターネットを通じて行われるものも含む）を受けたことにより、精神的苦痛を感じているもの」であり、起こった場所は学校の内外を問わない。本調査において、「個々の行為が『いじめ』に当たるか否かの判断は、表面的・形式的に行うことなく、いじめられた児童生徒の立場に立って行うものとする」とされている。」

では、これらの厳しい現実を前にして、法と法制度はどう応えたのだろうか。イジメ問題に対する法と法制度の側からの対応がどのようなものであったかを見るためには、まずその前提として、日本社会の「法化」の特質やその中での学校教育紛争をめぐる問題について、鳥瞰的にスケッチしておく必要があるように思われる。スケッチとはいえ、いささか遠回りすることになる感は否めないが、しばらく、お付き合いいただきたい。

❷ 日本社会の「法化」とその特質 ―スケッチ風に―

日本社会がいわゆる「法化」に入ったと言いうるのは、一九七〇年代の半ばころからである。

〔私が以下で社会の「法化」（(英) legalization,（独）Verrechtlichung）と言うのは、概ね次のような意味においてである。社会の「法化」とは、およそ社会に生じた一定の問題を法によって解決することを広く指すのではないのはもちろん、法の規制対象となる社会領域が広がることを指すのでもない。また人々が広く法による支配・操作を受け入れたり、あるいは、法・公権力に依存したりすることを指すのでもない。社会の「法化」とは何よりも市民が自ら法的過程に積極的に参加して、自主的に法的ルールに準拠して紛争解決や利害調整を行う行動様式が広く見られる状況を指すものである。それは、法的な価値・手続などを社会において実現してゆこうとする市民の主体的関心・態度に合わせて「法化」の意味をとらえようとするものである。〕

七〇年代に入るころから、日本においても、高度経済社会の進展に伴って生じた権利侵害からの救済・回復と、政治・経済・社会のゆがみの是正を求めて、市民による権利主張が積極化し、権利実現のために裁判が利用されることも多くなってきた。裁判の紛争解決機能だけでなく、その政策形成機能に対する社会的関心は高くなり、裁判の役割に対する期待も大きくなった。それに伴い、法の機能拡大と法システムの全体的構造に対する研究者・法曹の意識・関心にも変化が見られるようになった。

そうした動向・変化は、七〇年代前半に、公害訴訟や薬害訴訟などが判決や和解によって一定の成果を収め、また、住民運動や消費者運動が「新しい権利」を掲げて主張・展開されたことによって、一般の人々の眼にも次第にはっきりとしたかたちをとるようになった。こうして、七〇年代の半ばには、日本社会が「法化」に入ったことが、多くの人々にとって確かな共通感覚となったのである。

日本社会の「法化」が進むにつれて、法や法システムに対する社会の関心と要求は高まり、次々と生じる新たな問題に対処するために、一方で法的な規制や保護を求める傾向も次第に強くなるが、他方で法や法システムを市民の主体的参加のもとに自律的に活性化させようとする動きも顕著に見られるようになった。そこでは、利害や意見を異にする人々が公正な手続的ルールに則って、社会各層の正義・衡平に配慮した理性的な議論を行い、紛争を解決することがめざされた。社会紛争を「和」を基調とするインフォーマルな解決に委ねるのではなく、予め定められた基準に従って法的に処理・解決することが基本（あるべき姿）とされ、司法による解決がその中心に据えられることになった。

むろん日本でも、社会の「法化」は一直線に進められたのではない。日本社会に伝統的に存する「反＝法化」的傾向や、現代社会に広がりつつある「非＝法化」の動きとも複雑に絡みあい、時にそれらの間で相互に綱引きをしたりしながら、徐々に「法化」が進められたからである。

もともと日本では、伝統的に「お上の掟」として受けとめる法イメージが支配的であり、法を上から一方的に与えられた規制的なものとして、受動的にとらえる姿勢が長い間続いた。第二次世界大戦後、国家による生存・生活の配慮や各種の行政サービスが、法や法システムを通じて頻繁に行われるようになると、公権力機関や法に依存する受益者的姿勢がこれに加わった。このため、日本人の法や法システムに対する意識と姿勢は、受動的で受益者的という混淆した色彩を帯びるようになった。

七〇年代半ばを迎え、社会の「法化」がはじまり、一方で市民自らが法システムに主体的にかかわり、自主的にこれらを動かそうという意識や姿勢が広く見られるようになっても、その基底には法や法システムに対する受動的で受益者的な意識や姿勢がなお色濃く存した。日本社会の「法化」は市民が法的過程に自ら参加し、自主的に法的ルールに準拠して紛争解決や利害調整を行う行動様式をとることを専らとするものではなく、そこにはなお公権力機関としての裁判所や法の権威に依存し、その後見的配慮を期待しながら、権利主張し受益を求めるという特質をあわせ持っていた。

その意味で、日本社会の「法化」は、それ自体日本的色彩を帯びていると言ってよい。アメリカやドイツでは、既に「法化」は過剰ともいえる状況にあるが、日本では、今なお「法化」は不十分であり、司法はもとより法や法システムも本来的な役割を果たしているとはいえない。「法化」は日本社会に十分に浸透・定着しておらず「法化」の要となるべき民事司法制度も紛争解決システムとしての機能を十分に発揮しているとはいえない。

日本ではいまなお、民事司法制度を、利害や意見を異にする人々が、公正な手続的ルールのもとで、社会各層の正義・衡平に配慮した一定の基準に準拠しつつ、自主的に交渉し、論議を重ねることによって合意に達し、問題の解決がはかられる透明な場・システムとしてとらえる見方が十分に根付いていると言えないのである（以上の点については、田中成明教授の論稿、とくに『現代日本法の構図（増補版）』悠々社、一九九二年と『現代社会と裁判』弘文堂、一九九六年を参考にしたが、独自に展開している点も少なくない）。

③「法化」と自律領域としての学校教育空間の変容

現代社会において、社会の「法化」現象が進行することは不可避だとしても、すべての社会領域で同じように進むわけではない。「法化」が遅れているだけでなく、「法化」することが必ずしもふさわしくないと考えられている領域・分野が存するからである。

現代国家はいわゆる積極国家として、経済・労働・社会保障などの領域に広く関与しているが、表現・芸術・宗教などの精神的自由にかかわる領域はもとより、家庭・教育などの私的領域も、自律的な文化・社会領域として国の関与を控えてきた。個人の自由な活動を保障してゆくためには、それら私的領域の自律性を尊重することが肝要だからである。

しかし、公権力による法の機能拡大は、次第に私的領域内の当事者の有する実質的不平等を是正しようとして、これらの私的自律領域にも関与しはじめるに至った。ハーバマスのいう「生活世界の植民地化」の問題である。（J・ハーバマス（J.Habermas）／丸山高司他訳『コミュニケーション的行為の理論（下）』未來社、一九八七年、一二二五頁）。

この「生活世界の植民地化」は、社会の自律的な活動を抑圧し、個人の自由を侵害する危険をはらんでいるが、他方で関係当事者間の利害を権利義務として公的に構成し、紛争を公に解決する契機となるものも含んでいる。私的自律領域は、法による保護との微妙なバランスの上に維持されることになった。

広く教育の領域も、長い間、「教育の自律性」のもとで、国の関与・法による介入を最小限度に止めて、自律的に問題を解決することを原則とするゆき方がとられていた。とりわけ、教育制度としての学校は、「教育の自律性」のテーゼのもとで、それを侵す学校外のすべての「システム」的要因（ハーバマス・前掲書、六五頁など）を排するとともに、原則として司法の介入を控えるべき空間とみなされる時期が長く続いた。

しかし、「学校が将来の職業や生活チャンスのふり分けの機能を引き受けるようになればなるほど、これまでインフォーマルに規制されていた生活世界の活動範囲を法制化しようとする傾向が、広範囲にわたって貫徹されてゆく」ことになり、「教育空間の法規範化が、判決をきっかけとしてはじまり……学校の授業や教育措置が……裁判による再審査もできるように……なったのである（ハーバマス・前掲書、三七四、三七五頁）。

こうして、学校教育の「法化」は進むが、「学校政策の根本的方向づけをめぐる論争は……生活世界の植民地化をめぐる攻防戦と考えられる。……法制化は、家族の領域に劣らず学校の領域においてもアンビヴァレントな結果をもたらしている。教育的措置や、学校や文部省による基本的権利の制限行為から、生徒や両親の権利を擁護しようとすれば、司法化や官僚制化が教育過程の中に奥深く介入してくるという犠牲を払わなければならない」のである（ハーバマス・前掲書、三七八、三七九頁）。

学校教育の「法化」がもたらす自由保障と自由剥奪とのアンビヴァレントにどのように対処するかは、「法化」後の大きな課題となっている。

こうした教育・学校教育分野の「法化」への動きは、ドイツにおいて見られただけでなく、日本においても一九七〇年代に入ってから、徐々に見られるようになり、八〇年代に入ると、はっきりとした形をとるようになった。

すなわち、日本では、長い間、国・教育行政当局と教師（集団）との紛争が、司法の場に持ち出されることはあっても、学校・教師と生徒・親が救済を求めて提訴にまで至ることは七〇年以前には稀であった。学説においても学校教育紛争は、できる限り学校内において自治的に解決されることがのぞましく、司法的救済は「やむをえない最後的手段」とする見解が有力であった（例えば、兼子仁『教育法（新版）』有斐閣、一九七八年、三〇二頁など）。

しかし七〇年代に入り、学校内の紛争解決の手段として、生徒・親が裁判所に提訴するケースが増えはじめた。これを受けて学説においても、学校・教師と子ども・親との間の力関係の不均衡を是正し、前者による後者への侵害を権利義務関係として構成して、司法的救済をできるだけ広く認めてゆこうとする見解が、八〇年代以降は多く見られるようになった。

ただ、現実の裁判においては、依然として権利救済に消極的な判決が出されることが多い。それらの判決では、学校・教師の広範な「教育裁量」や「教育的配慮」が根拠とされることが少なくなかったが、その背後には

「教育の自律性」や「学校自治」などのテーゼが潜んでおり、司法の関与を控えさせる理由となった。

また、生徒・親のなかにも、学校・教師を相手として提訴することに対するためらい・抵抗があるため、現実に提訴にまで至る例はそれほど増えているとはいえない。その背景には、前述したように、学校・教師を相手に提訴に及んだ場合、地域社会からの孤立化や非難・中傷が存することの他、この「学校自治」論を論拠にしての提訴へのブレーキが、その基底に存することは否定しえないように思われる。

いずれにしても、七〇年代半ばをすぎて、日本社会が「法化」すると、学校教育紛争についても、それまでのインフォーマルな解決（紛争が長期化することを嫌い、あきらめて中途半端なまま立ち消え状態で終える場合も含む）だけでなく、司法的解決を求める動きも随所に見られるようになった。しかし、これをなお全面的には是認しない法文化も依然存しており、学校教育紛争の解決に向かう道筋も一直線ではなく、複線化している。

こうして、自律領域であった学校教育空間は、多面的な様相を呈しながら、徐々に変容し、領域自体の制度化と法による自律性の確保を進めることになった。

イジメ問題が、日本の学校教育空間において日常的に生じている現象であることは、前述のとおりである。しかし、それが学校教育紛争としてどのように扱われてきたのか、また今後、法と法制度の側からどのような方向に向かうべきかは、こうした学校教育空間の変容の様相や、その基底に存する日本社会の「法化」の特質をもふまえながら、考察を続けなければならない。

④ 学校教育紛争としてのイジメ問題の特色

学校教育紛争としてのイジメ問題には、他の学校教育紛争とは異なった面がある。

イジメ問題の他に、学校教育紛争として通常あげられるのは、教師による体罰（教師の暴力）や懲戒、校則・

指導に反したことを理由とする不利益処分・措置、指導に起因する生徒の自死など、指導要録・内申書の記載や開示をめぐる紛争、学校事故や部活動における事故などである。これらの紛争も、日本の学校教育空間においてしばしば見られる現象であり、問題の深刻さにおいても、イジメに劣るところはない。実際にも、それらの中には提訴されて、司法的解決が求められるに至った例も少なくなく、今後は一層増えることが予想される。

しかし、これらの紛争は、専ら生徒・親と学校・教師との間に生じた紛争であるという特色を持っている。その意味では、紛争当事者の関係は単線であって、明瞭であるとさえ言える。

ところが、イジメにおいては、通常イジメは生徒間において生じるが、問題は生徒間だけでは終わらない。この生徒間で生じたイジメを、学校・教師また親が放置し、軽視し、十分な注意を与えなかったことにより、これを防止し解決しなかったことが問題視されたり、時には学校・教師が生徒のイジメ行為に加担したり、これを助勢したことが問題とされることがある。さらには、学校・教師を指導・監督すべき立場にあった教育行政当局にまで問題の矛先が向けられることもある。

このように、イジメにおける紛争は、イジメの被害生徒と加害生徒の間だけではなく、イジメの被害生徒・その親と学校・教師（さらに教育行政当局）や加害生徒の親との間にも生じることになる。しかも、それらが重畳的に問題となる場合もあれば、直接の相手方は加害生徒・その親でも、その前提として学校・教師の対応如何があわせて問われたり、逆に学校・教師が直接の相手方にされた場合でも、被害生徒と加害生徒の関係をどのようにとらえるかが紛争解決の鍵を握ることがあるなど、相互に錯綜することもある。

その意味で、イジメにおいては、紛争当事者の関係も、単線であるとは限らず、複合的であり、時に錯綜することもある。実際にも、これまでの裁判例（「いじめ裁判の一覧表」本書二〇八頁以下参照）を通覧すると、被告を加害生徒・その親だけとするものから、学校・教師だけにするもの、あるいは加害生徒・その親と学校・教師を被告として重畳的に責任を問うもの、さらに教育行政当局もこれに加えるものなど、実にさまざまである。これらの被告に対して、被害生徒・親が被った損害の賠償を請求するというかたちをとるのが通常である。

しかし、最近では、イジメを受けて生徒が自死し・死に至った場合に、その親が死の真相を知りたいとして、これを明らかにしようとしない学校や教育行政当局との間に紛争が生じるなど、新しいタイプの紛争も起きている。冒頭Ⅰ－2の事例のように、イジメの疑いでわが子を失った親が、わが子に関して書かれた「作文」の開示請求を求め、更に「学校の調査・報告義務を問う」訴訟の提訴に至ったのも、こうした新しいタイプの紛争の一例を示すものである。その意味では、先述した「イジメ問題の第二段階」における紛争当事者と紛争の性質にまで視野を広げ、これらの問題群にも、法と法制度がどのように応えるべきかを検討することも、いま求められているように思われる。

Ⅳ　イジメ問題に取り組む法と法制度の現状と今後の課題

1　イジメ問題に取り組む法と裁判の現状

学校教育紛争としてのイジメ問題と他の学校教育紛争との右のような違いは、これに対する法や裁判のあり方にも少なからぬ影を落としている。

とりわけ、体罰（教師の暴力）とイジメは、「学校における暴力的傾向」を表すものとして並んで挙示され問題とされることが多い（国連・子どもの権利委員会（ＣＲＣ）の日本政府報告書に対する最終所見〔第一回、一九九八年六月〕は二つを同列において勧告している。）が、二つに対する法と裁判のあり方には、いくつかの点で違いを見出すことができる。

すなわち、体罰（教師の暴力）は、日本の学校教育空間において古くから数多く見られる現象であるが、それらが法の世界で問題とされたのは、相当前に遡ることができる。

まず、紛争となった際に当事者が準拠すべき法として、戦前は小学校令四七条、戦後は学校教育法一一条が存し、そのいずれにおいても体罰の禁止が明記されていた。したがって、その解釈と当てはめをめぐって若干の争いはあったものの、これらの規定に基づいて、当事者間で話し合いを行ない、裁判を進めることができた。

こうして、既に戦前にもいくつかの裁判が存したが、戦後においても早い時期から体罰（教師の暴力）を問う裁判は起こされており、判決にまで至った数は、裁判例集に収められたものに限っても、現在までにかなりの数に達している（「体罰裁判（民事）の一覧表」本書九四頁以下参照）。しかも、それらのほとんどは、体罰（教師の暴力）の成立を認め、実質的に学校・教師に責任があったことを明らかにしている〔なお、公立学校の教師個人に対する賠償責任を裁判例で認めたものは今のところないが、これを根本的に見直すこと――国家賠償法における公務員一般の個人責任に関する裁判法理を、公立学校の教師個人の「体罰」（暴力）という「故意行為の問責」にまでそのままスライドさせることには法論理的に根本的な疑義がある。そもそも教師による体罰は公務遂行中の故意行為であるから、教師に対して個人責任を問うても教師の公務（教育活動）の遂行を畏縮させることになるどころか、違法な公務遂行（教育活動）である体罰を思い止まらせることに資することになる――は喫緊の課題である〕。

ところが、イジメ問題については、その様相はかなり異なっている。

イジメ問題が日本社会で注目を浴びた時期については、既にⅢ－1で述べたところであるが、そこで暗示しておいたように、イジメ問題が日本で法の世界に登場するのはかなり遅い。イジメ問題について法的責任が云々されるようになったのは、漸く一九七〇年代に入ってからであるが、後述のように、七〇年代においてはまだ散発的にその例を見出すことができるだけであり、本格的に法的責任が問われるようになったのは一九八〇年代以降のことである。イジメ問題は、長い間、教育問題ではあっても、法が取り組むべき問題とはされていなかったのである。

体罰（教師の暴力）に関する法令が古くから存したことは前述したが、イジメに関する法令は、いかなる形においてであれ、これまで定められてはいなかった。これは、取りも直さず、イジメ問題が教育問題であっても、法的問題とされてこなかったことを表すものであろう。いずれにしても、イジメ問題が法的紛争となった場合、直接的に問題解決の根拠とすることができる規準・ルールがなかったので、一般的な法原則・ルールを手がかりにして法律構成をするよりほかなかったのである。その意味では、イジメ問題は紛争の法的解決のスタート時点において、既に相当な困難を抱えていたことになる。

〔ところが、前述の大津いじめ事件を契機として、「いじめ防止対策推進法」が二〇一三年六月二八日に制定され同年九月二八日に施行された。全三五条からなる同法は、（一）総則……法の目的、いじめの定義、基本理念、いじめの禁止、国・地方公共団体・学校設置者・学校及び教職員・保護者の責務、財政上の措置、（二）いじめ防止基本方針等……国・地方公共団体・学校の基本方針の策定（※国・学校は義務、地方公共団体は努力義務）、いじめ問題対策連絡協議会の設置、（三）基本的施策……学校におけるいじめの防止――道徳教育及び体験活動の充実、いじめの早期発見のための措置――、定期的調査の実施、通報と相談受付の体制及び相談体制の整備、関係機関等との連携、いじめ防止対策に従事する人材の確保及び研修の実施と資質の向上、インターネットによるいじめに対する対策の推進――情報の削除と発信者情報開示請求に対する協力、いじめ防止対策の調査研究の推進等、啓発活動、（四）いじめ防止等に関する措置……学校におけるいじめ防止対策推進委員会（教職員と心理、福祉等の専門家などを含む）の設置、学校のいじめに対する措置――通報と事実確認及び結果の報告・被害児童等の支援と加害児童等への指導・保護者に対する助言など、学校と警察との連携、学校設置者による措置、校長及び教員による懲戒・出席停止制度の適切な運用等、学校相互間の連携協力体制の整備、（五）重大事態（①児童等の生命・心身又は財産に重大な被害が生じた疑いがあると認めるとき、②児童等が相当の期間学校を欠席すること（不登校）を余儀なくされている疑いがあると認めるとき）への対処……学校設置者又はその設置する学校による対処、国立大学の附属学校・公立学校・私立学校に係る対処――組織を設けての事実関係を明確にするための調査と自治体の長に対する報告、保護者に対する情報の提供、文部科学大臣又は都道府県教育委員会の指導・助言及び援助――自治体の長による附属機関（公平性・中立性が確保された第三者委員会）を設けての再調査、（六）その他……学校評価における留意事項、高等専門学校における措置など……の規定があり、更に施行後三年を目途として、検証と必要な措置・見直しが講ぜられるとしている。

しかし、同法は、当事者である子どもたち・保護者はもとより具体的な法的責務を負うことになった学校教育現場の実情を踏まえないままに（いささか性急に）制定されたこともあり、①いじめを（単純な対立図式に立脚して）加害者と被害者に二分し、被害者とその保護者には「支援」を、加害者には「指導」を、その保護者には「助言」を行うとする対峙的対応をとっているが、これはいじめを構造的にとらえず、複雑な人間関係の移動や相互の入れ替わりが想定されていないなど、いじめに関する現実認識・実相の把握が十分になされていない。②解決主体としての子どもの成長発達の視点を基本に据え、いじめを受けた子どもの権利救済・回復を軸にした解決・救済（子どもたち自身によるいじめ解決のための子ども参加の仕組みやピアカウンセリング等の取り組みなど）の支援など（一五条二項と参議院文教委員会における付帯決議にも留意）がまずなされるべきだが、そうした視点・配慮は不十分である（第三回国連・子どもの権利委員会最終意見七一も、「委員会は、また、子ども間のいじめと闘う努力を強化すること、及びいじめと闘うための措置の策定にあたって子どもの意見を取り入れることを勧告する」としている。）③他方でいじめの加害者対策に傾斜しているが、加害者を（徒らに）排除するのではなく、包摂し体系的な働きかけを行いつつ支援していく視点もあわせ持たなければならない。④子どもたちの人間関係から生じた問題を（簡単に）警察に委ねることは学校の問題解決能力を失わせる結果になる。⑤いじめ防止対策推進委員会、いじめ問題対応専門委員会、いじめ問題調査委員会など新たな組織の（重複的・連続的）設置は学校・教職員などの負担増と混乱を招き有効に機能しないおそれがあり、問題の解決や紛争の解決を的確に推し進めるものとはならないおそれがある。⑥上からの道徳教育の強化ではなく、体系的人権教育や子どもの権利教育の推進と子どもの自主的な取り組みを支援する必要がある。⑦いじめは学校教育環境や子ども社会の内部に蓄積されたストレスに端を発するものであり、「高度に競争的な学校環境が、就学年齢にある子どもの間で、いじめ、精神障害、不登校、中途退学、自殺を助長していること」（第三回国連・子どもの権利委員会最終意見七〇）を直視するならば、競争主義的な学校教育制度を見直し・改善し、すべての子どもが自己実現を図れる学校・家庭・地域を取り戻すことがあわせ試みられることが緊要であり、同法の定める個別的で対処療法的な措置にはそもそも限界があることを踏まえておく必要があるなど、同法にはなお問題と課題が多いことは否めない。

また、同法の底を流れているのは、文科省の二〇〇七年二月五日通知「問題行動を起こす児童生徒に対する指導について」において強調されている「毅然とした対応」であり、このアメリカに発した〝ゼロ・トレランス（Zero Tolerance）〟政策「寛容なき厳罰主義」については、二〇〇〇年からはじまった少年非行に対する厳罰主義的対応と併せて、厳しい批判がなされなければならない（この点については、拙書『寛容と人権』岩波書店、二〇一三年、一八八頁など参照）。むろん、問題と課題を抱えつつも施行されて二年を経ており、同法を活かす運用・実践を積み重ねる必要があることもたしかである。なお、同法に関する総合的解説書として、第二東京弁護士会子どもの権利に関する委員会編『どう使う　どう活かす　いじめ防止対策推進法』現代人文社、二〇一五年が有用である。」

いずれにしても、加害者とその親の民事責任を問う場合には、一般不法行為の一類型として法律構成することになるが、とりわけ親の監督責任の範囲については微妙な点も存し、問題がなお伏在している。また、学校・教師の責任を問う場合には、通常、安全配慮義務とそのコロラリーとしての全容解明義務や防止措置義務などがその根拠とされるが、他の不法行為においても根拠とされることの多い安全配慮義務に関しては、そのカバーすべき範囲や法的なインプリケーションがなお一義的に定まっているとはいえないため、これを確立された規準・ルールとするまでには至ってない。

もっとも困難なのは、先述した新しいタイプの法的紛争の場合である。子どもの死の真相を知りたいと願う親に、学校がどのように応えるべきかを規律する定めは現行法令のどこにもないため、さまざまな法律構成の工夫を尽くしたとしても、なお越えがたい壁・限界があることは認めざるをえない。

これらの法律上の問題点は、とりわけ、個別具体的な紛争解決の場として、裁判が選択されたとき、集約的に表れることになる。

本書に収録（二〇八頁以下）した「いじめ裁判の一覧表」は、私が公刊された裁判例集を手がかりにして作成したものである。これによれば、イジメ問題がはじめて裁判の場で問われるようになったのは一九八〇年になってからであるが、八〇年代においては数件の裁判例があるのみである。一九九〇年代以降、提訴は徐々に増えてきているが、九〇年代において、イジメ問題の紛争化が毎年かなりの数に達していることからすれば、全体として提訴の件数は依然として少ないと言ってよい。また、判決にまで至ったものについてその結果を見ると、原告の請求が裁判所によって認められた数は、一貫して極めて少なく、むしろ原告の全面敗訴という結果が多いのが目につく。更に、イジメによって子どもが自死したとして親が提訴した裁判で、原告の要求が――一部であれ――認容されたのは、二〇〇〇年以前においては、いわき市小川中事件と中野区富士見中事件の二件のみであり、他はすべて原告の敗訴で終わっている。

こうした結果を、どのように見るべきかについては、いくつかの見解が成り立つかもしれない。しかし、これは何よりも、現代日本において、イジメ問題の法的解決の場として、民事訴訟制度が十分に機能していないことを示していると見てよいのではないだろうか。少なくとも、イジメの被害者やその家族にとって、裁判所は今権利救済の場とはなっていない、との見解（例えば、一九九四年一二月二〇日付「毎日新聞」夕刊は、同年一二月までに全国で提訴された計二三件のイジメ訴訟のうち、勝訴は二件のみで、他は敗訴か和解で終わっていると記したあと、「いじめは訴訟によっても救済され難いのが実情だ」と指摘している）を、一方的だとして退けることは困難であろう。

❷ イジメ問題の紛争解決のための民事司法の新しい可能性

日本が「法化」社会に入り、イジメ問題についてもその紛争解決の手段として、民事訴訟制度を利用することが少しずつ増えてきているが、現在それが権利救済・回復機能を果たしていないのはなぜであろうか。また、今後、民事訴訟制度をイジメ問題の紛争解決の手段として適正に機能してゆく方向をどこに見出したらよいのだろうか。与えられた紙幅も残り少なくなっているので、その本格的な展開は別に予定されている稿に譲ることにし、以下ではその概要を簡単に述べることにする。

イジメ問題の紛争解決手段としていま民事訴訟制度が十分に機能していない理由は、一つは現在の日本において民事訴訟制度それ自体が機能不全・停滞を来している点にあり、二つ目は学校教育紛争としてのイジメ問題が現在の民事訴訟制度による紛争解決枠の中におさまりきらないものを本来含んでいる点にあるように思われる。

(1) 民事訴訟実務の機能不全・停滞とその改革・再生の方向

日本社会の「法化」が進むなかで、民事訴訟制度はその中核に位置づけられ、日常的な紛争解決方式として日本社会に定着することが期待されていた。法的紛争を当事者間で自主的に解決できない場合に、法廷において手続法規範に従って自己の言い分を主張し、裁判官によって実体法規範に準拠して権利の判定・救済を受けることが制度的に保障されていることは、個々の紛争を事後的に解決することに資するだけでなく、同時にその解決が他の同種・類似の紛争の解決モデルとなり、社会の紛争調整・解決機能を高めることになるからである。

ところが、日本の民事訴訟制度は、七〇年代以降の社会経済構造や法文化の変容、それに伴う権利主張の積極化、新しい権利の主張、訴訟事件の複雑・多様化などに対応しえず、受動的・閉鎖的な姿勢から脱却できなかったために、国際化の進展する中で、市民生活の要求や国際的なニーズからも遊離してしまうようになった。とりわけ、裁判官の現行法規にとらわれた、柔軟性・弾力性を欠いた姿勢は、新しいタイプの権利の承認に慎重となり、結局は現状を維持・追認するだけで終わることが多かった。こうして、民事訴訟は制度本来の権利救済・紛争解決機能を喪失しその停滞を招いた、との厳しい批判を受けて、その見直し・改革を迫られるに至った。民事司法改革が先般の「司法制度改革」においても論点・課題とされていることは、周知のところである。

既に述べたように、民事訴訟制度は、利害や意見を異にする人々が、公正な手続的ルールのもとで、社会各層の正義・衡平に配慮した一定の基準に準拠しつつ、自主的に交渉し論議することによって合意に達し、問題の解決が図られる透明な場・システムとしてとらえるべきである。このようなとらえ方は、むろん、制度に内在している国家による強制的裁定システムという面を軽視するものではないが、司法過程全体を議論原理を前提とする公正な交渉による合意形成手続としてとらえることによって、「法化」による自由保障と自由剥奪とのアンビヴァレント（ハーバマス）に対処しようとするものである。その意味では、それは民事訴訟制度を従前のように制度の設営者・運営者（裁判官）の立場からではなく、その利用者（当事者）の立場からとらえかえすことによって、民事訴訟制度の応答性・感度を高めることを指向しているとも言える。

こうして、民事訴訟の制度的枠組みとその下での実務を、利用者の視点で改善する努力を積み重ね、民事訴訟を紛争に対する多様な法制度的対応の中核に据えておくことは、日本の「法化」を一層進めるうえでも必須の前提となるものである。公正な手続保障のもとで理性的な議論が尽くされる場がきちんと機能していることは、原理上それに内在する一定の制度的制約は免れないとしても、権利侵害を受け救済を求めている個人・少数者にとって、それ自体重要な事柄である。

ただ、制度に期待されている役割が十分に果たされるためには、制度の利用者の内にいまなお存する裁判官のパターナリスティックな配慮に期待・依存しながら権利主張し受益を求めるという姿勢から利用者自身がまず脱し、自立的な姿勢をもって権利主張し、理性的な議論を積み重ねて合意の形成を行うという主体的・積極的な姿勢を堅持することが大切であることも忘れてはならない。制度の設営とその見直し・改正というハード面はもとよりのこと、制度の運用者や利用者の意識・姿勢というソフト面の改革もあわせることなくして、権利救済・紛争解決機能を回復することは困難である。

いずれにしても、イジメ問題の法的紛争に適切に対処する法制度的対応として、民事訴訟が利用された場合、その権利救済・紛争解決機能を果たすためには、民事司法制度の改革と民事司法実務の日常的な活性化を実現して、その法的応答性・感度を高める不断の努力を続けなければならない。

(2) イジメ問題の特質をふまえた民事訴訟実務の新しい可能性

学校教育紛争としてのイジメ問題が有している特質については既に述べたが、イジメ紛争の複雑性・複合性と準拠すべき明示的規範の不存在は、イジメ問題の民事訴訟による権利救済・紛争解決を一層困難にしている。

イジメ問題は複雑で複合的な紛争であるが、法的な解決になじむ問題だけでなく、法的な解決にはなじまず、少なくともこれまでの裁判の枠組みにおいてはイレリヴァント（編集部補注：関連性のない）なものとして取り除かれていた社会関係・人間関係の将来にわたる調整や情緒的・心理的なトラブルを通常含んでいるので、もともと紛争の限られた法的側面に照準をあわせてつくられた近代型裁判モデルで十分に対処しえないという法制度的限界をはらんでいる。近代型裁判モデルにおいては、民事訴訟はあくまで特定の対立当事者間の具体的な権利義務に関する個別的で、一回的な出来事に関する事後的な解決（過去志向的解決）をめざすものとされ、もともと紛争の全体的解決をめざすものとはされていないからである。

しかし、これら法的（とくに訴訟法的）にはイレリヴァントなものとして考慮の外におかれた社会関係・人間関係の調整問題や情緒的・心理的なトラブルは、過去の一回的な出来事とはいえないことが多いうえ、訴訟の継続中においても存在し・変動してゆくものとして、未来志向的に解決しなければならない面を多く含んでいる。また、イジメ問題においては、イジメ発覚後の問題にも視野を広げ、相応な考慮が払われなければならないことは、既に指摘したとおりである。近代法型裁判モデルやその下での法理論や法制度がこれまで取りこぼしてきた、これらの問題群を等閑視し続けることはもはや困難な時期に達しているのではないだろうか。

少なくとも、イジメ紛争を法的に解決する場として、民事訴訟が中核的位置を占め続けようとするのであれば、これまでのように特定当事者間の個別的・事後的な解決でよしとするだけではなく、イジメ問題に通常含まれている社会関係・人間関係の調整問題や情緒的・心理的トラブルの側面やイジメ発覚後の問題をもその対象領域の中にとりこんで、自らの守備範囲を拡げることがどこまで可能となるかを検討し、法的枠組みを弾力的にとらえて柔軟に工夫する努力（例えば、社会関係・人間関係の調整問題や情緒的・心理的トラブルの中に通常潜んでいる非個別性・普遍性の契機を丁寧に抽出し、法的権利義務問題として構成し直すことは不可能ではないだろう）を重ねることが大切となってくる。

また、多様な民事紛争解決システムの中にあって、民事司法は何らかの権利の判定・承認を行い、その権利の実質的内容である利益・価値を保護することを通して、紛争解決を図るものである。ところが、イジメ問題にあっては、準拠すべき明示的規範・ルールが存在しているとは言えないため、法的紛争における権利救済の必要性が存したとしても、その前提となる権利の判定・承認が容易でない場合が少なくない。

しかし、権利の判定・承認が困難だからといって、これを曖昧なままにしたり、伝統的な法的構成に固執して権利の判定・承認を拒否するならば、イジメ問題における紛争当事者の法的応答性への願いに応えられないことになる。

つとに故・田辺公二判事は、裁判の教訓的機能（prescriptive function）を説いたあと、民事訴訟には「人格訴訟」と「商業訴訟」の二つのタイプがあり、「人格訴訟」は、「相手方の行為の不当に対する人格的非難を、国家機関によって公権的にも烙印してもらうこと、いわゆる『筋を通す』ことが重要な狙いのひとつであり、その本質はむしろ刑事訴訟に近い」ものとして、その重要性を指摘している（『田辺公二著作集・第一巻―民事訴訟の動態と背景―』弘文堂、一九六四年、三五三頁）。田辺判事のこの指摘は、日本における民事訴訟の性格を語る場合にいまなお通用する、と言ってよい。とりわけ、日本で学校教育紛争が訴訟となった場合においては、それらが多く「人格訴訟」としての性格を色濃く帯びていることをふまえて、問題の処理にあたらなければならないように思われる。

イジメ訴訟は、これを提起した被害者やその親にとっては、加害者のイジメ行為の不当性やこれを放置した親や教師等の行状の不当性に対する人格的非難を、国家機関によって公権的にも烙印してもらうことにある、と言ってよいだろう。イジメ訴訟が人格訴訟としての内実を保持し続けるためには、裁判官の法的見解を明示的でないとしても、何らかのかたちで裁判手続中に刻むことが求められているが、それにはどのような配慮・工夫を要するのかを、次の訴訟上の和解のあり方も含めて、熟慮する必要がある。

また、新しいタイプのイジメ紛争においては、救済の前提となる権利の承認・判定をどのようにして行ってゆくか、更には現行法の枠を最大限まで拡げて新しい権利・法的利益の創造・承認をどこまで行いうるか、それが困難な場合に——新たな立法への努力とは別に——どのようにして現に係争中の問題の最終的な解決を図ってゆくのかについて、更に検討を進める必要がある。

のみならず、日本の民事司法では、いまだに給付・確認・形成の三つの訴訟類型しか基本的には認めておらず、単に違法である旨の宣言を求める訴訟（なお、選挙無効訴訟は本来の宣言訴訟とは異なる面を多く有している）や事実を明らかにすることのみを求める訴訟は認めていないため、当事者が民事訴訟制度を通して真に実現したいものとの間にギャップ・齟齬が生じることが少なくない。イジメ被害者・親の中には、加害者やその親あるいは学校・教師に対して金銭請求することはもともと本意ではなく、相手方の行為・対応が違法であることを裁判官に明らかにしてもらうだけで十分であったり、イジメと死との事実関係をめぐる争いを裁判官の判定によって決着つけることで足りるにもかかわらず、その意思・気持ちに真にそう訴訟類型が用意されていないため、やむをえず金銭請求のかたちをとるなどの迂回した（次善の）訴訟類型に我慢しなければならないことがある。英米法のいわゆるエクイティー上の救済の基盤がないため、現行の手続では限界があることは否めないが、現行法の下でもなお裁判制度の利用者の意思・希望にそった創意・工夫の余地がないのかどうか、あきらめることなく検討を続けなければならない。

なお、イジメに関する事実やイジメと生徒の死との関係についての事実調査に関する情報・資料は、学校や教育委員会などの手元に存しているにもかかわらず、イジメ訴訟において――訴訟の相手方が加害者とその親だけの場合であれ、学校・教育委員会なども加えられている場合であれ――これらが開示されず、時に操作されることすらあるため、被害者・親にとっては、情報・資料へのアクセスに多大の困難を強いられることが少なくない。これらのイジメ情報・資料はもともと公正な民事裁判を実現するための前提となるべきものであるから、裁判所は文書提出命令や文書送付嘱託などの手続規定の実効的な運用によるだけでなく、その適正な訴訟指揮を通して積極的にそれらを法廷に提出させ（場合によれば、イン・カメラ方式を考慮する必要もあるだろう）、当事者の情報・資料のアンバランス状態を是正することを、公正な手続的配慮の第一歩とすべきである。裁判所に求められているこの手続的配慮は、次項の「和解」の場合においても同様に貫かれなければならない。

3 イジメ問題の「和解」による解決の意味と位置

民事訴訟は、公正な手続と法的基準の下において当事者が自立的な法廷弁論によって個別紛争を事後的に解決する〝最後の手段（ultima ratio）〟である。そこでは、当事者主義的手続の真髄である法廷における口頭弁論を文字どおり活性化・充実化させるとともに、自立的に裁判運営を行うことによって、紛争を裁判官も交えて自主的に解決することが第一義（primary）とされなければならない。

しかし、民事司法制度は、たとえ最善のものに改革され、理想通りに機能するようになったとしても、司法的裁判である限り、原理上それに内在する一定の制度的な制約を免れない。司法的裁判においては、判決による紛争解決は、一般的・普遍的ルールに準拠した部分的で過去志向的な解決であり、〝全か無か（all-or-nothing）〟という二分的思考に基づくゼロ・サム・ゲームである。したがって、具体的紛争を将来の関係などをも考慮に入れて全体的に未来志向的に解決しようとしても、一定の制度的限界があるためこれを果たすことができず、更に、その制度的枠組みをいくら弾力的に運用しても、なお越えがたい限界があることも認めざるをえないのである。

こうした制度的限度を克服する努力はさまざまに行われているが、とりわけ司法的救済だけでは適切に解決できない紛争について、当事者が互いにその主張を譲歩して合意することによって解決するという「訴訟上の和解」を選ぶ場合が増えてきていることが注目される。すなわち、現行法に規範的に拘束される訴訟＝判決手続では実現できない場合でも、紛争当事者の合意があれば、法規範に拘束されることなく柔軟に一定内容の利益・価値を実現する、訴訟上の和解を成立させることができる。それは、判決では困難な正義・衡平の要求に柔軟に対応したものとして、実質的に新たな権利を創造・承認し、あるいは実定法規範を実質的に変更したに等しい結果となることがある。

また、社会が高度に複雑化し変動が激しくなると、既存の法規範をそのまま適用すると適正な解決ができない訴訟が増えたり、判決の正当化の根拠となる実定法規範の正当性に疑問が生じたりする。このような場合には、権利の判定に基づく二分法的思考による判決よりも、当事者のニーズをふまえて必ずしも権利義務の側面からの法的構成にこだわらない解決が、訴訟上の和解によって図られることがのぞましいことになる。とくに法的判断が微妙に分かれる場合には、法的判断を留保したままで、和解による合意を通して、被害救済の実現・拡充を事実上はかることを優先することも大切である。

更に、訴訟においては、現行の当事者対立主義的な手続の下で二分法的思考によって過去志向的な解決がなされるのであるが、判決によって法的争点について判断しても、紛争自体が全面的に解決されるとは限らない場合がある。複雑な相互依存的・継続関係の紛争では、当事者間の信頼・自発性を尊重しながら、平和的・安定的な関係回復をめざして未来志向的に関係調整したり、関係当事者間の協議の継続を図ることによって、最終的に解決することができるが、これは訴訟上の和解によってはじめて可能となるのである。

のみならず、当事者の利益・ニーズを既存の法的な枠組みにあてはめて構成すると、かえってその真の利益・ニーズからずれたり、紛争の全体像を歪める場合もある。この場合も、規範的な制約や権利義務にこだわらないで、当事者の利益・ニーズに即して問題解決の道筋を柔軟に工夫したうえで、その歯止めとして法的措置を定めるなどの訴訟上の和解を行うことによって、紛争の全体像から離れないで解決をすることができることになる。

いずれにしても、これらは、民事訴訟において、裁判官による判決はあくまでも紛争解決のためのひとつの手段でしかないとして、訴訟上の和解を判決と並ぶものとして評価し、位置づけようとするものである。こうして、民事訴訟を、「訴訟の提起→提訴後における法廷での弁論→証拠・資料の提出・開示とその共有→法廷の内外での議論の公開」などの一連の手続過程に重点をおき、これらを合意形成手続としてとらえることによって訴訟上の和解に判決と並ぶ位置づけを与え、二つを紛争解決の両輪とみる裁判実務が一般的となりつつある。

裁判所も判決による法に準拠した権利救済に必ずしもこだわらないで、個別的紛争の適切な解決という点に着目して、当事者の同意を得ての和解の成立に力を注ぎ、その守備範囲の拡大に積極的になってきている。最近(一九九八年の司法統計年報による)では、訴訟上の和解で終了するケースが、地裁では三一%を超え、高裁では三三%強に達していることが明らかにされ、和解が紛争解決において占める割合が増えてきている。

このため、訴訟が民事紛争解決の〝正道〟であり、訴訟上の和解は〝権道〟だとみる見解に代わって、私的自治の原則の下では、むしろ、訴訟上の和解こそが〝正道〟であり、訴訟はこれを補充する〝権道〟だとみる見解すら現れている。また、民事訴訟は、多様な紛争解決方式のなかのワン・ノブ・ゼムにすぎず、紛争解決の最終局面とは限らないし、紛争解決過程全体においては、むしろ周辺的位置を占めているにすぎないとの見方もあるほどである（以上について、田中・前掲『現代社会と裁判』四七頁、一一六頁以下参照）。訴訟上の和解を簡単に〝二流の正義〟と位置づけることは、いまや早計とのそしりをまぬがれないであろう（なお、一九九八年から施行された新民事訴訟法において導入された「争点整理手続」は訴訟上の和解を、弁論と分けたうえ積極的に位置づけようとするものである）。

現代民事司法における訴訟上の和解の意味と位置を、このように深く多面的にとらえるならば、イジメ問題の紛争解決において訴訟上の和解が極めて有用であり、その利用を今後いっそう検討しなければならないのは必定となるだろう。むしろ、学校教育紛争としてのイジメ問題の特質に即した紛争解決方法としては、一刀両断な判決よりも訴訟上の和解の方がのぞましい場合が少なくないように思われる。とりわけ、和解のなかにひそむ相手への理解や宥和・宥恕の面やそれに基づく相互の関係の協調的な再構築の面は、イジメ問題の真の解決に資するところが多いだろう。和解における対話的正義は、イジメ問題の解決に向けての努力・工夫の中に、豊かな例証を見出すことができるのである。

その意味でも、中野区富士見中事件を担当した森田健二弁護士が、「裁判の目的は鹿川裕史君の死を風化させないため、いじめによる自殺の再発防止の具体的指針を裁判上の和解という方法で作りあげることだった」と論考「イジメの救済と解決法」（中川明編『イジメと子どもの人権』信山社、二〇〇〇年、八六頁以下）において指摘していることは、注目に値する。ただ、同訴訟の場合には、「鹿川君の両親と私たちが目指した、イジメによる自殺の再発防止の具体的指針を三当事者（筆者注：被害者・加害者・教育行政当局）で作り上げようと考えた和解も拒絶された」ため、結局、判決にまで至ったにすぎないのである。このように、当事者が「イジメによる自殺の再発防止の具体的指針」を法的に確かなものとして策定しようとしても、現行法の枠内では、その目的をストレートに達成することができる訴訟形態が用意されていないので、はじめから訴訟上の和解の成立をめざして、金銭請求のかたちをとった訴訟を提起するというバイパス利用をするよりほかないことがある。

これに対して、冒頭Ⅰ－2の事例の残された親の場合、親にはわが子の教育の受託者である学校に対して、わが子の死の原因を調査して報告することを請求する権利があることを、判決によって明らかにすることを目的として提訴した。しかし、現行法には親の知る権利と学校の説明責任を根拠づけるに足る規定がなく、解釈にも限界があるため、判決によってこの新しい権利の承認を獲得するという目的を達成することは困難であった。その結果、そこで、親は、実質的にこれを実現する途を選択することにし、和解に向けての努力・工夫を重ねた。「学校・市教育委員会は、対応に反省すべき点があったことを謝罪し、今後は保護者らと情報交換し、真摯に話し合い、原因調査に協力する」という内容の訴訟上の和解を成立させるに至ったのである（前田功「わが子のことを知りたい、ただそれだけなのに―当事者として（いじめ裁判）―」。代理人の立場からは、細谷裕美「町田作文開示訴訟・報告義務訴訟―親の知る権利と学校の情報提供義務（いじめ裁判）―」。いずれも『季刊教育法』一二六号、二〇〇〇年に収録、本書一四九頁・注（51））。

この他にも、イジメ訴訟が訴訟上の和解によって解決されたことを報じる記事が時折散見されるが、それらのなかには、単に被害者側が譲歩（金銭賠償を事実上放棄するなど）して終止符を打ったというに止まらず、学校・教育委員会らとの間に紛争の根元として存した心理的対立を解決するに資する謝罪や将来にわたる人間関係・社会関係への手当がなされるなどの措置がとられたことを暗示するものも少なくないようである（一例として、二〇〇〇年二月八日付『朝日新聞』「中三生の自殺、市と両親和解」と題する記事）。

むろん、訴訟上の和解は、事実上の妥協を相互に確認しあうだけで、公正な両当事者間の自主的な合意とはいえない場合、裁判官の権力的な事件処理にあわせて不本意ながら訴訟を終了させた（見かけ上の和解）にすぎない場合、当事者の利害・ニーズや心理的要素などに応えることに急ぐあまり、法的な正義・衡平の観点や実効性の面から全体的に評価すると疑義がある場合など多くの危惧をはらんでいる。その他にもデメリット・リスクがある以上、訴訟上の和解を全面的に評価し肯定することができないのも当然である。とりわけ、和解交渉や和解内容において権利保障・権利救済的な視点を欠いたり、被害者への保護・配慮を怠ったり、過度な秘密主義に陥ったりすることはデメリットのみで、到底賛同することができない。それでは結局、妥協による〝二流の正義〟にすぎなかったと言われるだけであろう。

訴訟上の和解が多様な紛争解決手続のなかで正当な位置を占めるためには、何よりも訴訟上の和解による解決の質が、判決や後述の訴訟外紛争解決（ＡＤＲ）よりも優るとも劣らないだけの独自の価値・内容を有していることが具体的に明らかにされなければならない。また、それが当事者の自主的な合意であることを担保するためには、当事者が自律的な紛争解決能力を高められるように、必要な情報の提供や教示が事前になされたり、話し合い・協議に積極的に参加できるような手続的配慮が十分になされる必要がある。

これらは、イジメ問題についての訴訟上の和解についても、同断である。とりわけ、イジメ問題の場合には裁判官が和解を進めるに際して、学校・教育委員会などが保持しているイジメに関する情報・資料を――文書提出命令や文書送付嘱託などの法手続によってであれ、事実上任意提出を促すことによってであれ――、当事者に開示させて、和解の前提となるべきイジメ情報・資料の共有化をはかることは必須の前提となる。

また、裁判官は、イジメ問題がはらんでいる複合的な問題を整理し直したうえで、法的な解決の筋道や骨格のモデルを――ケースの個別性をふまえつつ――いくつか提示して、当事者自身に検討・選択の機会を十分に与えるなどの配慮をしなければならない。

のみならず、イジメ訴訟においては、それがいわゆる「人格訴訟」であり、加害者のイジメ行為の不当性やこれを放置した親や教師らの行状の不当性に対する人格的非難を、裁判所が公権的にすることへの期待・願いが被害者やその親にあること、従って、人格訴訟としての内実を保持したままで訴訟上の和解をするためには、裁判官の法的見解を明示的でないとしても、何らかのかたちで残す工夫が求められていることも、前述のとおりである。この訴訟上の和解においても、裁判官の法的見解を残す工夫は、既にスモン訴訟やＨＩＶ訴訟などの薬害訴訟にその前例があるが、その他の事件でも最近は少しずつ試みられている（その一例として『判例時報』一五九五号、一二三四頁以下参照）。イジメ訴訟においても、和解過程と和解内容に柔らかなふくらみと幅をもたらす工夫と努力を、当事者の積極的な参加を得ながら積み重ねなければならない。

〔以上の意味で、前記滝川小学校事件について、二〇一〇年三月二六日に札幌地裁で成立した和解は、和解調書において、和解の前提となる裁判所の判断が詳細に示されたうえで、事案の具体的解決に即しまた当事者の意向を踏まえた和解条項としてまとめられている（特に、被告の北海道は、今後は同種事件について、道内の市町村教委に対して、「真相究明のために、必要に応じて、第三者による調査等を行い、また、被害者及びその親族の意見を聴く機会を設けること」を指導することとされた。）ので、その経緯と和解内容も含め画期的な意味を有しており、今後のイジメ裁判が向かうべき方向を鮮やかに指し示している。以上についての詳細は、担当弁護士の一人である上岡由起子弁護士による丁寧な報告・紹介が、『季刊教育法』一六六号、二〇一〇年、九六頁以下に掲載されているので、お読みいただきたい。〕

こうして、イジメ問題の解決方式として、「訴訟的和解」と「和解的判決」を、事案の具体的様相を十分に見きわめつつ、どのようにして引き出し実現してゆくかは、今後の民事司法全体の質とその有用性を問うものとなるだろう。

④ 裁判外紛争手続（ADR）によるイジメ問題の紛争解決 ——制度設計と提言——

イジメ問題の法的解決の手段としての民事訴訟＝判決は、たとえ可能な限りその制度の枠を広げ最善なものに改革され、期待された役割を十二分に果たしたとしても、制度自体に内在する原理的な制約があることは否めない。また、訴訟上の和解も、右のようなさまざまな工夫・努力を積み重ね、可能な限りその枠組みを柔軟・弾力的に運用することによって、利用者に応答的な司法的解決を志向したとしても、なお制度的な限界に逢着することを免れえない。イジメ問題の法的処理・解決に資する総合的な制度設計のためには、さらにこれらの制約や限界を補う裁判外紛争解決システムを用意するなど、法的紛争解決システム全体の多元化が必須となるのである。

裁判外の紛争解決手続（Alternative Dispute Resolution、ＡＤＲ）は、法的紛争解決システム全体の多元化の要請に応えるものとして、日本においても近年、見直しと評価がはじまっていることは周知のところである。紙幅も殆んど尽きたので、ＡＤＲの一般論は最小限に止めざるをえないが、これまで日本では法的紛争解決システムにおいて、ＡＤＲが果たしてきた役割あるいは果たすことができる役割は、過小評価されてきたきらいがあり、少なくとも正当には評価されてこなかったように思われる。裁判中心の紛争解決システム観においては、ＡＤＲは裁判による紛争解決システムの一部として、あるいはそれを補完するものとしてのみ、その存在意義が認められてきたにすぎないからである。

しかし、法的紛争解決システムにおいて、裁判手続の優位性をア・プリオリに前提とすることには問題があり、裁判手続の中心性は現代では必ずしも自明なものでなくなってきているのではないだろうか。裁判中心の紛争解決システムは、一方で裁判手続に過重な紛争解決期待を背負わせることになり、他方でＡＤＲが期待された役割を果たさない場合には最終的・原理的に裁判手続によって埋め合わせられるとすることによって、各種のＡＤＲがそれぞれ独自の紛争解決能力を高めることを必ずしも要しない結果となるおそれがあるからである。

そうだとすれば、裁判中心の紛争解決システム観を見直すと同時に、他方で各種のＡＤＲ自身が、特定の紛争解決への期待を自らの固有の役割として正面から受けとめ、その紛争解決能力を高めて、裁判手続と同格の立場で、紛争解決システム全体の中で独自の役割を担うことを引き受ける必要があることになる。それは、紛争解決システムの中で裁判の役割を相対化するとともに、各種のＡＤＲが自らの手続の正当化の根拠をどこに求めるか、またそれぞれの手続間の機能的統合・連関をどのようにしてつくりだしてゆくかを今後の課題としなければならないことを示している。その意味で、ＡＤＲを「代替的」と認識すること自体が適切ではないとの指摘（廣田尚久『紛争解決の最先端』信山社、一九九九年、四頁）には、共感を覚えざるをえない。

いずれにしても、ＡＤＲは通常そのメリットとして、手続がインフォーマルで融通がきき、廉価で手軽に利用できること、簡易迅速な解決が可能なこと、柔軟で弾力的な救済・解決方法をとりうることなどがあげられており、最近は紛争の特殊性・個別性・専門技術性に合わせた専門的紛争解決手続として特化しうる点もメリットとして加えられている。

このように、ＡＤＲに独自の役割とメリットがあることが明らかになれば、紛争解決を求めている市民・利用者の側においても、裁判手続と各種のＡＤＲとのメリットとデメリットを比較検討して、個々の紛争解決に最も適した手続を自らの判断で選択することができるようになる。法的紛争解決のために利用可能な手続の増加は、「法化」社会における市民の主体的法行動に応える基盤を豊かにするものである。

イジメ問題をはじめとする学校教育紛争の解決の場が裁判中心であることは、その意味でも大きな問題である。日々成長している子どもにとって、裁判手続により、過去の一回的事実を確定し、一定の法基準をあてはめて裁決されることが必ずしもふさわしい結果を生み出すとは限らない。現在と未来に向けられた子どもの成長過程自体が、錯綜し、もつれてしまった人間関係をときほぐし、関係をつくり直すことを何よりもまず希求し、必要としていることが多いからである。また、これまで繰り返し述べてきたように、親にとっては、学校においてわが子の上に何が起こったのか、どのようなプロセスをたどって子どもが死傷するに至ったのかという事実を解明することに専ら関心がある場合、現在の裁判手続はこれに応えることが原理的・制度的にむつかしいのである。

その意味でも、学校教育紛争の法的解決の場として、子ども・親の立場から特化したＡＤＲを制度設計することは喫緊の課題である。学校教育紛争の特質をふまえた、子ども・親の立場・ニーズに具体的に応えるＡＤＲとしては、まず廉価（子どもは無料）で、子どもにもわかりやすい簡単な手続となっていてアクセス・利用が容易であり、簡易迅速な解決が図られるだけでなく、その解決内容が子ども・親のニーズをふまえた柔軟で弾力的な救済であって、納得して自主的に受容することが可能なものでなければならない。〔なお、アメリカなどで近時実践されている〈スクールメディエーション〉を、日本にも導入することに向けての検討が既にはじめられており、その結果が注目されている。〕

専ら子どものために設置されたＡＤＲは、これまで日本社会にはなかったが、最近子どもの人権救済のためのオンブズパーソン制度（公的なものだけでなく、民間も含む）が注目を集めている。とりわけ、川西市が一九九九年四月から発足させた「子どもの人権オンブズパーソン」制度は、先導的な試みとして特筆に値する〔実践記録として、初代オンブズパーソンの一人であった瀬戸則夫弁護士の『子どもの人権弁護士と公的オンブズ』明石書店、二〇〇三年と、二〇〇六年からオンブズパーソンに就任した桜井智恵子教授の『子どもの声を社会へ』岩波新書、二〇一二年があり、教示されるところが多い〕。

紙幅も残されていないので、そうした制度の設置が子どもの権利状況をモニターする機関として国際的にも緊要とされていることを指摘するに止め（例えば、国連・子どもの権利委員会の「第一回日本政府報告書に対する総括所見」一〇項、三二項参照）、その余は別稿に譲ることにする（なお、中野富士見中学事件の原告代理人を務めた森田健二弁護士が書かれた「イジメの救済と解決法」中川明編『イジメと子どもの人権』信山社、二〇〇〇年、八六頁以下もあわせて参照していただきたい。また、拙稿「子どもオンブズパーソンをめぐる動向と課題（1）」『自由と正義』四六巻一号、一九九五年、六四頁は法務省の子どもの人権専門委員について、その問題点と課題を示している）。

イジメ問題に特化したADRの制度設計として、私が提言したいのは、「イジメ調査・紛争処理委員会」（仮称）である。既に繰り返し述べてきたように、イジメの疑いがあり子どもが死を選び・死傷に至った場合、親が学校にまず求めるのは、学校においてわが子の上に何が起こったかであり、どのような事実・プロセスをたどって事件が発生したのかという事実問題であって、法的責任や法的権利義務を直ちに明らかにすることではない。優れたルポ・ライターの記述を借りて、もう一度だけ、この親の希求をたしかめておきたい。『学校のまわりには、二重の絶望が取り巻いている』というのが、取材をすすめての実感だった。学校に絶望して子どもが自殺する。学校がいじめを解決しようとしなかったからだ。そのあと、学校側の教育者にあるまじき卑怯な対応に接して、こんどは父母が絶望する。（中略）

子どもに先立たれた親に、ただひとつだけのこされた願いといえば、わが子が死ぬまえになにを考えていたかを知ることである。それを知らないようでは、親としての責任をはたせない。さらにいえば、息子や娘がいじめで死ぬ最後の子どもになってほしい、とのせめてもの思いがある。いじめの状況をあきらかにしないかぎり、解決策はたてられない。とにかく知りたいと願う親の希望を、学校側は遮断する。本気でいじめをなくそう、との気持ちがあるならば、学校は徹底的に調査するしかないはずだ。が、学校側はそうしない。（中略）

民主主義を標榜するなら、情報の公開性と平等性が保障されるべきである。教育委員会や学校が、いじめの情報を秘密にしているのは、子どものプライバシーを護るためだ、といいくるめようとしているのだが、親が知りたいのは、いじめた子どもの名前ではない。実際に起こっていた事実だけなのである。」（鎌田慧『いじめ社会

の子どもたち』講談社、一九九八年、一八五～一八七頁）

この「実際に起こっていた事実」を知りたいという希求に、法と法制度は応答し、レスポンシビリティー（応答可能性）としての責任をはたさなければならない。市民・利用者に顔を向けた応答的な紛争解決システムを用意し、制度的な紛争解決能力を高めることは、「法化」社会における第一義的な課題だからである。

しかし、「実際に起こっていた事実」そのものの究明を目的とする訴訟は現在の民事訴訟実務では直截には認められていないこと、そのため損害賠償請求のかたちを借りてその目的を迂回しつつ達成しようとする場合が少なくないこと、その結果本来は法的責任を追及することを本意としていないし、ましてや金銭請求するかたちをとるのは当事者の意に即してはいないことを承知のうえで民事訴訟を遂行することにより、民事訴訟そのものにもある種のゆがみが生じることが避けられないことは、前述のとおりである。

このように、「実際に起こっていた事実」の究明を目的として、民事訴訟を利用することが困難であり、また民事訴訟のかたちを借りることも望ましくないとすると、「実際に起こっていた事実」の究明を主たる目的とする紛争解決システムを、ＡＤＲのひとつとして新しく構想する必要が生じてくる。私が「イジメ調査・紛争処理委員会」（以下では、「調査委員会」と略称する）を提言するのは、このためである。その制度設計の詳細は別稿に譲ることにし、以下ではその骨子を紹介し、概要をスケッチしておくことにしたい。

私の構想する「いじめ調査・紛争処理委員会」の概要

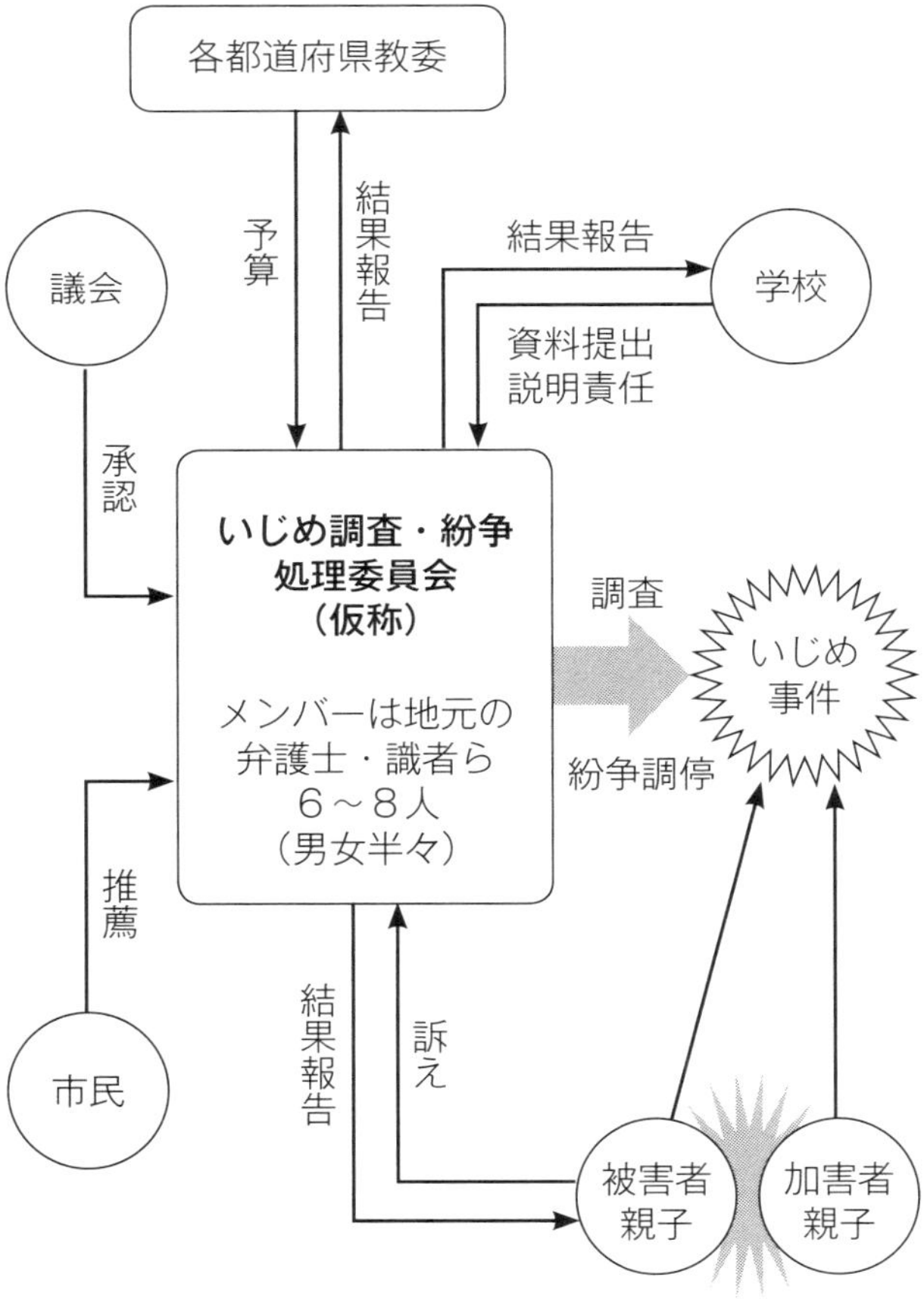

（1）「調査委員会」は、各都道府県及び各政令指定都市に、独立の第三者機関（当面は条例あるいは要綱に基づく機関）として設置する。

（2）「調査委員会」の主たる任務は、各都道府県・教育委員会の設置・管理にかかる学校及びその包括する各市町村・教育委員会の設置・管理にかかる児童・生徒に対して「イジメ」があった、あるいは「イジメ」があったことが疑われる場合に、「イジメ」に関する一切の事実・事実経過・児童・生徒の死傷に至る経過・原因を調査して究明することであり、法的責任や教育的責任などを追及することを直接の目的とはしない。

但し、事実調査を遂げたあと、「調査委員会」において紛争解決にあたることがふさわしいと判断し、かつ関係当事者の依頼・同意がある場合には、斡旋・調停・人間関係の調整などを行うことができる。

（3）「調査委員会」の委員は六～八人位とし、議会の承認を経て選任する。

但し、委員の男女の割合は半々とすることを原則とする。委員のうち二名以上は弁護士会の推薦を経た弁護士をあて教職員（退職者も含む）の選任は二名を越えないものとする。

「調査委員会」は調査に必要な場合には、複数の専門家を補助スタッフとして委嘱することができる。

（4）「調査委員会」は、「イジメ」を受けたと主張する児童・生徒または「イジメ」に関係した児童・生徒ないしそれらの保護者の調査依頼の申立て（匿名による申立ても認める）、校長・教師（養護教諭を含む）・スクールカウンセラーの申告、また職権により開始する。

（5）「調査委員会」は学校及び教育委員会に対して、学校が実施した「イジメ」に関する「事故調査報告書」及びその作成の前提となった事情聴取書・陳述書などの諸資料の提出を求めることができるほか、自ら事実の究明に必要な調査を行う。

学校及び教育委員会は、委員会の右「事故調査報告書」及び諸資料の提出要求に応じるほか、その他委員会の行う調査に協力しなければならない。

（6）「調査委員会」は、事実の究明に必要な調査を遂げた場合、その調査結果を「イジメ」を受けた被害児童・生徒とその保護者に対して開示（但し、開示の方法については、関係する児童・生徒のプライバシーに配慮するため別に定めたガイドラインを基準にする）し、また学校及び教育委員会に対して報告する。

調査の開始後これを遂げるまでに要する期間は、六ヵ月を原則とする。

（7）「調査委員会」の設置・運営に要する一切の費用及び委員・補助スタッフに対する報酬は、教育委員会の予算枠から支弁する。

但し、教育委員会は、「調査委員会」の活動には関与せず、その独立性を尊重する。

以上の骨子をもとに制度の概要を図示すると、前掲図のとおりとなる。

このように、この「調査委員会」は、あくまでも事実の究明を第一義的な目的とするものであり、法的責任や教育的責任の追及を直接の目的とはしない、と自らの任務を限定している。この点については、おそらく異議があるだろう。しかし、その目的・任務から法的責任や教育的責任の追及をはずすことによって、学校・教師や教育委員会、関係する児童・生徒などが自らの責任を追及されることをおそれて、事実を隠蔽したり、資料を操作・隠蔽したり、調査に協力することを拒むような事態に陥ることを防ぎ、事実の究明という目的をより直截に実現することができるのである。

こうして、事実の究明を遂げた結果を、「イジメ」を受けて、死を選び・死に至った児童・生徒の親・保護者に開示することにより、「調査委員会」は、「実際に起こっていた事実」を知りたいという親・保護者の希求に応えることができ、ADRとしての有用性を発揮することができるのである。ADRにおいては、紛争解決手続の完全性よりも、むしろその有用性の方が重要だとされている（例えば、守屋明「裁判外紛争解決手続」、岩波講座『現代の法』第五巻「現代社会と司法システム」岩波書店、一九九七年、三一五頁）ことを想起すべきである。

このようにして、「実際に起こっていた事実」の詳細を知ることにより、「イジメ」を受けて、死を選び・死に至った児童・生徒の親・保護者も残された者として心の整理をつけることができ、その結果、学校・教育委員会などとの対立・確執も解消に向かい、また、かえってその意にそわない訴訟を提起しないですむことが少なくなるのではないかと予想される。

むろん、この「調査委員会」のような任務は、今後自治体が設置することになるであろう「子どもの人権オンブズパーソン」制度の本来のあり方を大事にする観点からは、なお慎重な考慮が必要であり、当面は別建てが望ましいように思われる。いずれにしても、子ども・親の立場からは、紛争解決手段の多様な選択肢が用意されており、それぞれのメリットとデメリットを比較検討したうえで、自らの状況や意思に一番ふさわしい紛争解決手段を主体的に選択することができるように制度設計されていることが大切である。

なお、「調査委員会」の事実調査が適正なものとなり、子ども・親の信頼を得るものとなるためには、何よりも委員の人選が鍵を握ることは言うまでもないが、議会の選任の前に委員候補者について市民による推薦や市民の意見聴取の機会を用意することなども考えられるだろう。

〔私が以上で提唱した「起きた事実の調査・究明を目的とする調査委員会（第三者委員会）」の制度設計の概要については、既に朝日新聞二〇〇一年一月一五日号（〔新聞記事〕参照）において図示して紹介されており、同様の構想は東京新聞一九九九年八月二二日号においても報じられていた。なお、この構想を具体化して論稿としてまとめたうえで、一連の関係論文とともにあわせて収録した研究報告書は、『子どもの人権侵害の救済方法の総合的研究――裁判と裁判外紛争解決のシステム化に向けて――』平成一〇年〜平成一二年度科学研究費補助金（基盤研究（C）（二））として、二〇〇一年三月に文部科学省に提出されている。

我が子が「いじめ自殺」、背景知りたい…

親と学校の紛争　独立処理機関を

北大教授が提唱

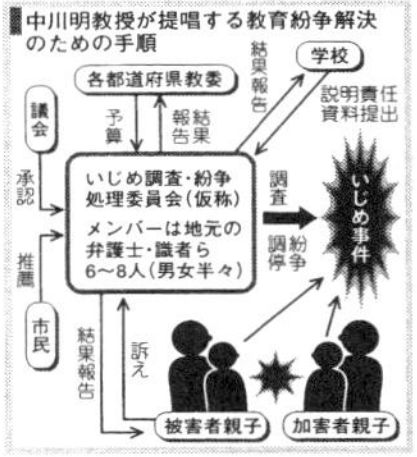

開かれた学校を目指す論議が盛んだが、いじめ自殺事件などでの情報開示となると、学校側の対応は極めて慎重になる。学校で何があったのか……。保護者がそれを知ることは法的にも十分には保障されていない。情報開示を求めて保護者と学校・教育委員会とが訴訟になっても、その紛争解決の手段が乏しいのが現実だ。　（渡辺　和彦）

「子どもが亡くなった背景が知りたい。それが九年も訴え続けることになるとは……」。いじめが原因で次女　さんを亡くした東京都町田市の　さん（五五）と　さん（五四）は、そう振り返る。

一九九一年、　さんは市立つくし野中学校に通っていた。夏休み最後の日、「明日、学校にどうしても行かなくてはいけないの」。その言葉を最後に　さんはJR横浜線の駅構内の線路に身を横たえ、亡くなった。

数日後、両親は　さんがいじめにあっていたらしいことを知る。　さんは学校に協力を求め、学校は生徒たちに　さんの死に関する作文を書かせるなど調査に乗り出した。しかし、学校はその後、「作文は生徒の個人情報でみせられない」と拒んだ。

　さんは「　にかんする情報は　そのもの」と市の個人情報保護条例に基づき、作文の開示を求めた。ところが市教委は非開示を決定。作文の所在については「返却、焼却した」「いや学校保管だった」など二転三転を繰り返した。

両親は九三年、作文開示を求めて東京地裁に提訴。裁判中は「裁判なんかしなくていいのに」と抗議の電話が入ったことも。「学校を問うことに地域の圧力は想像以上でした」と　さん。

作文の開示は一審、控訴審ともに「作文は生徒の個人情報。開示は教師と生徒との信頼関係を損なう」と認められなかった。

一方、作文訴訟とともに進められた調査報告義務を求めた訴訟では九九年十一月に和解が成立。学校・市教委は当時の対応に不誠実な部分があったことを認め、「事件の調査協力をするとともに同様の事件が起きた際、誠実に報告する義務を負う」ことなどを約束した。

◇　◇

事件後、町田市内の中学校では「開かれた学校」作りを目指した取り組みが進む。つくし野中は九八年から、学校を保護者に評価してもらう「評価シート」を作成。保護者の声に回答をするなど工夫を凝らしている。

「　さんの事件で開かれた学校の大切さを痛感するのは確か」とつくし野中の　校長。「ただ情報開示については、まだ手探りの状態」と話す。

町田市教委の　参事は「情報開示を考える際、　さんの事件の再検証は学校の傷を再び表に出す形となる」と事件から学ぶ難しさを話している。

「事実」の究明を主眼に

「なぜ娘が死を選んだのか。その真相を知りたかった」と裁判記録を手に話す父の　さん（写真右）と母の　さん＝東京都町田市の自宅で

　さんの作文開示を求める訴訟の第一審で代理人として携わった経験を持つ北大法学部の中川明教授（教育法）は、学校で起きた事実について、保護者が知る手段がほとんどないことを課題にあげる。

現在の学校教育法は、学校や教育行政の権限と管理にかかわるもののみを規定する。こうした現状に、中川教授は「保護者の知る権利が保障されず、訴訟は金銭補償がメーンとなり、事実究明を求める保護者の気持ちに寄り添っていない」と指摘する。

従来の訴訟による紛争解決の限界を補うために、中川教授は試案として事実の原因究明を主眼に置く、裁判以外の場での学校紛争処理案を提唱する。

試案によると、地元の弁護士や識者らをメンバーとする「いじめ調査・紛争処理委員会」を各市町村に独立の第三者機関として設置。委員は六人から八人で男女半々、選任には地元議会の承認を求め、住民の推薦を必要とする。教育委員会は人選、運営に関与しない。

調査委は被害者、保護者、学校から訴えを受けると、いじめを受けた原因やその事実経過について学校から資料提出させ、事情聴取を進める。調査結果は六カ月以内に保護者など当事者に対し、開示される。

調査委は法的責任追及を直接の目的としないが、調査後、解決にあたるのがふさわしいと判断し、当事者の依頼や同意があれば、あっせん、調停などに乗り出すこともある。

「事実究明をメーンとすることで保護者と学校、教委などとの対立、確執も解消し、意にそわない損害賠償訴訟の提起なども減少するのではないか」と中川教授。そして、調査の結果に基づいてケーススタディーとして事件から教師が学び、新たないじめなどの被害を防ぐ教訓を引き出せるのではないか、と期待を寄せている。

また、　さんの民事訴訟で弁護団長を務めた大沼和子弁護士は、いじめ訴訟で事実究明を求める手立てとしては損害賠償請求しかないとしながら、「学校に調査・報告を求め、真実を知りたいとする親の気持ちに対し、損害賠償として金銭を受け取っても、『救済』という観念からはほど遠い」と話す。

独協大学法学部の市川須美子教授（教育法）は「現行の学校教育法だけでは問題解決は期待できず、保護者の知る権利と学校の説明責任を明記した法律の整備が必要だ」と訴えている。

〈新聞記事〉親と学校の紛争　独立処理機関を―「事実」の究明を主眼に（朝日新聞２００１年１月15日号）

その後、私の提唱は、大津市が前記第三者委員会を設置するにあたっても参考とされたようであり、同委員会が二〇一三年一月三一日に大津市長に提出した「調査報告書」は、大要（一）自死に至るまでの事実（事実経過と事実の考察、自死の原因の考察、問題点の指摘）、（二）事後対応（事実経過、学校と市教委の事後対応の問題点）、（三）提言（教員・学校・市教委への提言、危機対応、将来に向けての課題）など全二二五頁にも及んでおり、丁寧な事実認定（該当事実認定にあたっては、委員の下でこれに専念した調査員ら〔若い弁護士や研究者〕の資料・事実の収集と整理・分析が大きな役割を果たしている）がベースとなり前提とされていた点は、高い評価に値する（同報告書については多くの論稿があるが、とりわけ委員の一人を務められた渡部吉泰弁護士の「大津市立中学校いじめ自死事件に関する第三者委員会の活動内容と今後の第三者委員会の課題とあり方」『犯罪と非行』一七六号〔日立みらい財団、二〇一三号九月〕と横湯園子教授の「大津市いじめ自殺事件調査報告書について—エスカレートしていく暴力に思う—」〔『季刊教育法』一七七号、六四頁〕は示唆に富んでおり、多くのことを教えてくれる）。

しかし、前記「いじめ対策推進法」が導入した「いじめ問題調査（第三者）委員会」や近年各地で設置された「第三者委員会」は、私の提唱したものとは似て非なる点が少なくないだけでなく、最近各地に設置された第三者委員会は公平性と中立性を盾（隠れ蓑）にして、親の願い・求めに反した結果となっている例も見受けられる。その理由はいくつか考えられるが、何よりも第三者委員の具体的な人選と選任された委員各自の取り組み方・姿勢に問題が潜んでいるように思われる。その点も含めて、このテーマに関しては早急に別稿を用意する予定であるが、本書までには間に合わなかった。さしあたり、瀬戸則夫「いじめと第三者機関」日本教育法学会年報第四三号『教育の政治化と子ども・教師の危機』一三三頁以下に問題と課題が的確に示されており、また、第二東京弁護士会『NIBEN Frontier（二弁フロンティア）』二〇一五年六月号に掲載された「〔講演録〕いじめ調査に関する第三者委員に学ぶ」一二頁以下は、実際に第三者委員を務めた弁護士と臨床心理士の体験談がまとめられており、多くのことを教えてくれる。また、第三者委員会の調査過程が司法審査に付されて違法とされたものとして前橋地裁二〇一四・三・一四『判例時報』二二二六号、四九頁がある。〕

最後に強調しておかなければならないのは、この事実調査の結果を、学校・教師や教育行政当局が今後のイジメ発生の減少やイジメに対する具体策（再発防止）の検討・樹立に役立てることの必要性である。

学校・教師や教育行政当局が現実にイジメの発生を減少させ、そのための具体策を検討するにあたっては、不幸にして自らの膝下で現実に起こってしまったイジメの事実・事件を素材にして、真摯にケース・スタディーとして学び、そこから今後につながる具体的実践的な課題・教訓を引き出すことが何よりも大切である。身近に起きた具体的な事実を教師全員が共有することは、学校・教師がイジメに取り組む第一歩である。この国でイジメがあとを絶たないのは、これまではとかくイジメに関する一般論や総論的対策に依拠しがちで、「実際に起こった事実」には目を塞ぎ、そこから具体的に学ぼうとしなかったからである。「実際に起こった事実」に学ぶことに優る有用な方法は今のところない、と言ってよい。〔それは、「事実を記憶し直して、不都合があっても、そこから目を背けないこと」を意味する。〕むろん、「調査委員会」の事実調査の結果を、学校・教師・教育行政当局が右の目的・範囲で用いるに際しては、関係生徒のプライバシーなどに配慮しなければならない。今後はそのためのガイドラインの作成なども行う必要があり、実践的な工夫・配慮が求められている。

〔ちなみに、いじめ防止対策推進法により設置される第三者機関においても、事実調査の目的は、この「実際に起こった事実」を明らかにして、なぜわが子が亡くなったのかを知りたいと願う親の気持ちに応えること（事実究明）にあるのであって、同じような事態を再び繰り返さないこと（再発防止）は目的とするとしてもあくまでも副次的な位置に留めるべきではないかというのが私の目下の意見である。再発防止は、実際に起きた事実に関する事実調査書をもと（教材）にして、学校・教師ら関係者が真摯に学びそこから教訓を引き出すことによって果たすことができるのである。再発防止を意識する余り、親が知りたかった事実の一部が落とされてしまう結果となるおそれは避けるべきであろう。」

V　まとめに代えて　―失敗から学ぶ仕組みを―

人間の営みや人間がつくりあげた制度とシステムには、誤りと過ちは避けられない。どんなに工夫し考え抜いたとしても、予期し・予想しえぬ失敗が起こることは避けられないのである。「フェイル・セーフ」の思想は、飛行機の世界だけではなく、この世のすべての営み・システムにおいても貫かれなければならないだろう。ましてや、法や法制度は、それが平均人による実現可能なものとしてつくられるのであるから、そのもとで誤りや過ちが起こることを防ぐことが出来ないことを率直に認めることから出発するよりほかない。だからこそ、法も法制度も、失敗から学んで、絶えず見直し、改革・改善を積み重ねてゆく仕組みとすることが求められているのである。

「実際に起こった事実」に学ぶことに優る有用な方法は今のところない、と述べたが、もっと正確にいえば、「実際に起こった失敗」から学ぶ仕組みを作りあげることが今私たちに緊要に求められているのではないだろうか。イジメについても同断であり、むしろ、イジメこそこうした姿勢がとりわけ必要なように思われる（もはや紹介・検討する余地はないが、最近アメリカでは、学校における子どもの死と学校の問題を、正面から取り上げた研究書が出されている。代表的なものとして、Klicker Ralph, *Student Dies, A School Mourns:Dealing with Death and Loss in the School Community*,1999 があり、示唆に富む）。

柳田邦男氏は『この国の失敗の本質』講談社、一九九八年において、「日本人が失敗を学習しないのはなぜか」と問い、「私にはそういう『文化的な欠陥遺伝子』を持っているとしか思えない」と結んでいる（三二五頁）。私はいま、柳田氏のような文化論的宿命論に立つことにためらいを覚えるが、私たちが失敗を学習する・失敗から学ぶ仕組みをつくりあげる不断の努力を意識的に続ける必要があることだけは、もう一度強調しておきたいと思う。

不覚にも述べるべき多くの事柄を取り残してしまったが、紙幅も尽きたので、まとめに代えて、舌足らずの思いを吐露したままで、本稿をひとまず終えることにしたい。

＊なお本稿（〔　〕内の加筆部分を除く）は、文部科学省科学研究費補助金（一九九九年度基盤研究（C）（二））を受けて行った研究の一部である。

判　決　結　果
一部認容（被害者の過失割合は3割） 認容額630万円
請求棄却（教師にその予見可能性がなかったとして、学校の責任を否定）
控訴棄却（学校は教育上の配慮を欠いていた） 一審は原告の主張をほぼ認めた 認容額1968余万円
一部認容（担任教諭に生活指導上の義務違反があった） 認容額220万円
一部認容（学校におけるイジメあるいは被害者に対するイジメが恒常化している状況を認めて、学校の責任を認めた） 認容額313万円（内弁護士費用40万円）

第13章 いじめ裁判の一覧表

判決年月日	いじめ等の当事者	事案の概略
松江地裁 1981・3・31 『判例タイムズ』449号273頁	被害者は県立研修所寮生 加害者は同寮生ら4人	農林業従事者等の養成を目的として県が設置した全寮制の研修所の寄宿舎で、原告は4人の同寮生らから集団暴行を受け死亡した
新潟地裁 1981・10・27 『判例時報』1031号158頁	被害者は公立定時制高校4年生 加害者は同級生5人	公立定時制高校4年の原告は、5人の同級生により連日のように暴行や脅迫を受け、金銭を脅し取られた他、担任教諭に非行を密告したとして暴行を受けたり、級友の定期入れの窃盗犯人にでっち上げられたりしたため、これを苦にして同校生物部部室で自殺した
高松高裁 1981・10・27 『判例タイムズ』456号109頁	被害者は県立高校3年生 加害者は同級生10数人	県立高校3年の原告は、保健体育の授業終了直後10数人の同級生から、ウレタンマットでサンドイッチ状にされ足で踏み付けられるという集団暴行を受け、両手両足に麻痺が生じて松葉杖でなくては歩行できず、細かい作業を続けることもできない身体障害者になった
長野地裁 1985・2・25 『判例タイムズ』554号262頁	被害者は公立小学校6年生 加害者は友人2人 （長野市吉田小事件）	公立小学校6年生の原告は、校舎2階踊り場で友人2人に手をつかんで振り回され、胸部を金属製の固い物で強打し、肋骨不全骨折等の傷害を負った
浦和地裁 1985・4・22 『判例時報』1159号68頁	被害者は公立小学校4年生 加害者は同校児童2人 （浦和市三室小事件）	公立小学校4年生の原告は、他の男子児童らに足元に滑り込みをかけられ転倒し、前歯2本を折るという傷害を負った

判　決　結　果
一部認容（学校の責任否定、ただし加害者に対し慰謝料など110万円を認容）
請求棄却（担任教諭の過失は認められない）
一部認容（悪質かつ重大なイジメはそれ自体で必然的に被害生徒の心身に重大な被害をもたらし続けるものであるから……悪質重大なイジメであることの認識があれば足り、自殺の予見可能性があることを要しない） 認容額1110万円 （慰謝料1000万、弁護士費用110万円。なお、被告の両親とは500万円で和解が成立）
一部認容（生徒に対する安全保持義務への違背はない） 慰謝料300万円と弁護士費用100万円を認容

判決年月日	いじめ等の当事者	事案の概略
神戸地裁 1985・9・26 『判例時報』 1182号123頁	被害者は公立中学校 1年生 加害者は小学校同窓生 （芦屋市潮見中事件）	小柄で虚弱な公立中学校1年生の原告は、小学校同窓の被告から嘲笑愚弄されたり、利用されたりしていたが、本件発生の日の1時限目授業終了後の休憩時間に自席に着席していたところ、被告から背後から首を強く数回揉まれ、懇願したにも拘わらず同人がこれを止めないため手で振り払った 被告は、その手が腹に当たったことに立腹し、右手拳で原告の顔面を殴打し、左右両中切歯脱臼の傷害を負わせた
東京地裁 1990・4・17 『判例タイムズ』 753号105頁	被害者は公立小学校 1年生 加害者は同級生数人 （杉並区第三小事件）	区立小学校に入学後間もなくして毎日のようにクラスの複数の児童からイジメを受けるようになった原告は、精神状態の不安定な小児神経症を発症し、長期欠席、転校を余儀なくされた
福島地裁 いわき支部 1990・12・26 『判例時報』 1372号27頁	被害者は公立中学校 3年生 加害者は同級生数人 （いわき市小川中事件）	公立中学校3年生の原告は、1年生の頃より同級生であった被告らから子分のように扱われ、暴行を受けたり金銭を強要されていた。2年生以降はそれが激しくなり、はじめは教師にこの事実を訴えていたが、被告がこれに対し原告に報復したため、原告は教師に対して沈黙ないし否定するようになった 3年生になり、被告より金銭を要求された原告は、教室を荒らしていたところ教師に見つかり、被告からの金銭強要を告白したが、これに対する被告からの報復や原告の両親が学校に呼び出されるなどしたため、翌日自死した
東京地裁 1991・3・27 『判例時報』 1378号26頁	被害者は公立中学校 2年生 加害者は教師、同級生数人 （中野富士見中事件）	公立中学校2年生の原告は、加害生徒らグループにより使い走り、登下校時の鞄持ちなどの役割を演じさせられていたが、11月中旬には原告が死んだことにして「葬式ごっこ」が行われ、教師4人を含む生徒らが色紙によせがきするなどした その後も執拗なイジメは続き、翌年2月「このままじゃ『生き地獄』になっちゃうよ」などの遺書を残して、自死した

判決結果
一部変更（加害生徒の両親及び担任教諭らには、生徒間のイジメ防止のため適切な措置を講じなかった過失がある） 認容額1150万円（慰謝料1000万円、弁護士費用150万円）
請求棄却（加害生徒の両親に安全配慮義務違反、教師に安全確保義務違反は認められない）
一部認容（加害生徒及びその両親に義務違反が認められる） 認容額606万円
請求棄却（学校は指導しており、自殺の予見可能性はない）
一部認容（イジメ申告がなくとも学校は防止措置を取る義務がある） 認容額約2418万円（内弁護士費用200万円）

判決年月日	いじめ等の当事者	事案の概略
東京高裁 1994・5・20 『判例時報』 1495号42頁	同　上	同　上
東京地裁 八王子支部 1991・9・26 『判例時報』 1400号39頁	被害者は公立中学校 3年生 加害者は同級生数人 （羽村一中事件）	町立中学校3年生の原告は、同級生らの度重なるイジメで自律神経失調症にかかり、不登校に至った
名古屋地裁 岡崎支部 1994・7・22 『判例時報』 1556号118頁	被害者は公立中学校 3年生 加害者は同級生 （安城市立中事件）	中学校3年生の原告は、卒業式当日に同級生からのイジメによる暴行行為によって傷害を負った
岡山地裁 1994・11・29 『判例時報』 1529号125頁	被害者は公立中学校 3年生 加害者は同級生ら数人 （岡山鴨方中事件）	公立中学校3年生の原告は、加害生徒ら5人ぐらいのグループから「イジメ」の対象とされ「エイズ」とあだなで呼ばれたり、殴られるなどの暴行を受けた 担任教師に訴えたが、告げ口をしたなどとして報復的なイジメを受け、「ふくろだたきにあいそうだ」「殺される」とのメモを残して自死した
大阪地裁 1995・3・24 『判例時報』 1546号60頁	被害者は公立中学校 3年生 加害者は同学年の男子生徒ら数人 （大阪市十三中事件）	公立中学校3年生の原告は、1年生の頃より被告から暴行を受けていた 3年生の11月の休み時間に校内で「ハゲにしてこい」などと言われ腹などを殴られてひ臓破裂の重傷を負った。一連の暴行について原告は、報復を恐れて両親や学校には隠していた 3年生になった時に初めて打ち明けたが、学校には連絡しないように頼んでいた

判　決　結　果
一部認容（加害生徒に対する請求は認めたが、その両親と学校の監督責任は否定） 認容額は被害生徒に対し200万円、その父親に対し133万8440円、母親に対し50万円
一部認容（課外クラブ活動とは関係しない事故についても、監督者と学校の責任を認めた） 認容額55万円
請求棄却（担任教諭の一連の行為はいずれも、その具体的状況に照らし、法的注意義務に違反した行為とは認められない）
一部認容（原告に問題行動はあるが、園は問題行動に見合う処分に向けた適正手続を履践していない） 認容額50万円
一部認容（イジメの態様は執拗で悪質であり、学校は予見と回避が可能であった） 認容額35万円 （控訴審・名古屋高裁金沢支部1997・10・29は60万円）
請求棄却（イジメが原告の自殺の主たる動機であると推認できない） （控訴審和解）
一部認容（加害者及びその保護者に対する請求は認めたが、学校の責任は否定） 認容額2845万円

判決年月日	いじめ等の当事者	事案の概略
秋田地裁 1995・9・22 『判例時報』1579号124頁	被害者は公立中学校2年生 加害者は同校3年生3人（秋田天王町イジメ心因反応発症事件）	公立中学校2年生の原告は、校内トイレで3年生3人に殴打や膝蹴りの暴行を受けて、心因反応（退行状態）を発症し、入退院を繰り返した
浦和地裁 1995・12・22 『判例時報』1585号69頁	被害者は私立高校2年生 加害者は相撲部員ら（私立高相撲部事件）	私立高校の相撲部員である原告は、合宿所での生活中に他の部員から急所を蹴られたり、金銭を要求されるなどの度重なる嫌がらせを受けて退学した
東京地裁 1996・1・26 『判例時報』1568号80頁	被害者は公立小学校4年生 加害者は担任教諭（横浜市立小教諭児童イジメ事件）	市立小学校4年生の原告は、担任教諭の原告を排除せんとする意図の下でなされた一連の言動により、精神的打撃を受けた
札幌地裁 1996・9・25 『判例時報』1606号113頁	被害者は幼稚園年中組園児と親 加害者は私立幼稚園（退園処分損害賠償請求事件）	原告が他の園児をイジメたとの理由で退園処分を受けたことにつき、退園処分は不当であり、精神的打撃を受けた
金沢地裁 1996・10・25 『判例時報』1629号113頁	被害者は公立小学校5年生 加害者は同級生13人（七塚町小転校生イジメ事件）	転校してきた小学校5年生の原告は、同級生らのイジメにより、負傷し登校拒否になった
秋田地裁 1996・11・22 『判例時報』1628号95頁	被害者は公立高校1年生（入寮中） 加害者は同級生・寮生ら（秋田県公立高イジメ自殺事件）	高校に入学・入寮した原告は、連休で帰省中に自宅で、イジメを苦にして自死した
大阪地裁 1997・4・23 『判例時報』1630号84頁	被害者は公立中学校3年生 加害者は同級生4人（豊中市立中集団暴行事件）	市立中学3年生の女子生徒である原告は、同級生からの集団暴行により死亡した

判　決　結　果
一部認容（暴行は継続的なイジメの一環ではなく偶発的なもので予見できないとして学校の責任は否定） 認容額は被害生徒に対し634万8828円、母親に対し167万3083円
一部認容（加害生徒は責任能力を有し、その両親には監督義務の懈怠がある） 認容額は加害生徒に対し90万円、その両親に対し各4万円
請求棄却（二度の暴行のそれぞれをイジメの一環であると認めることはできず、他にイジメの存在を認めるに足りる証拠はない 担任教諭に自殺の予見可能性はなかった）
一部認容（加害生徒のみにつき責任を負わせ、集団暴行と休学との因果関係をPTSDを介して認めた） 認容額619万3540円
一部認容（寄宿舎の休日の自由時間中に外出先で発生したもので、学校は予見可能であり、指導義務を尽くさなかった） 認容額は、（A）（B）3431万1851円、（C）3544万2772円、（D）3371万1851円
認容額の変更 （A）（B）2750万円、（C）2830万円、（D）2700万円
一部認容（イジメによる自殺の予見可能性を認める 調査報告義務自体は肯定するが、具体的な事実判断としては否定） 認容額は両親に対し各2073万4496円（過失相殺4割）

判決年月日	いじめ等の当事者	事案の概略
奈良地裁 葛城支部 1999・2・1 『判例時報』 1730号77頁	被害者は公立中学校 3年生 加害者は同級生2人	知的障害のある中学3年生の原告は、同級生2人より暴行を受け、後遺障害を残す障害を負った
大分地裁 1999・10・25 『判例タイムズ』 1083号161頁	被害者は公立中学校 生徒 加害者は同学年生徒	公立中学校に在学中の原告は、1年生2学期から3年生までの間、同学年の被告より継続して金員を脅し取られたり暴行を受けたり等のイジメを受けた
旭川地裁 2000・1・25 『判例地方自治』 213号72頁 (控訴)	被害者は公立高校1年生の男子生徒 加害者は複数の同級生	公立高校1年の男子生徒が複数の同級生から集団での暴行を二度受けた その後当該生徒は「僕は生きる事につかれを感じました」等の記載のある遺書を残して、自宅で自死した
和歌山地裁 2000・9・4 『判例時報』 1733号91頁	被害者は定時制高校 2年生 加害者は同級生と知人ら	定時制高校2年生の原告は、同級生や知人らから集団暴行を受けて、心的外傷後ストレス障害(PTSD)の後遺症により、登校拒否となり休学するに至った
東京地裁 2000・12・22 『判例時報』 1773号62頁	被害者は都立高校の 寄宿舎生徒 加害者は同宿の3年生 (都立大島南高校イジメ水死事件)	都立高校の寄宿舎で生活していた高校1年生4人の原告ら(A～D)は、同宿の3年生3人に指示され、港の堤防から外海に飛び込み、高波などに巻き込まれ、水死・行方不明になった
東京高裁 2001・9・26 『判例地方自治』 238号84頁	同　上	同　上
横浜地裁 2001・1・15 『判例時報』 1772号63頁	被害者は公立中学校 2年生の男子生徒 加害者は同級生ら (津久井町中野中自殺事件)	公立中学校2年男子生徒は、転校直後から、同級生ら10数人より、足を掛ける、教科書・ノートへの落書き、黒板消しで叩く、机の上にマーガリンを塗る、椅子上に画鋲を置くなどのイジメを多数回にわたり受けて、自殺した

判　決　結　果
一部変更 認容額は両親に対し各1077万7457円（過失相殺7割）
一部認容 認容額は、（Y1）に対して440万円、（Y2）に対して330万円、（Y3）に対して275万円、（Y4）に対して275万円、町に対して440万円（うち160万円についてY1～Y4と連帯して、うち120万円についてY1と連帯して、うち60万円についてY2と連帯して、うち30万円についてY3と連帯して、うち30万円についてY4と連帯して支払う）
一部認容（担任は救済を求められたのに、被害防止のための措置をとらず、両親への報告義務も怠った） 認容額は170万円（慰謝料1000万円より示談金860万円を控除、弁護士費用30万円を加算）、学校の報告義務違反につき両親に対し各15万円
一部認容（加害生徒の自殺に関する予見可能性は認めたが、親には監督義務違反はあるものの予見可能性はない） 認容額は加害生徒に対し3838万8598円、母親に対し550万円
請求棄却（学校に安全保持義務違反はなく、また調査報告義務はあるが、教育委員会に提出した事故報告書の内容について親にも報告しており、義務違反はない）

判決年月日	いじめ等の当事者	事案の概略
東京高裁 2002・1・31 『判例時報』 1773号3頁	同　上	同　上
千葉地裁 2001・1・24 『判例地方自治』 216号62頁 （控訴）	被害者は公立中学校1年から2年に在学する男子生徒 加害者は同級生ら（Y1～Y4） 学校を設置する町も被告とする	公立中学校在学の男子生徒が、小学校時代から引き続いて、1年時と2年時においても同級生の友人らより殴ったり蹴られたりしていたが、次第にその程度は激しくなり、給食をシャープペンシルでかき混ぜられたり、冷やかされたり、からかわれたり、ガムテープを眉毛に貼られて引き剥がされたり、ズボンを脱がされるなどのイジメをうけた 学校はこれらを単なるふざけ・からかい、遊びととらえて、事態を漫然と傍観し指導監督を怠り、イジメを防止する措置をとらなかった
旭川地裁 2001・1・30 『判例時報』 1749号121頁	被害者は公立中学校の女子生徒 加害者は同校の男子生徒11人 （旭川市立中「性的イジメ」事件）	公立中学校の女子生徒の原告は、1年生の2学期ごろから、非行グループの男子生徒11人より、校内で集団で強制わいせつ行為を受け、2年生においては性的集団暴力を受け、3年においては学内外で性的集団暴力や強姦されるなどした
静岡地裁 沼津支部 2001・4・18 『判例時報』 1770号118頁 （控訴）	被害者は私立高校2年生 加害者は中学時代の同級生	私立高校2年生の男子生徒は、中学時代の同級生2人から、暴行、傷害、恐喝などの行為を数回にわたり受け、最後に暴行を受けた日に自死した
富山地裁 2001・9・5 『判例時報』 1776号82頁	被害者は公立中学校の女子生徒 （自殺時は1年生） 加害者は同級生ら 但し、被告は学校を設置する市 （富山・イジメ自殺真相究明・報告義務事件）	公立中学校1年生の女子生徒は、クラス内でイジメを受けていたので、親や担任にも相談していたが、遺書を残して自死した 親は、学校には安全保持（イジメ防止）義務があり、また自死後には真相究明して調査報告義務があるとして提訴

判決結果
控訴棄却
一部認容（調査報告義務自体は肯定するものの、具体的には調査報告義務違反はないとする また、学校側に自殺の予見可能性はない） 認容額は学校のイジメ放置につき両親に各500万円
控訴棄却
一部認容 認容額は加害者に対し、両親に各2241万5451円、学校のイジメ放置につき両親に各660万円（学校側に自殺の予見可能性はない）
一部認容（親は子の問題行動を知っており、早晩弱者に対するイジメに及ぶことを予見しえた） 認容額はA、Bの親に対して連帯して300万円かつC、D、Eの親と連帯して400万円、また、C、D、Eの親に対して相互に連帯しかつA、Bの親と連帯して300万円

判決年月日	いじめ等の当事者	事案の概略
名古屋高裁 金沢支部 2003・12・17 掲載誌なし	同　上	同　上
福岡地裁 2001・12・18 『判例時報』 1800号88頁	被害者は公立中学校の男子生徒 （自殺時は3年生） 加害者は同校の生徒ら （福岡・城島中イジメ自殺事件）	公立中学校の男子生徒は、入学式当日に同級生に暴力を受け、その後もイジメの標的にされ、2年時においてもサッカー部の中でイジメられたり、体育の授業中などにも暴行を加えられたりし、3年時においても殴る蹴るなどの暴行の他、非行グループなどから金品を次々と恐喝されるなどし、現金1万5000円を要求された日に遺書を残し自死した
福岡高裁 2002・8・30 『LEX/DB』 28072903	同　上	同　上
鹿児島地裁 2002・1・28 『判例時報』 1800号108頁	被害者は公立中学校の男子生徒 （自殺時は3年生） 加害者は同校の上級生、同学年・同級生ら （鹿児島・知覧中イジメ自殺事件）	公立中学校の男子生徒は、2年時より上級生グループよりイジメを受け、同学年・同級生らよりも暴行を受け、3年時においては日常的に暴力やたかりを受け、無断欠席するなどし、遺書を残して自死した
さいたま地裁 2003・6・27 『判例時報』 1849号71頁	被害者は公立中学校3年生の男子生徒 加害者は同校3年の2人と他校の3年生の男子生徒3人	公立中3年生の男子生徒は、他校の中学生3人（C、D、E）から集団で殴る蹴る等の暴行を受けたが、後に更に同校の3年生1人（B）も加わって暴行を受けた際、同1人（A）は面白がってこれを見ていた また、同校の前記2人（A、B）からは継続的に万引きや買出しの強要、現金を恐喝された 加害者の親に対して、監督義務懈怠責任を問う

判　決　結　果
一部認容（学校に自殺の予見可能性はない） 慰謝料210万円
一部認容（学校は暴行脅迫の可能性を認識しえたにもかかわらず、防止措置をとらず、親は具体的な指導・監督を怠った） 市と親は連帯して70万円、親は連帯して60万円、128万5000円（転居費用）等の支払義務
一部認容、一部棄却（心的外傷後ストレス障害（PTSD）の後遺障害は認めず） 学校を設置する市に対して100万円の支払義務
請求棄却（PTSDの発症は認められない）
判決変更 一部認容、一部棄却（PTSDの発症までは認められないが、少なからぬ身体的・精神的損害を被った） 女児に対し男児の親は連帯して慰謝料10万円を支払う

判決年月日	いじめ等の当事者	事案の概略
新潟地裁 2003・12・18 『判例地方自治』 254号57頁	被害者は公立中学校在学中の男子生徒 加害者は同級生と部活の部員ら (朝日中学イジメ自殺事件)	公立中在学中の男子生徒は、1年時から校内で同級生らから殴る蹴るの暴行を受け、2年になると週に2、3回の頻度で暴行を受けるなどしたため、母親が学校に調査の依頼をして加害者が判明し、学校が双方の親を交え話し合い、加害者の両親が謝罪したが、なおアダルトビデオを売りつけられ代金支払いを強要されるなどした また、サッカー部においても部員に金銭を盗られたり、口をきいてくれないなどのイジメを受け、練習に参加しないことを理由に殴られるなどしたため、自死した
京都地裁 2005・2・22 『判例時報』 1915号122頁	被害者は公立中学校1年生(公立小6年時も含む)の男子生徒 加害者は公立中1年生(公立小6年時も含む)の男子生徒3人	原告は公立小学校6年生として1月から3月、公立中1年生として4月に在籍中、同級生3人から放課後、春休み中、学校外、始業前に暴行脅迫等のイジメを受けて、転居を余儀なくされた 加害者の親と学校設置者の市の責任(転居費用の支払も含む)を問う
さいたま地裁 2005・4・15 『判例時報』 1922号121頁	被害者は公立小学校5年生の女子生徒 加害者は担任教師(女)	公立小5年生の女子生徒が反抗的な表情や行動をしたため、担任教師(女)から、「ぶすっとした顔をしないで」などのひどいことを言われたり、執拗にイジメを受けたため、精神的苦痛を受け、心的外傷後ストレス障害(PTSD)の後遺障害を負った
東京地裁 2005・9・27 『判例タイムズ』 1240号298頁	被害者は保育園児(女児・4歳～6歳) 加害者は同じ保育園児(男児・4歳～6歳)	原告(保育園児(女児・4歳～6歳))は、保育中、2年間にわたって、同じ保育園児(男児・4歳～6歳)から、イジメや性的嫌がらせを受けて、PTSDを発症するなどしたとして、被告(男児の両親)の監督者責任を問うた
東京高裁 2006・2・16 『判例タイムズ』 1240号294頁	同　上	同　上

判　決　結　果
一部認容(高校教諭及び加害生徒に、自殺についての予見可能性はなく、生前の精神的苦痛の範囲で賠償責任を負う 調査報告義務自体は肯定するものの、具体的な事実判断では否定する) 認容額は両親それぞれに対し県が165万円(慰謝料、弁護士費用)、加害生徒が28万円(慰謝料、弁護士費用)
一部認容 認容額は、私立高校を設置する学校法人に対して債務不履行(安全配慮義務違反)による損害額として2929万6158円(治療費等90万2353円、休業損害177万4458円、逸失利益1701万9347円、慰謝料700万円、弁護士費用260万円)
判決変更(教員らがイジメを阻止しなかったことに安全配慮義務違反を認めたが、この安全配慮義務違反と自殺との相当因果関係は否定した) 認容額は市及び県各自が両親それぞれに対し430万円(慰謝料500万円内120万円は弁済、弁護士費用50万円)
一部認容(加害生徒4人及び加害生徒らのうちの1人の両親(監督義務違反)に不法行為責任を認めた 加害生徒4人のうち1人はイジメの期間が短期であるとして、統合失調症発症との相当因果関係は否定した 担任教諭の過失を認定し、市及び県に対して損害賠償責任を認めた) 加害生徒3人、うち1人の両親、市及び県は被害生徒に対し各自660万円(イジメにつき慰謝料300万円、統合失調症発症につき慰謝料300万円(7割の過失相殺)、弁護士費用60万円)を支払う

判決年月日	いじめ等の当事者	事案の概略
横浜地裁 2006・3・28 『判例時報』 1938号107頁 （控訴）	被害者は県立高校 1年生の女子生徒 加害者は同級生の女子生徒	県立高校1年生の女子生徒は、同級生の女子生徒から、身体的特徴を中傷されたり、部活内での存在を否定されたりなどして、精神的に追い詰められ、自宅で自死した
神戸地裁 姫路支部 2006・7・10 『判例時報』 1965号122頁 （控訴）	被害者は私立高校 1年生の男子生徒 加害者は男子上級生ら	私立高校1年生の男子生徒であり、同高校の設置する寮で生活していた原告が、他の男子寮生（上級生）10数人から寮内において集団暴行等を受けた結果、左肘に後遺障害（24歳の時に症状固定）を負った
東京高裁 2007・3・28 （宇都宮地裁 2005・9・29 の控訴審） 『判例時報』 1963号44頁 （上告）	被害者は市立中学校 3年生の男子生徒 加害者は男子同級生 2人 （鹿沼イジメ自殺事件）	市立中学校3年生の男子生徒が男子同級生2人から暴行、同級生らの面前でパンツを下げる、瞼付近をサインペンで塗りつぶすなどの継続的なイジメを受け、それが原因で自宅で自殺した
広島地裁 2007・5・24 『判例時報』 1984号49頁 （控訴）	被害者は市立中学校の男子生徒 加害者は男子同級生 4人	市立中学校の男子生徒である原告が、男子同級生である被告ら4人から、約2年（2年生から3年生）にわたり執拗な暴行や嫌がらせ、恐喝行為等のイジメ行為を受け、その結果、多大な精神的苦痛を被り、統合失調症を発症した

判決結果
一部認容（学校は、自殺した生徒が他生徒との間で何らかのトラブルを抱えていた可能性を認識でき、イジメが存在していたとすれば、それを苦に自殺したとも考えられるので、自殺した生徒について他の生徒に情報提供を呼びかけ、生徒の日ごろの生活の様子など、自殺に結びつく可能性のある事情を調査し探求する義務があった 但し、調査の際には他の生徒の心情やプライバシーに配慮する必要がある また、事情聴取の内容や時期を含め、生徒の心情、精神面に配慮した慎重な調査が行われるべきである）
一部認容 学校側の安全配慮義務違反を認め、市に対し124万円5042円（治療費13万2042円、慰謝料100万円、弁護士費用11万3000円）を認容
一部認容（市に安全配慮義務違反はない） 認容額は加害生徒に対し55万円（慰謝料50万円、弁護士費用5万円）
一部認容（本件告訴は、被告らに事実関係の慎重な調査を要すべき注意義務があるにもかかわらず、殺人罪及び名誉毀損罪という犯罪の嫌疑をかけるのに相当な客観的根拠もなく、また、その確認もせずに本件告訴をしたといってよく、原告に対する不法行為に当たる） 認容額は被告らが連帯して165万円（慰謝料150万円、弁護士費用15万円） 謝罪広告の地方紙（全県版）への掲載を認容

判決年月日	いじめ等の当事者	事案の概略
さいたま地裁 2008・7.18 『LEX/DB』	被害者は私立中学校の男子生徒	私立中学校の男子生徒は、教室内で起きた盗難事件を目撃していたが、犯人と思われる生徒から殴られたり悪口を言われるなどしていたことから、クラス担任に相談していたが、その翌日に自死した 両親は、盗難事件の真相解明を求め、男子生徒が盗難事件と関連して自死した可能性が高いのであるから、盗難事件を調査し両親に報告する義務があったとして、調査報告義務違反による慰謝料等の損害賠償請求をした
横浜地裁 2009・6・5 『判例時報』 2068号124頁	被害者は市立中学校の女子生徒 加害者は同級生ら	市立中学校女子生徒である原告は、1年生から3年生にかけ、同級生らから、通学鞄を刃物で切った上いたずら書きをする（第1事件）、通学用ビニールカバンを刃物で切る（第2事件）、セーターの袖口を切る（第3事件）他、言葉の暴力、所有物に対する意図的な隠蔽を受けたため神経症・心因性難聴等の障害を被った また、原告及び其の保護者は学校に対し事件の調査及び解決を継続的に求めていた
京都地裁 2010・6・2 『判例時報』 2101号99頁 （控訴）	被害者は市立中学校2年生の男子生徒 加害者は男子同級生	市立中学校2年生の男子生徒である原告が、男子同級生から、からかう、弁当のおかずを取り上げる、肩パンと称して肩等を強く殴る、殺すなどと言うといった嫌がらせを継続的に受け、合唱練習と称して、他の男子生徒の前で数回歌わせられた そのため、不登校となり、転校を余儀なくされた
長野地裁 上田支部 2011・1・14 『判例時報』 2109号103頁 （控訴）	県立高校1年生の男子生徒が自宅で自殺 当該生徒は、うつ病と診断されており、不登校であった	原告（自死した男子生徒が通っていた県立高校の校長）が、被告ら（当該生徒の母親及び同人から委任を受けた弁護士）が原告を当該生徒に対する殺人罪及び名誉毀損罪で告訴した行為、記者会見とブログにおいて告訴状を公表した行為等は、原告の名誉を毀損するものであり、それらの行為により精神的苦痛を被ったとして、被告らに対し、損害賠償等を求めた

判決結果
一部認容（被告らは、イジメを解消するための適切な手段をとるべき義務に反し、解離性同一性障害の罹患及び自殺についての予見可能性もあったとして、被告らの義務違反と解離性同一性障害の罹患及び自殺との因果関係を認めた 生徒の自殺については、母である原告にも、自殺を防止する措置を講じなかった監護養育上の問題があったとして過失相殺（7割）された） 認容額は被告らが連帯して1491万4783円
被告らの控訴に基づき判決変更 原告の控訴は棄却（本件イジメ及びその放置により発症した解離性同一性障害は、自死の時点においては、類似する状況が出現した場合に、それに過剰に反応させる程度のものにすぎないと認められるから、本件イジメや本件イジメが放置されたことと、本件自死との間に相当因果関係は認められない（過失相殺は3割5分）） 認容額は被告らが連帯して619万1047円
一部認容（生徒が自殺し、それが学校生活上の問題に起因する疑いがある場合には、学校は、在学契約に付随する調査報告義務に基づき、必要かつ相当な範囲で、適時に事実関係の調査をして、保護者に対しその結果を報告する義務を負う） 原告らそれぞれに慰謝料80万円認容
損害賠償義務を否定（私立学校は在学契約に付随して調査報告義務を負っているが、本件では学校の調査には拙い点があり十分であったとはいえないが、必要な調査報告義務を尽くしている）
請求棄却（当該児童の発言や行動の悪質性と頻度、身体の苦痛又は財産上の損失を与える行為の有無及び内容などの諸点を勘案した上、一連の発言や行動を全体的に考慮し、明らかに相手方の児童の心身に苦痛を与える意図と態様をもって行われたものであると認められる場合、不法行為法上違法となる 本件では違法と評価できない）

判決年月日	いじめ等の当事者	事案の概略
名古屋地裁 2011・5・20 『判例時報』 2132号62頁	被害者は私立中学校1年の女子生徒 中学2年生進級時に転校 自死（自宅マンションから投身）時は、私立高校2年生 加害者は中学1年生当時の同級生	私立中学1年在学中に同級生らによる継続的なイジメを受けていた女子生徒が、転校後に解離性同一性障害に罹患し、転校から3年4ヵ月後の高校2年在学中に自死した 当該生徒の母である原告が、中学校を運営する学校法人・その理事長、中学校の校長・担任教諭を被告として損害賠償請求をした
名古屋高裁 2012・12・25 『判例時報』 2185号70頁	同　上	同　上
高知地裁 2012・6・5 『判例タイムズ』 1384号246頁 （控訴）	被害者は私立中学校1年生 同級生及びゴルフ部部員からのイジメや嫌がらせが疑われた	私立中学1年生の生徒（ゴルフ部所属）が自宅で自死した 自死後、当該生徒が学校内でイジメや嫌がらせを受けていたことを疑うべき事実が発覚したため、原告ら（当該生徒の両親）は、被告（当該中学校）に自死の原因調査を求めた しかし、不十分な調査しかなされなかったため、被告に対して在学契約上の債務不履行責任（調査報告義務違反）を問うた
高松高裁 2012・12・20 『LLI/DB 判例秘書』	同　上	同　上
名古屋地裁 2013・1・31 『判例時報』 2188号87頁 （控訴）	被害者は市立小学校6年生の男子児童 加害者は同級生の男子児童	市立小学校6年生の男子児童である原告が、同級生の男子児童からイジメを受け不登校となった 市に対し担任教諭に適切な対応がなかったとして国賠法上の損害賠償を求め、加害児童の親権者に対し監督義務違反による損害賠償を求めた

判決結果
請求棄却（イジメの存在を認めるに足りる証拠がなく、イジメがあったと認めることはできない）
一部認容（事情聴取の必要性はあるが、その方法ないし態様及び限度において社会通念上相当と認められる範囲を明らかに逸脱している。また、事情聴取と解離性障害等罹患との間には相当因果関係がある） 認容額は市に対し1774万6798円（逸失利益850万円3498円及び慰謝料1168万円（これらは2割減額された）、弁護士費用160万円）
一部認容（校長及び教育委員会の教育長らの左記行為により、原告は自殺の原因の調査を行うことが事実上不可能とされたもので、これにより精神的苦痛を被ったと認められる） 認容額は慰謝料30万円

判決年月日	いじめ等の当事者	事案の概略
青森地裁 2013・10・4 『LEX/DB』 25502313	被害者は県立高校1年生の男子生徒 加害者はラグビー部員 ラグビー部顧問、担任教諭、校長の安全配慮義務違反が問われた	県立高校のラグビー部員である男子生徒は、1年生の7月頃に、部活動を続ける自信がないことと、家族との関係に悩んでいた 10月に「生きるのに疲れた　いろんな物のせいにしてたけど、結局部活が俺から離れる事は無かった」等の自己あて送信メールを残し、自宅で自殺した
佐賀地裁 2013・12・13 『LEX/DB』 25502670 （控訴）	イジメの被害者は市立中学校3年生の女子生徒 加害者は女子同級生3人 学年主任の教諭等によってイジメの事情聴取がなされた	市立中学校3年生の女子生徒の上靴がカッターで切られ、画鋲が入れられ、接着剤で下駄箱に固定されるという事件が起こった際、原告を含む3人の女子同級生に対し事情聴取が行われた その際、学年主任の教諭等は、事件への関与を否定する原告に対し、原告が事件に関与していたことを前提として、恐怖心をあおる等して聴取し、聴取は長時間に及んだ これにより原告は解離性障害等に罹患した
大津地裁 2014・1・14 『判例時報』 2213号75頁	被害者は市立中学校2年生の男子生徒 加害者は被害者の同級生である男子生徒3人 （大津イジメ自殺事件）	原告（イジメを苦にして自死した市立中学校2年男子生徒の実父）が、中学校が行ったイジメに関するアンケート調査結果をまとめた書面の交付を受けた際、中学校長が情報の一切を部外秘とする確約書の提出を求めた 原告が、教育委員会に対し、大津市個人情報保護条例に基づき、イジメの存否に関する記載のある文書の開示請求を行ったところ、ほとんどの記載内容について不開示とする旨の処分をした

判決結果
請求棄却（被害者に対するイジメが、誰がいつ頃、どのように行っていたか不明であって、現状ではこれを具体的に特定することができない以上、予見可能性及び結果回避可能性の存在を基礎づける事実関係を認めることができない 自殺後の高校の対応において、責任を家庭に転嫁し、学校の責任を回避しようとしているとはいえない）
一部認容（校長、担任教諭には、児童の自殺につき予見可能性がないとして、市及び県（費用負担者）にイジメに対する範囲で損害賠償責任を認めた また市には自死後における調査報告義務違反があった 第三者調査委員会は重要な資料をふまえず、必要な補足調査も行っておらず、適正な調査報告がなされたとはいえない） 認容額は市及び県が連帯して実母に390万円（相続した慰謝料300万円、調査報告義務違反の慰謝料50万円、弁護士費用40万円）
請求棄却（学校には在学関係に基づく付随義務として、調査報告義務があるとしても、本件では生徒の自死は学校生活上のトラブルと1年以上の間隔があり、トラブルの影響は相当希薄であるので、付随義務としての調査報告義務があるとはいえず、保護者会の開催とアンケートの実施は調査義務を尽くしたといえる）

判決年月日	いじめ等の当事者	事案の概略
山形地裁 2014・3・11 『LEX/DB』 25503171	被害者は県立高校2年生の女子生徒 加害者は被害者の同級生 （山形高畠高イジメ自殺事件）	県立高校2年女子生徒に対して、学校関係において「わきが」などの臭いに関するイジメが継続的に行われていた可能性がある 当該生徒は、校舎建物2階と体育館2階を連絡する渡り廊下の屋根から飛び降り、自死した 携帯電話のメールフォルダに「遺書」と題する文書2通が保存されていた 「遺書」には、クラスの大半から体臭などの臭いに関わる誹謗中傷を受けて、強い精神的苦痛を感じていた等との記載がある また、「遺書」には、「私はイジメラレ、偽善者よ、と思われ死んでいきます」等の記載がある
前橋地裁 2014・3・14 『判例時報』 2226号49頁 （控訴）	被害者は市立小学校6年生の女子児童 加害者は同級生の児童ら	市立小学校6年の女子児童は、同級生らから頻繁に悪口（暴言）を言われ、給食時に仲間はずれにされ、校外学習日に執拗に非難された 当該児童は、自宅で自死した
宮崎地裁 2014・8・6 『判例地方自治』 254号57頁	被害者は公立中学校の男子生徒 加害者とされた（？）のは、同級生の数人	町が設置・運営する「B 学園」2年生の男子生徒が、（友人を蹴ったり、肩パンをするなどしたことから）数人の男子生徒から接触を避けられて不登校の状態となり、1年後に自宅において自死したことについて、学校が自死の原因についての調査報告を怠ったとして、両親が町に対して損害賠償請求をした

第3部

教育の場における人権救済の一断面

第1章　校則の見直しに向けて
─校則の及ぶ範囲を画する三つの視点─

①はじめに　─日本の学校に蔓延している「病」─

「程度の差こそあれ、いま日本中の学校に蔓延している〝病気〟がある。仮にこの病名を〝生徒管理症候群〟としておこう。学校が、いったんこの病気に罹ると、子どもたちは服装や頭髪をはじめ、学外の生活まで校則によって縛られ、違反者は、体罰を含む様々な罰を受けるようになる。この病気が恐ろしいのは、これに感染した学校では、規則と罰が雪ダルマ式にふえていくことである。……『服装の乱れは、心の乱れ』を合言葉に始まったこの〝生徒管理症候群〟はいつしか髪の長さ、スカートの襞（ひだ）の幅、靴下の色などの、目に見える外側の取り締まりにあけくれて、子どもの心の内側に目を向けるゆとりのない教師たちを増やしてしまった。」

これは、ＮＨＫの「おはようジャーナル」を担当しておられたディレクターの池田恵理子さんが、多くの教育現場を取材してまわった経験をふまえて書かれた「〝生徒管理症候群〟と子どもの人権」の一節です（『自由と正義』六月号、一九八七年、三一頁）。池田さんが名づけられた「生徒管理症候群」という言葉は言いえて妙ですが、全国の学校に蔓延しているこの病は、いまもなお快方に向かっているとはいえないようです。まず日本の学校に蔓延しているこの病を正面から見すえなければなりませんが、それにもまして、この慢性化した病にどのようにして対処したらいいのか、治療のための手だてとしてどんなものがあるのかを具体的にさし示すことが、いま焦眉の急として求められています。しかも対処療法としてではなく、原理的・根本的な治療に向けての試みが、いま、わたしたちに求められています。

② 日本における「校則」の性格

日本において「校則」は、明治六年の「小学生徒心得」以来一貫して、生徒の生活・行動のすべての面について、上から示した禁止・命令をひとまとめにしたもの、とされています。いわば、生徒の義務のかたまりが「校則」だというわけです。これは、日本では「校則」がもっぱら生徒の管理のためにあり、生徒の人権・権利保障のためにあるのではないことを示しているといえます。この点で、学校のルールを、まず第一に学校において生徒が有する権利（Student Rights）のカタログとして具体的に明らかにし、その後に生徒の義務と責任をあげているアメリカ（その典型は『生徒の権利章典』（Student Bill of Rights）です。詳しくは拙著『学校に市民社会の風を―子どもの人権と親の「教育の自由」を考える―』筑摩書房、一九九一年、一〇一頁以下参照）とは、ルールとしての性格が根本的に異なっています。

日本における「生徒心得」としての「校則」を、規制事項に着目して大まかに分類・整理すると、次のように五つに分けられます。

（1）教科・教育に関する規則（授業態度、朝礼など集会のきまり、休憩時間のすごし方など）
（2）校内の生活面の規則（所持品の規制、保健・清掃の規則、施設利用規則など）
（3）通学上の規則（歩行・交通手段の規制など）
（4）生徒らしさの保持に関する規制（礼儀作法、髪型、服装の規制など）

(5) 校外での生活・行動の規制（外出・出入り場所、アルバイト、オートバイの規制など）

(1)、(2) は学校教育ないし学校の内部生活に関する規則ですから、その限りで、学校教育目的に関連するものとして、一応規制の必要性が理解できるものです。(4) と (5) は生徒のしつけや学外での行動規制ですから、基本的には、生徒の自己決定や親の判断に委ねられるべき領域です。(3) はその二つが交差するところといえます。このように、「生徒心得」としての「校則」の対象と範囲はかなり曖昧であり、まがりなりにも成文化されており生徒が読むことができるもののほかに、慣習・伝統・校風などの成文化されていないものが含まれていることもあります。

しかし、以下では、校則とは、学校教師によって全生徒に対して画一的に示され、生徒の生活・行動を直接かつ継続的に規制している生活指導に関する規範としての性格をもち、その違反に対しては最終的に懲戒処分等の学校による何らかの強制力が予定されているもの、と捉えて論を進めることにします。そのうえで、校則として生徒の生活・行動を直接に規制し拘束を及ぼす事項はなお広い範囲にわたっており、ときに瑣末な事柄に及んでいる例がいまも少なくないことをふまえて、問題を考えてみることにします。校則には学校の権限と生徒、親の権利・自由との接点が集約的に示されているのですから、学校は校則の及ぶ範囲を見極めその見直しをするにあたっては、生徒の人権・権利と親の教育の自由の前で立ちどまり、校則の及ぶ限界を見きわめることが大事です。

3 校則の及ぶ範囲を画する第一の視点　―子どもの自己決定権の尊重―

「自己決定権」という言葉は、日本でも少し前から使われるようになってきています。しかし、この考え方は、なによりも、近代社会の基本的概念であり、近代の法的・政治的構成の中心にすえられた考え方です。

「人類が、個人的にまたは集団的に、だれかの行動の自由に正当に干渉しうる唯一の目的は、自己防衛だということである。すなわち、文明社会の成員に対し、彼の意思に反して、正当に権力を行使しうる唯一の目的は、他人にたいする危害の防止である。彼自身の幸福は、物質的なものであれ道徳的なものであれ、十分な正当化となるものではない。そうするほうが彼のためによいだろうとか、他の人々の意見によれば、そうすることが賢明であり正しくさえあるからといって、彼になんらかの行動や抑制を強制することは、正当ではありえない」。

これは、イギリスの思想家ジョン・スチュアート・ミルが一八五九年に書いた『自由論』のさわりともいうべき部分（早坂忠訳『世界の名著38』中央公論社、二二四頁）であり、自己決定権の思想をもっとも端的にあらわすものとして、しばしば引かれるくだりです。

人間社会は、他人への危害を防止するためにのみメンバーである個人に対して権力を行使し、強制を加えることができるのであって、本人の利益になるからといって、本人が望まないことを権力によって強制したり、他者が干渉したりすることは許されない、というのです。いいかえれば他人に危害が及ばないかぎり、その自己決定がいかに本人に不利益をもたらすように思われるものであっても、本人の意思を尊重し本人の決定にゆだねるべきである、というのがミルの主張です。

この「自己決定権」の現代社会における重要性をふまえて、最近、日本でも法律学とくに憲法学の世界で研究が深められています。個人は一定の個人的事項について、公権力から干渉されることなく、自ら決定することができるが、これは個人の人格的自律に不可欠なこととして、憲法一三条の個人の尊重・幸福追及権の核となっている、というのです。憲法一三条から導きだされた自己決定の自由は、私事についての自己決定がたとえ本人に不利益をもたらすものであっても、それが本人の価値実現である以上その決定にゆだねることであり、本人のためにならないという理由で干渉・規制を加えることはゆるされないとの考え方に立つものです。

憲法に基礎づけられたこの自己決定権は子どももっていますが、子どもの自己決定権を考える場合に問題となるのは、子どもの自己決定権のなかに存する「間違い」、「まわり道」や「行きどまり」をどのように考え、位置づけるかということです。間違い、まわり道や行きどまりは子どもの自己決定において不可避的に存するからです。

子どもの選択・決定が、大人の目から見たとき、間違っていたり、まわり道でしかなかったり、行きどまりだったりすることがあり、その結果子どもに一時的には不利益が生じることを予見しうる場合もあるでしょう。しかし、そのような場合でも、間違い、まわり道、行きどまりは子どもの自律に向かう過程におけるひとこまであり、それらを何度か繰り返してゆくなかで、初めて子どもは自律を現実のものとし、より確かなものとして自らの手にすることができるのです。それは、子どもの選択・決定の特質であり、自律に向かう子どもの自然の姿です。「おとなになるとは、自分と他人の失敗から学ぶことである」とは哲学者・久野収さんの言葉です（『発言』晶文社、一九八七年、三六頁）が、こうした眼差しと姿勢をもって、おとなと社会が子どもの自律に向かう過程を「寛容」に見守ることができるかどうかが問われているのです。〔なお、本書四九頁以下〕

そのような意味合いも含めて、自己決定権は、他人に危害が及ばないかぎり、その自己決定がいかに本人にとって不利益をもたらすように思われるものであっても、本人の意思を尊重し本人の決定にゆだねようとするものであり、本人のためにならないという理由で干渉したり規制したりすることはゆるされない、という考え方に立つものであったはずです。学校が集団生活の場である以上、他人に危害が及ぶことを防止するために必要な最小限のルールを校則によって明示することが必要であることは確かですが、その必要性を越えて生徒が自由に自己決定できる領域にまで校則によって踏みこむことは、たとえ生徒本人のためであってもゆるされません。とりわけ、「生徒らしさの保持」について校則・心得で規制しようとすることは生徒本人の選択・決定が本人のためにならず、不利益が生じるおそれのあることを配慮してのことだとしても、それが本人の自己実現・自己表現であり、後にやり直すこともできる性質のものである以上、本人のためにならないとの理由で干渉や規制をすることはゆるされないのです。

髪型や服装・身なりは、個としてのアイデンティティー（自己同一性）を保つものとして人格的自律の核を取り囲み、それぞれの人のその人らしさを形づくるうえで不可欠なものですが、子どもにとって、髪型や服装・身なりは、それぞれの子のその子らしさを表し、形づくるのに欠くことのできないものであり、その子の個としてのアイデンティティーを保つものです。髪型や服装・身なりを規制しようとする校則や生活指導は、子どもが有しているこの自己決定の自由を侵害するものであり、子どもの個としてのアイデンティティーをないがしろにし、人格的自律の形成をそこなうものです。

憲法一三条から導かれた子どもの自己決定権の前で、校則は踏みとどまるべきであり、その中に立ち入ることは原理的にゆるされません。

4　校則の及ぶ範囲を画する第二の視点　―親の教育の自由の尊重―

親が子どもの教育において果たす役割を重視し、親の教育の自由を尊重することはむろん大切です（本書二九九頁参照）が、この点は、日本においては、校則の及ぶ範囲を画する視点として、子どもの自己決定権と並んで大事なことです。むしろ、二つはときには密接にからみあい、互いに他方を補完し、支えあっている場面すらあります。

日本の近代教育は一八七二（明治五）年の学制に始まりますが、学制は教育を公教育に一元化し、学校による教育の独占化をめざすものでした。このため、学校が公教育の場として整備・確立されてゆくに従って、教育は学校により独占され、学校の絶対性が支配的となり、親も子も学校にからめとられるようになりました。学校は「公」を体現するものとみなされ、学校教育に異議を唱えたり、これに拒否の姿勢を示すことは、「公」に対して「私」を主張するものだ、との通念が支配的となったのです。こうして本来多様で豊かな内実をはらんでいた「親の教育の自由」は公教育によって奪われてしまい、公教育と並んで正当に位置づけられる基盤を失ってしまいました。

しかし、親が本来自らの信念・価値観・考えに基づいて行うべき分野に、公教育は立ち入ってはならず、また親はその有する信念・価値観・考えを公教育の場に持ちだし、これを制約・規制する必要があります。公教育の場において親の教育の自由を認めることは、何よりも公教育が子どもを規格化し、画一化することを防ぐことになります。とりわけ、日本のように、国家が教育によって子どもに一定の価値観を注入したり、同じ行動を強制する傾向が強い国では、親が公教育の場で多様な考え・価値を主張することは、子どもの教育に対する国家の支配に抵抗する手がかりとなるだけでなく、公教育による同調的行動の育成に対する歯止めとなり、公教育のなかに異質なものを取りこみ、公教育を多様で豊かなものに変えるきっかけともなります。親の教育の自由を認めることは、教育を通して日本社会が多元化し、異質なものを受け入れて共存・共生する方向に向かうことを押し進めることになります。「みんな同じ」ではなく「みんなちがう」＝「ひとりひとりちがう」ことを認めたうえで、ちがいを尊重してこれを受け入れる（right to be different）ように、公教育とこれを支える日本社会そのものを組み立て直すことにつながります。公教育との関係で親の有する教育の自由の内実は、親の信念・価値観に従い、規格化・画一化されない子どもを育てる利益・自由だ、といってよいでしょう。

生徒全員に坊主刈りを強制する校則や、決められた制服を全員が着用することを強いる校則、いわゆるライフスタイルにまで口をさしはさみ同じ行動を押しつけようとする学校側の措置に対して、親が子どもとともにこれを拒否し、その改廃を求めることができるのは、親の教育の自由が右のような内容を含んでいるからです。

生徒らしさの保持に関する校則についても、例えば、一定の髪型・服装を生徒全員に画一的に強制しようとする校則が、子どもの自己決定の自由という視点から問題となることはすでに指摘しましたが、それら画一性を強いる校則は、自らの信念・価値観に従ってわが子を画一化・規格化から守り育てたいと考える親の教育の自由にも抵触します。わが子がどのような髪型をし服装をするか、子どものアイデンティティーにかかわることとして、親と子どもが対話するなかから決めるべきであって、学校が親の頭上をこえて直接に規制することは、親子の対話という絶好の機会をも奪う結果になるだけです。

5　校則の及ぶ範囲を画する第三の視点　―パターナリズムとの対決―

パターナリズム（Paternalism）は、しばしば「父親的温情主義」などと訳されて、一人前でない子どもに代わって子どもの利益になるように世話をやく父親の心情を意味しているとされています。日本社会は伝統的に、このような意味でのパターナリズムが強く、学校だけでなく、病院や会社あるいは地域社会など生活領域の全般にわたって各種のパターナリズム的な配慮や介入が当然のこととして受け入れられています。校則に象徴的にあらわれる学校・教師のパターナリスティックな態度も、このような日本社会にあまねく見られる「お節介主義」のひとつです。

しかし、子どもの人間としての自由と尊厳を最も基本的な価値とし、その尊重と育成を基本的な課題とする学校と教師にとっては、パターナリズムは子どもの保護のためであれ、その自由な選択と行動に対して強制的に干渉することです。子どもは、他のひとの眼からみれば賢明ではなく、それどころか誤った判断であっても、自らの判断行為自体から学びながら、試行錯誤をくりかえしつつ判断能力を培い、ひとりひとりその個性に応じた人格を徐々に形成し、その自律や個性を完成させてゆくものです。このような特質をもっている子どもの人格の形成過程を十分にふまえて、学校・教師のパターナリズムを考えると、それが子どもにとっても受け入れられるのは、当の子どもの立場に身をおいて、あくまでも内在的に（外からの基準・判断ではなく）とらえて、パターナリズム的干渉が本人自身のためになるとして本人自身が同意し、承認するであろうと考えられる場合に限られます。学校教育が自由に向けられたものであれば、子どもの行為が他人の権利や利益を侵害せず、他人の迷惑にもならない限り、たとえ学校・教師の眼から見れば賢明ではなく、愚かであったり、奇異にかんじられる選択・行動であっても、また逸脱や誤りを含むものであっても、それを行う自由は許容されなければなりません。奇異な選択・行動や逸脱が、たとえ本人に不利益をもたらすものであっても、それが本人の自己実現である以上、本人のためにならないという理由で干渉をすることは許されないのです。

そもそも、「奇異」とか「エキセントリック」とか、あるいは「逸脱」とかという見方についても、もう一度よく考えてみる必要があるようです。最近の逸脱行動の研究が明らかにしたところによれば、「逸脱」（deviance）というのは社会が「逸脱」というレッテルをはることによって生まれるにすぎない、とされているからです。子どもは、もともと「〝はみ出し〟、〝羽目をはずす〟中で、自らのアイデンティティーを創り出そうとしている」（大田堯「国連　子どもの権利条約を読む」岩波ブックレット、一九九〇年、二三頁参照）ので、子どもにとって選ぶ自由とは、何よりも「はみ出る自由」です。子どもにとって「はみ出る」ことが自然な姿であり、逸脱とは大人社会がそのようなレッテルをはることによって生まれるのだとすれば、子どもの行動を「はみ出し」

とか逸脱行動だとして規制することは、結局子どもの自由と自律の発展を押さえつけることになってしまいます。他人に危害が及ばない限り、子どもの自己決定にゆだねるべきであり、本人の利益のためとしてパターナリステックな干渉をすることがゆるされないことは前述のとおりです。むろん、奇異な、エキセントリックな行動が、まわりの者を不愉快にさせることはあるでしょう。しかし、それらは直接に他人の利益を侵害したり、他に危険を与えるようなものではありません。他人への危害はあくまでも具体的・個別的に検討されるべきです。たんに学校の秩序・平和を乱すとか、規律の保持などといった抽象的な理由をあげて一方的に規制を加えることは、結局自由そのものを封ずることになるでしょう。

バートランド・ラッセルは「エキセントリックであることの自由」を主張しましたが、自由とパターナリズムの問題が最も先鋭化するのは、一般の人と異なった感覚や気質をもって「ひと（他人）とちがう自由」を主張し、実践する人々に対する取扱いです。日本社会は、人と異なっていることを賞賛の対象とするような社会ではなく、異質な思想や行動様式に対しては「寛容」ではありません。

エキセントリックな行動を不利益に扱わないということは、もとよりそれを正しいとして是認することではありません。正しいかどうかは個人の判断にまかせることにし、ただ普通とちがっているから、変わっているからといってこれを禁じたり、制限したりしない、という「寛容」な姿勢をもとうとする生き方です。子どもが自らの好み・判断に従ってした髪型や服装が奇異なものに映ったとしても、それが子どもの自己実現であり、アイデンティティーをかたちづくろうとするものである以上、学校・教師は校則や生徒指導によるパターナリズム的な干渉をすることを思い止まるべきです。「教育的配慮」はそのようなかたちで謙抑的に示されなければなりません。

第2章

閉鎖的な教育現場に新風
―指導要録の全面開示―

川崎市教育委員会が市立の小・中・高校の「指導要録」を全面開示することに踏み切ったことは、指導要録の開示を制度化しただけではなく、広く教育情報の開示に向けた大きな一歩を刻むものでもある。

私は一九七〇年代後半から、内申書や指導要録の子ども・親への開示を求める提言や運動を続けてきた一人として、今回の画期的な決定を支持するとともに、「自己情報開示への要請は時代の要請と認識」した川崎市教育委員会（以下、市教委）の慧眼を高く評価したいと思っている。

指導要録は、教育評価を集約するものであり、これまで開示を認められていなかった。それだけに、「教育評価を本人や親に隠して成り立つ『教育信頼関係』という考え方は不条理だ」という市個人情報保護審査会の答申を受けての決定は、閉鎖的な教育現場に、新しい風と課題を投げかけるものだ。

教育評価を本人や親に見せることが信頼関係をつくり、深めることになるとの立場は、指導要録に関する考え方を一八〇度転換するものといえよう。指導要録を子ども・親に対して開示することは、教師と子ども・親が教育評価を共有することになる。子どもは、評価の内容を知って、教師と意見を交換することにより、教育過程に主体的に参加し、「教育を受ける権利」の主体としてふさわしい内実を得ることになる。親もわが子の評価を知ることにより、子どもの将来や教育の方針を立てることができ、親が負う「第一次的な」教育責任を果たすことが可能になる。

これに対して、文部省（当時、以下同様）は「原則非開示」の姿勢を崩してはおらず、教師や教育専門家の中にも、開示に反対の意見は少なくないようだ。

しかし、「自分の情報を自分でコントロールする権利」を認めることは、成熟した社会では当たり前となっており、子どももこの権利をもっている。学校・教師が収集し、保有している教育情報を子どもや親に開示することは、いわば情報をコントロールする出発点である。自己開示の流れが、「時代の要請」として避けられない状況になっている以上、文部省や市町村教委は、開示に消極的態度を取り続けるよりは、開示を基本的に認めたうえで、開示の基準・手順を定めたガイドラインをつくったり、開示を前提とした制度の見直し、改革をすることが大事なのではないか。

公平な評価に高める

開示すると、客観的で公正な評価・記述がしにくくなる、との懸念がある。しかし、本人や親が見る可能性があることが、より客観的で公正な評価に高めることになる。

教育評価の「公正」さは、子ども・親に開示して、その言い分を聞き、対話を通して、より適切なものに高めることによって具体的に担保される。子どもの見方・評価をめぐって、教師と親とが対話することこそ「教育的」といえるだろう。教師は評価に対して、子どもや親から説明を求められたら、きちんと応えられるだけの合理的根拠を用意しておくことが必要だ。「マイナス評価の開示にともなう親・本人からのリアクションも、合理的なものは教師・学校として受けとめ、不合理なものは排斥することが教育責任を果たすゆえんだ」と川崎市の審査会答申も指摘している。

内申書開示につながる

それでもなお、子ども・親と教師との間で意見が食い違うことがあるだろう。その場合に備えて、第三者の審査機関を設置することだ。むろん、審査の基準と手続きの整備も必要となる。審査機関に独自の調査権を与えるかどうかが一つのポイントになろう。

両者の意見が不一致の場合、子ども・親の反論書を指導要録に添付しておくのも、過渡的な措置として認められよう。単に不服申立てがあったことを付記するだけでは不十分だ。

指導要録の開示は、これを原簿として作成される内申書の開示につながる。内申書は入試の合否を左右する重要な資料だが、「本人が見る」ことを前提に書かれることで、より公正な資料となるだろう。教育情報の開示は、さらに、情報の作成のあり方や記録の仕方そのものを変えることになる。子ども・親が見てわかるものにすることは最低限の要求だが、それ以上に記録の作成に当事者も関与し、参加することが必要となる。

これまで学校・教師が作成する情報・記録は、子ども・親の意見は聞かないまま、学校側が一方的に判断し、評価した結果であった。体罰事故報告書はその代表的なものだが、これからは体罰を受けた子どもの言い分や、これを目撃した友人の陳述、親の意見は最低限、盛り込まなければならない。横浜市の改定された事故報告書には、そうした工夫が見られるが、聴取手続きの整備とあいまって、今後の課題の一つとなろう。

教師の意識改革促す

開示により、評価やこれを含む記録が形がい化するおそれを指摘する声もないではない。むしろ情報の開示は、教師に対し、いいかげんな判断・評価で貫くことを許さないものとして、子どもを見る目を培い、教師の意識改革を促すことになるだろう。それが開示の最大のメリットといえるかもしれない。

教育情報を子ども・親に開示することは、教師と子ども・親との関係を縦の支配関係から、横の信頼関係に変える一歩となるだろう。「開かれた学校」に向けての新風に期待したい。

〔新聞記事〕閉鎖的な教育現場に新風―指導要録の全面開示（毎日新聞　1993年2月21日号）

（第3種郵便物認可）　毎日新聞　オピニオン

閉鎖的な教育現場に新風

指導要録の全面開示

通知表や内申書の原本となる指導要録を本人と親に見せてもよい――川崎市教育委員会が全国で初めて全面開示を決めたことが、賛否の議論を巻き起こしている。見せることを前提にした指導要録は、子ども・親と教師にとって、どんなプラス・マイナスがあるのか、学校現場の事情に詳しい法律の専門家たちに論じてもらった。

公正な評価に高める

中川　明氏

撮影　関口　純

日曜論争

川崎市教育委員会が市立の小・中・高校の「指導要録」を全面開示することに踏み切ったことは、指導要録の開示を制度化しただけではなく、広く教育情報の開示に向けた大きな一歩を刻むものでもある。

私は一九七〇年代後半から、内申書や指導要録の子ども・親への開示を求める提言や運動を続けてきた一人として、今回の画期的な決定を支持するとともに、「自己情報開示への要請は時代の要請と認識」した川崎市教委の慧眼《けいがん》を高く評価したいと思っている。

指導要録は、教育評価を集約するものであり、これまで開示を認められていなかった。それだけに、「教育評価を本人や親に隠して成り立つ『教育信頼関係』という考え方は不条理だ」という市個人情報保護審査会の答申を受けての決定は、閉鎖的な教育現場に、新しい風と課題を投げかけるものだ。

教育評価を本人や親に見せることが信頼関係をつくり、深めることになるとの立場は、指導要録に関する考え方を一八〇度転換するものといえよう。

指導要録を子ども・親に対して開示することは、教師と子ども・親が教育評価を共有することになる。子どもは、評価の内容を知って、教師と意見を交換することにより、教育過程に主体的に参加し、「教育を受ける権利」の主体としてふさわしい内実を得ることになる。

親もわが子の評価を知ることにより、子どもの将来や教育の方針を立てることができ、親が負う「第一次的な」養育責任を果たすことが可能になる。

これに対して、文部省は「原則非開示」の姿勢を崩してはおらず、教師や教育専門家の中にも、開示に反対の意見は少なくないようだ。

しかし、「自分の情報を自分でコントロールする権利」を認めることは、成熟した社会では当たり前となっており、子どももこの権利をもっている。学校・教師が収集し、保有している教育情報を子どもや親に開示することは、いわば情報をコントロールする出発点である。

自己情報開示の流れが、「時代の要請」として避けられない状況になっている以上、文部省や地教委は、開示に消極的態度を取り続けるよりは、開示を基本的に認めたうえで、開示の基準・手順を定めたガイドラインをつくったり、開示を前提とした制度の見直し・改革をすることが大事なのではないか。

開示すると、客観的で公正な評価・記述がしにくくなる、との懸念がある。しかし、本人や親が見る可能性があることが、より客観的で公正な評価に高めることになる。

教育評価の「公正」さは、子ども・親に開示して、その言い分を聞き、対話を通して、より適切なものに高めることによって具体的に担保される。子どもの見方・評価をめぐって、教師と親とが対話することこそ、「教育的」といえるだろう。

教師は評価に対して、子どもや親から説明を求められたら、きちんと応えられるだけの合理的根拠を用意しておくことが必要だ。「マイナス評価の開示にともなう親・本人からのリアクションも、合理的なものは教師・学校として受けとめ、不合理なものは排斥することが教育責任を果たすゆえんだ」と川崎市の審査会答申も指摘している。

内申書開示につながる

それでもなお、子ども・親と教師との間で意見が食い違うことがあるだろう。その場合に備えて、第三者の審査機関を設置することだ。むろん、審査の基準と手続きの整備も必要となる。審査機関に独自の調査権を与えるかどうかが一つのポイントになろう。

両者の意見が不一致の場合、子ども・親の反論書を指導要録に添付しておくのも、過渡的な措置として認められよう。単に不服申し立てがあったことを付記するだけでは不十分だ。

指導要録の開示は、これを原簿として作成される内申書の開示につながる。内申書は入試の合否を左右する重要な資料だが、「本人が見る」ことを前提に書かれることで、より公正な資料となるだろう。

教育情報の開示は、さらに、情報の作成のあり方や記録の仕方そのものを変えることになる。子ども・親が見てわかるものにすることは最低限の要求だが、それ以上に記録の作成に当事者も関与し、参加することが必要となる。

これまで学校・教師が作成する情報・記録は、子ども・親の意見は聞かないまま、学校側が一方的に判断し、評価した結果であった。体罰事故報告書はその代表的なものだが、これからは体罰を受けた子どもの言い分や、これを目撃した友人の陳述、親の意見は最低限、盛り込まなければならない。横浜市の改定された事故報告書には、そうした工夫が見られるが、聴取手続きの整備とあいまって、今後の課題の一つとなろう。

教師の意識改革促す

開示により、評価やこれを含む記録が形がい化するおそれを指摘する声もないではない。むしろ情報の開示は、教師に対し、いいかげんな判断・評価で書くことを許さないものとして、子どもを見る目を培い、教師の意識改革を促すことになるだろう。それが開示の最大のメリットといえるかもしれない。

教育情報を子ども・親に開示することは、教師と子ども・親との関係を縦の支配関係から、横の信頼関係に変える一歩となるだろう。「開かれた学校」に向けての新風に期待したい。

（なかがわ・あきら）1941年、新潟県生まれ。京大法学部卒。70年弁護士に。内申書裁判、自衛官合祀（ごうし）拒否訴訟など教育、信教の自由を問う裁判にかかわる。著書に「学校に市民社会の風を」「体罰と子どもの人権」など。第二東京弁護士会子どもの権利に関する委員会委員長。子どもオンブズマン研究会代表。

第3章 学校の情報独占・操作にどう立ち向かうか

（以下は、一九九七年七月二六日に開かれた「子どもの人権研究会・第一七回研究会」の『第三部、学校の情報独占・操作と子どもの人権』において、私がコメンテーターとして行った発言に手を加えたものです。加筆するにあたっては、当日の発言の延長線上に止まるようにしましたので、意に満たない点は少なくありませんが、ご諒解をいただければ幸甚です。）

1

本日行われた三つの報告は、『教育裁判——この一〇年間の総括——』の中で取上げられた「体罰」、「いじめ」、「学校事故」という現在日本の学校における典型的な問題です。しかし、その問われ方は、従前とはその様相を少なからず異にしています。

まず、東久留米体罰裁判においては、パートⅠの裁判（東京地裁一九九六年九月一七日判決）では、教師の「体罰」——教師の生徒に対する暴力そのものが問われていましたので、その限りで従前のものと同じですが、パートⅡの裁判（体罰擁護署名と名誉棄損事件）では、体罰を問う子ども・親に対する地域社会の反応・意識、あるいは地域住民の体罰擁護意識のありようや地域社会の精神的風土を問うという形で、日本社会における体罰がはらむ問題状況を逆照射しようとしています。そこには、体罰情報を学校が地域住民にどのように提供し操作して、学校・教師を擁護しようとしているかを問題として提起する姿勢が見られます。

次に、町田市・いじめ「作文」開示請求事件（東京地裁一九九七年五月九日判決）においては、いじめそのものが問われているのではなくて、いじめの存在が疑われる状況の中で生徒が死を選んだ場合に、学校が全校生徒に書かせた「作文」について、親は開示を求める権利があるのではないかという形で問題が設定されている点に、従前には見られなかった特色があります。のみならず、いじめについて学校は調査し情報を収集するが、その結果を親に報告する――いじめ情報を親に提供する義務があるのではないか、とストレートに問う新しい裁判（学校の調査・報告義務を問う訴訟）も別に提起されています。そこでは、いじめをめぐる学校の情報独占と情報の隠蔽が、子どもを亡くした親の立場で、正面から問われています。

三番目の白河中央中学校事件（福島地裁郡山支部一九九七年四月二四日判決）においても、学校災害（体育授業中の一人の生徒の事故死）の原因を追究する過程で、死の真相を明らかにしようとしない学校の情報隠し・操作が併せて問題とされています。

このように、九〇年代半ばにおける学校教育裁判は、これまでの裁判には見られなかった面を強く持つようになったことに気づかされます。つまり、学校は現在、体罰であれ、いじめであれ、あるいは学校事故であれ、その他のさまざまな学校教育紛争において、それらに関する情報を独占し、その独占した情報を学校に都合のよいように操作・隠蔽しており、それによって体罰、いじめ、学校事故などの子どもの人権侵害の実相を、子ども・親の眼から見えにくくしているからです。その結果、子どもの人権侵害は拡大し、被害は深化しているといってよいように思われます。

このことは現在、子どもの人権侵害の救済を図る場合、学校が独占している情報の隠蔽・操作にどのように立ち向かうかが、個別問題を解決するにあたっても前提をなし、焦眉の課題となっていることを意味しています。

2

日本社会の情報化の進展は、学校においても同じく見られますが、学校の肥大化によって、それはいっそう顕著になってきています。逆に、学校の情報の独占化によって、学校はいっそう肥大化するようになったともいえます。

東京都中野区ですべての小・中学校にパソコンが導入されて、児童・生徒の個人情報が細かく入力され管理されていることはよく知られていますが、中野区だけでなく、いまや、日本の多くの学校において、学校自体がひとつのデータ・バンクとなるような状況が進展しています。学校の情報独占化は、子ども・親の知らないうちに急速に広がっているようです。学校が情報の宝庫になっているとまでは言えないものの、学校がそれに近いものになるおそれは否定しえないように思います。

しかし、日本の学校は情報の収集・管理には熱心ですが、これらを当の子ども・親に開示することに関しては極めて消極的です。子ども・親に対しては、学校が独占的に収集した情報を隠蔽し、情報の流れを遮断して、壁をつくることが常態となっているからです。それだけではありません。学校は独占した情報を、学校の都合のよいように操作し、当の子ども・親には隠しておきながら、教育委員会や捜査当局あるいは地域住民に対しては開示するという奇妙な扱いをすることが少なくないようです。情報の流れが、学校の都合によって一方的に、または片面的に決められており、子ども・親にとって、情報への閉塞感は一向に拭えない状況が続いています。

日本の学校社会に横行している情報に関する——この奇妙で逆転したともいえる——取扱い構造を、根本的に変えなければなりません。そのうえで、子ども・親の学校に対する情報の開示が、単に情報を開示させることに止まるのでなく、開示させた情報によって、個別の人権侵害のディテール（態様・度合など）やその構造を明らかにすることによって、その持つ意味を重層化することが求められているように思われます。これまで、私たちは学校や教育行政当局に情報を開示させることに急な余り、子どもの人権侵害の原因の究明や被害の拡大防止との関連において、情報の開示や情報操作の阻止の意味をあまり考えてこなかったように思われるからです。

このように、学校を情報の受信基地にするだけでなく、情報の発信基地にもすること、しかも、その発信先と発信内容を子ども・親の立場からコントロールし吟味するとともに、その持つ意味を確かめることが必要です。学校の保有する情報の透明度を高めることによって、学校教育の公正性を担保して、子どもの人権侵害の原因の究明や被害の拡大防止に役立てる筋道を作ってゆくことが求められています。

3

私は、これまで単に学校に存する情報とだけ言って、その種類・中身や性格・タイプについてふれませんでした。しかし、問題を更に掘り下げてゆくためには、教育情報を分類しタイプ分けして考察を進めることが必要になります。一口に教育情報と言われるものも、その種類・タイプ別に分けると、次の三つになります。

（1）教育行政（一般）情報

……学校管理運営情報、学校統計調査情報、一般教育情報、学校内規、懲戒規定、職員会議（議事）録、教科書採択情報など

(2) 学校事故(状況)情報

……体罰報告書、学校事故報告書、いじめ(死亡)報告書、非行事故報告書など

(3) 教育個人(本人)情報

……指導要録、内申書(調査書)、入学試験成績、就学時検診記録、健康診断記録、家庭環境調査票、生徒・保護者名簿など

むろん、この分類は大まかなものであって、(1)と(2)、または(2)と(3)の性格をあわせ持ついわゆる複合情報ともいうべきものもありますので、個々の情報に即して構造的に考えなければなりません。

いずれにしても、このように教育情報を分類したのは、情報として性格が異なるだけでなく、何よりもそれぞれのタイプによって開示を求めるにあたっての根拠と枠組みに差異があるからです。しかし、それらの点について詳しくふれるのは、本日のテーマとの関連では必ずしも必要ではありませんので、ここでは4との関連で必要な限りで、基本的視点を述べるに止めることにします。現在これらの教育情報は、主として自治体の情報公開条例や個人情報保護条例を手がかりにしてアクセスが――部分的であれ――認められていますが、その基本的視点はそれぞれに異なっています。

(1) 教育行政(一般)情報へのアクセスが認められているのは、学校教育という社会公共的な営みに関する情報を、親や住民など関心を有する人々の知る権利を保障することによって、学校教育・教育行政を民主的にコントロールすることが出来るようにするためです。

(2) 学校事故(状況)情報へのアクセスが認められているのは、学校教育の過程で生じた事故は学校の存立と子ども・親の権利のいずれにとっても看過することができない事態(状況)であるので、その情報をコントロールすることが出来るようにするためです。

（3）教育個人（本人）情報へのアクセスが認められているのは、子どもが自己に関する情報を自己の存在にかかわるものとしてコントロールする権利を保障することによって、子どもが自己決定することに資するようにするためです。（なお、自己情報が教育に関するものである場合には、子どもの「教育を受ける権利」［憲法二六条］に内在している「教育上のプライバシーの権利」からも、教育個人（本人）情報へのアクセスが認められると私は考えています。一般的な自己情報コントロール権だけでは、根拠として不十分であると考えられるからです。）

このように、教育情報へのアクセスが認められる基本的視点は情報の種類・性質によって異なっており、しかも、それらは時には重畳関係に立ったり、別の場面では対抗関係・緊張関係に立つこともあるので、複眼的な考察が必要であることは確かです。

4

ところで、これらの教育情報の開示は、これまで主に自治体の情報公開条例や個人情報保護条例を根拠・手がかりにしてなされ、最近は情報公開法や個人情報保護法なども根拠にしてなされています。私が本日、問題として提起したいのは、この点についてです。

すなわち、この条例や法を根拠・手がかりとする教育情報の開示請求は、教育という営み・教育法理の外に存する、自治体や国の情報公開に関する条例や法律、個人情報保護に関する条例や法律といういわば外圧を利用してのものです。言い換えれば、教育という営み・教育法理に基づいて行われる開示請求や情報保護が本来の道筋に基づくものだとすれば、これらは自治体の条例や国の法律というバイパスを使用しての請求といってよいでしょう。バイパスの使用が専らになっているのは、本道がつまっているため、こちらに回るよりほかなかったからであることはいうまでもありません。

むろん、外圧としてであれ、バイパスによるものであれ、条例や法律を根拠・手がかりとする教育情報の開示によって、これまで密室に閉じ込められていた感のある教育情報が、徐々に次々とその姿を現すようになってきたことは大きな成果だといってよいでしょう。しかし、それがもっぱら条例や法律を根拠とし、また条例や法律にそうものであることに伴う限界に、いま直面しているように私には思われるのですが、私だけの思いすごしでしょうか。

もとより、私は、教育情報の開示に果たした条例や法律の役割を評価するのにやぶさかではありません。とりわけ、条例を手がかりとして積み重ねられてきた先駆的な運動や学説の展開・深化には学ぶべきものが多く含まれていることを、率直に認めたいと思います。

しかし、だからといって、私たちは、それに頼るのではなく、本来の道筋である教育という営み・教育法理に基づく開示請求の途を広げ掘り下げる試みに、ここらで本気になって取り組むべき時期にきていることを強調したいと思います。

むろん、これまで、この本来の道筋を検討する試みが見られなかったというわけではありません。条例や法律に基づく開示請求の途を広げるにあたって、側面から部分的であれ、教育という営み・教育法理が展開されてきました。その成果に見るべきものが存したことは、いまも指摘したところです。

問題は、むしろ、本来の道筋である教育という営み・教育法理に基づく開示請求をどのような視点に立って、どのように構成し内実化してゆくかにあります。本格的な論は他日を期すよりほかありませんが、いくつか思い浮かぶことを申しあげて、問題の提起とスケッチだけはしておきたいと思います。

私は先ほどから「教育という営み」という抽象的な表現を使ってきましたが、それは次のような含意を有しています。旭川学力テスト事件最高裁判決がいみじくも述べているように、「子どもの教育は教師と子どもとの間の直接の人格的接触を通じ、その個性に応じて行われなければならないという本質的要請」がありますが、この人格的接触は具体的には、教師と子どもとの間におけるコミュニケーション（行為）によって図られ、相互の「対話」によって行われます。このコミュニケーション・「対話」による人格の直接的接触と意思交換過程は、その対象となる情報を交換し共有し、その交換度と共有度を高めることによって十分に果たされるといえます。こうして、「教育空間」を「情報空間」と重ね合わせ、二つを密接不可分なものとしてとらえることによって、教育という営みから直接に情報へのアクセスを導くことができることになるように思われます。

次に教育という営みにおいては、子ども本人と並んで、子どもの自立に向けての歩みを助けこれに寄り添うものとして親を重視しなければなりません。親の学校教育課程への参加を正面から認め、その参加の方法・手続のかなめをなすものとして、親の教育情報へのアクセスとこれに対する学校の開示・応答義務を導出する途をもっと押し進める必要があります。

つとに奥平康弘教授は、こうした途を追究し、「こどもの学校教育課程に参加する方法あるいは手続……についての親（およびこども）の権利いかん、ということであろう。……教育過程そのものに即した、手続法上・組織法上の権利を育成すること」と説いています（芦部信喜編『憲法Ⅲ』有斐閣、四一一頁）。同教授はまた、麹町中・内申書裁判に寄せた「意見書」においても、調査書（内申書）の特質をふまえながら考察を深め、「教師と子どもとの間に形成される教育過程は、教師と子どもとの人格的な接触の相互浸透過程（意思交換過程）である」から「教育過程が成立している間は、教師と子どもとは必要な情報を交換し合うのがつねである」として、「教育空間」を「情報空間」と重ね合わせたうえで、「教育関係の一方の当事者であり憲法上の『教育を受ける権利』の主体である子どもの観点に立って、その子どもの教育関係資料は原則としてすべての子ども（その親）に開示し、そうすることによって関係資料の内容上の『公正』を確保する」ことが必要であると述べています（『法律時報』五三巻八号、六八頁、本書五二頁参照）。また兼子仁教授も、親に教育要求権が存すること（但し、同教授においては、個としての親ではなく、集団としての親がその権利主体とされています）を主張し、その性格を手続的な権利と把握したうえで、教師の教育専門的応答（説明）義務をこれに対応させています（『教育法（新版）』有斐閣、一九七八年、三〇〇頁以下）。これらを一歩押し進めるならば、教育法理として、親の情報開示請求権と学校の開示・応答（説明）義務を——手続的権利の性格を基本としながら——直接に導くことができるように思われます。

ところで、わが国では、一般的に情報開示請求は請求権的な権利であり抽象的権利であるから、法令による具体化を要するとの見解が支配的です。これは、アメリカ連邦最高裁がペル事件（Pell v Procunier, 417U.S 817.1974）等において明らかにした法理にならったものだと思われます。しかし、既に在日台湾人身上調査票訂正請求事件において、一審判決（東京地裁一九八四年一〇月三〇日、『判例タイムズ』五三八号、七八頁）は——結論的には請求を棄却しつつも——一定の要件の下（①個人情報が当該個人にかかわる極めて重大な事項に関するものであり、②当該情報が明らかに事実に反し、③それが放置されると当該個人が社会生活上不利益ないし損害を被る高度の蓋然性が認められる場合）には人格権に基づき事実に反する部分の抹消ないし訂正を請求しうるとしており、必ずしもそのための法令を要しないとしています（なお、その控訴審である東京高裁一九八八年三月二四日、『判例タイムズ』六六四号、二六〇頁も、比較衡量的観点を示して人格権に基づき、不真実、不当な情報の訂正ないし抹消を請求しうる場合があるという）。学説はこの判決をあくまでも例外としているようですが、一歩譲って一般的にはそのような法令が必要だとしても、学校教育の分野においては別に考えうる余地があり、早計にこの途を追求することを断念すべきではないように思われます。

たしかに、現行の学校教育法制には、学校の情報開示について直接に明記したものはありません。しかしまた、これを明確に否定した規定もありません。ただ長い間の学校慣行として開示されない扱いが続いてきたにすぎないといってよいのです。そうだとすれば、学校教育法令の解釈をもう少し緻密に積み上げてゆく過程で、学校の情報開示義務や説明義務を導き出すと同時に、その範囲を画する基準やその手続を導出する余地がないかどうかを緻密に検討する必要があります（その際には、前述のように、子どもの「教育を受ける権利」（憲法二六条）に内在している「教育上のプライバシーの権利」の法理の内実とその射程距離を検討し見極めることが大事です）。

この点で参考になるのは、最近民事法の分野でも情報提供義務や説明義務が正面から問題とされ、既にこれを認めた判決もいくつか出されていることです。むろん、これらの法理は、事業者と消費者との間の情報量の差や情報分析能力の差などを前提として解釈法理として形成されてきたものであり、同列に扱うことができない面もあることはいうまでもありません。

しかし、学校教育の分野でも、これらの最近の類似裁判例や研究成果に学びながら、学校の情報提供義務や説明義務（教育上のアカウンタビリティー）を教育法理として直接に導き出す努力をする価値は大いにあるように思われます。バイパスを通らないで、本道を通って目的を達することができる余地が残されている気がしてなりません。今後の課題の一つにしたいと考えています。（拙稿「子どもの死をめぐる学校の説明責任」高見勝利編『人権論の新展開』所収、北海道大学図書刊行会〔一九九九年二月〕は、そうした課題に向けた私の試みの一つ〔本書一二六頁以下に加筆して収録〕ですので、参照していただきたい。）

最後に、民事訴訟法の改正と実務の運用・工夫による文書提出義務の範囲の拡大が、学校の情報独占・操作というテーマに、どのような影響を与えるかも慎重に見極める必要があることを指摘して、私のコメントを閉じることにします。

第4章 憲法と障害のある子どもの教育 ― いま「憲法」を手がかりにする意味 ―

1 憲法の意味と役割 ―立憲主義―

このところ、「憲法」について語られることが多くなっています。そうした現象は憲法をないがしろにしようとする政治によってもたらされたのですが、それによって憲法の意味と役割が見直されるようになったことは、皮肉なこととはいえ、評価すべきことです。

憲法は、「国のかたち」（司馬遼太郎）を定めたものですが、私たちの誰もがそのかたちを創っていくことに参加することができる〝ストーリー（物語）〟としての性格を持っています。この憲法の物語性が「創造力」を発揮するためには、私たちが、現状をそのままに終わらせないという強い決意を持ち、「想像力」を働かせて、〝ストーリー（物語）〟の作成（創造）に加わることが必要です。

私たちは誰もが自分の生き方を自由に選ぶことができます。この人間の自由な選択は、人が生まれながらに有するものとして、すべての人に等しく保障されるべきものとされています。この意味での自由と平等を保障するために国家は作り出されたのですが、その国家が行使する権力によって、逆に自由と平等は脅かされる危険を不断に有しています。そこで、この国家権力のはらむ危険性を直視して、権力を拘束する仕組みを憲法は自らの内に設けることが必須となります。この国家権力を制限して憲法に従わせるという「立憲主義（constitutionalism)」の考え方は、憲法を〝権力（者）を縛る仕組み〟とするものです。この意味で、憲法は個人の自由や平等を確保するための〈権力拘束規範〉であることにその真髄があるといえます。この憲法を〈権力拘束規範〉として把握する「立憲主義」の考え方は、「人類の長い経験と叡知の蓄積の表象であり」、人類の苦闘の歴史の中で厳しい風雪にも耐えた「導きの星」として堅持しなければならない〝賢慮〟(prudentia) ともいうべき実践知です（この意味を諄々と説く佐藤幸治『立憲主義について』（左右社、二〇一五年）は心打つ必読の書です）。この〈権力拘束規範〉としての憲法の仕組みは、憲法九九条が「憲法尊重擁護義務」を負う者を、天皇・国務大臣・国会議員・裁判官その他の公務員などの公権力を担う者として、国民をその対象者に含めていないことにも明確に表れています。

② 憲法と教育基本法における「能力に応じて」と「ひとしく」について

憲法二六条は、すべての人に「教育を受ける権利」を保障していますが、特に「その能力に応じて、ひとしく」と書いており、教育基本法三条（改正後四条）も「ひとしく、その能力に応ずる」教育の機会が与えられなければならないと定めているため、この「能力に応じて」と「ひとしく」の文言をどのように読み取り、その文言からどのような法命題を導き出すかが、「教育を受ける権利」の内実を解き明かす鍵になります。この文言の読み方によっては、すべての人に保障されたはずの「教育を受ける権利」が画餅に帰してしまうことにもなりかねないからです。

まず、「能力に応じて」と「ひとしく」の関係については、①教育を受ける権利や機会が「能力に応じて」制約されることを認め、「ひとしく」を能力以外の事由によって差別されてはならないとするとらえ方（宮沢俊義と、②憲法一四条が掲げた平等の原則に憲法の理念・原理を求めて「ひとしく」に重点を置き、「能力に応じて」をその理念を実質化するための文言と位置づけたうえで、障害のある子の教育においては、一般の場合以上の条件整備が要請されるとする考え方（中村睦男）、さらに③「能力に応じて、ひとしく」とは、すべての子どもが能力発達の仕方に応じてなるべく能力発達ができるような（能力発達上の必要に応じた）教育を保障されるべきだとするとらえ方（兼子仁）があります。

②の憲法学説は、戦後の代表的な教育学説において、「これからの教育は能力に対する評価よりも、各々の個性をどういう風に社会的に協力させてゆくか……という立場から個性を尊重し問題にしていく」という意見（城戸幡太郎）や「個性に応じて個性を暢達するために総ての者が教育を受ける権利がある」という意見（高橋誠一郎）が、いずれも「能力に応じて」を〝個性に応じて〟としてとらえていることをふまえています。また、③は戦前において教育機会を奪われていた障害のある子どもにも均等に教育機会は与えられなければならないとして、「能力に応じて」を〝障害に応じて〟ととらえていること（川本宇之介）につらなるものと思われます。

しかし、「ひとしく」に重点をおき、「能力に応じて」はその理念を実質化するために必要なものと位置づけることが、能力にかかわる差別や能力主義的な不平等主義に陥らないためには、能力の原理が近代社会の構成原理とされてきたことの意味とそれをどのように教育制度・システムとして位置づけるかについての原理的な掘り下げを行い、「想像力」を働かせて、憲法に新しい意味をもりこむ（創造する）ことが必要となります。

3 「能力に応じて」の原理的考察

近代社会は、身分制社会を否定して、平等を実現することをめざしました。そのために、身分制社会を形成していた血統・身分や財産に代えて、「能力」を社会の構成原理としました。「生まれ」という偶然によって個人に一定の社会的地位・尊敬を与えることに合理性を見出すことはできないからです。他方、個人の能力・努力を適正に評価し、これに応じて社会的地位・尊敬を付与することは合理的なことと考えられたのです。「能力」は近代社会の構成原理として位置づけられ、それに基づく社会制度・システムは正当だとされました。

しかし、近代社会が「能力」を社会の構成原理としたのは、あくまでも近代社会が大原則とした人間の平等を実現するための手だてとしてであって、それ自体に絶対的な価値をおいて目的としたわけではありません。「能力」は、人間の尊厳に基づく人間の平等の実現という文脈の中で位置づけられているだけであり、平等の理念が形式的に適用されることによって現実に生じる不平等・差別を是正し、人間の平等を具体的・実質的に達成するためには、一人ひとりの人間の持つ個性を尊重しこれに応じて取扱う必要があることからうまれたものにすぎません。その意味では、「能力」はいわば調整原理としての性格を付与されて、「個性に応じた取扱い」を含意していました。また、個人がいかなる家庭に生まれ、いかなる環境のもとに生まれるかは、個人にとって全くの偶然ですから、そうした偶然によってその社会的処遇が決定されることは正義にもとるというのが、近代社会の根本に存する観念でした。

同じことは、個人と「能力」との結びつきにも言えます。なぜならば、「能力」の自然差は否定しえないとしても、その個人への付着も本来的に偶然的なものと言うよりほかないのですから、「能力」による社会的処遇の決定も、同様に正義にもとることになるからです。また、「能力」を開花させる努力も、本人がその功績を主張することのできない社会的環境に依存していることが多く、そこにも社会的偶然が大きく支配していることを否定しえないからです。このように、「能力」の差異につきまとう社会的偶然性を除去することが不可能であるうえ、環境の不平等などの社会的な偶然が、「能力」の自然差を増幅していることも加味するならば、こうした二重の偶然に基づいて社会的な不平等を強いることは、「公正としての正義」から到底許されないことになります（J・ロールズ『正義論』一九七一年）。

このような視点は、近代社会が所与の前提とした「能力」に対する視座の根本的な転換です。そのうえで、個人の生来の「能力」を「共通の資産」とみなして、その分配のあり方を補整することによって、新しい社会制度・システムを構築する必要があります。そこでは、個々人の能力・資質などを社会的な共同資産とみなして、社会のすべての人びとの便益のために利用すべきだとする考え方に立って、社会の最も不遇・不利な状況にある人びとの便益・期待を最大化するために必要な場合には、その限りで社会的・経済的不平等は正当化される、という社会制度・システムの基礎構造に関する分配の正義が提唱されています。「格差原理」と名づけられたこの正義の原理は、〝逆差別方式〟とか〝割り当て方式〟として六〇年代以降のアメリカ社会で次々と実施された積極的優遇措置（affirmative action）を正当化する論拠となるとともに、ハンディキャップを負うなど最も不遇・不利な立場におかれた人びとの生き方・暮らし向きの改善を志向し、社会的・経済的不平等を構造的に問い直すことをめざすものです。それは、能力に応じた不平等（「能力主義」）を批判し、「人々が平等に扱われるべきかどうかではなく、いかに平等に扱われるべきか」を具体的に示すことによって、障害のある子どもの教育のあり方を考え決定する場合にも、大きな手がかりを与えています。

また、「政府は、たんに配慮と尊重をもってというだけでなく、平等な配慮と尊重（**equality of concern and respect**）をもって人々を処遇しなければならない」と説くR・ドゥオーキンが、国家は、各人各様の「善き生」の自由な追求を尊重すると同時に、それぞれが平等な重みを有する人間として各人を扱わなければならないとしたうえで、国家による取扱いの平等は「一律に扱うこと（**equal treatment**）」ではなくて、「対等者として扱うこと（**treatment as an equal**）」だとしていることも示唆に富んでいます。そして、人間の多様性を前提にしたうえで、「リベラルな平等」を実現するためには、平等と公正を不可分なものとしてつなげて、個人の能力それ自体を等しく継続的に保障しようとする「公正なアクセスの平等」を中心に据えるべきです。それは、すべての子どもに対して等しく開かれているはずの教育の場に、障害のある子どもも公正にアクセスできるとするとともに、それが毀損されたときは、公正の観点から回復を図ろう（包容しよう）とするものです（以上につき、拙著『寛容と人権―憲法の「現場」からの問いなおし―』岩波書店、二〇一三年、二六二頁以下を参照）。

4 憲法と条約・国際準則

第二次世界大戦後、国際社会は人権の国際的な保障をめざして、宣言や条約などを相次いで採択しました。なかでも、経済的、社会的及び文化的権利に関する国際規約（いわゆるA規約）と市民的及び政治的権利に関する国際規約（いわゆるB規約）は、国際的に保障を約束した権利のリストを広く挙示しています。また、女性差別撤廃条約や子どもの権利条約、障害者の権利条約などの分野別の条約も採択され、日本も遅れがちとはいえこれらを批准して、国内法的効力が生じています。（ちなみに、子どもの権利条約二条は差別の禁止を定め、その差別禁止事由として「障害」（disability）を明示しています。国際文書において、「障害」が差別禁止事由とされたのは、子どもの権利条約が初めてです。）

とりわけ、障害者権利条約三条（C）は、「社会への完全かつ効果的な参加及びインクルージョン（full and effective participation and inclusion in society）」を原則としたうえで、五条三項において「平等を促進し及び差別を撤廃するため、合理的配慮（reasonable accommodation）が行われることを確保するためのすべての適切な措置をとる」ことを締約国に求めていることが注目されます。

これらの条約や関連する国際準則などは、「日本国が締結した条約及び確立された国際法規は、これを誠実に遵守することを必要とする」と定める憲法九八条二項により、国内法的効力において法律よりも優位するものとされて、国内法令を拘束し、これらに反する法令を無効とします。また、国内法令を解釈し適用する場合、その基準や指針として、条約や国際準則などを援用し「間接適用」することによって、憲法の意味を豊かにすることができます。

コラム　義務ではなく権利としての教育を

教育が義務ではなく、権利だということの意味をともに考えてみましょう。それには、まず私たちの内に根づいている「教育」のイメージから、自らを解き放つことからはじめるのがよいでしょう。

日本では、教育というとき、ある制度化された学校の下での教育を真っ先に思いうかべ、学校という場をはなれて教育をイメージすることがなかなかできない、というのが現実です。そのうえ、学校のなかでの教育というのが、昔ながらのパターンで変わりばえしないのです。

憲法二六条が教育を受ける権利をすべての人に保障するとして定められたときも、立法者はもとより、これを画期的なこととして受け止めた人々が念頭に思い描いていたのは、明治の学制以来の学校教育を前提にしたものでしかなかったようです。日本人の教育イメージは単線で、黒板と机が備えつけられた教室からはずれることはなかったのです。

しかし、憲法が保障しようとしている教育のイメージは、もっと多様で豊かなものではなかったでしょうか。プラトンの『国家論』の「洞窟の中の囚人たるわれわれが、暗闇の中から光明を求める営み、それが教育だ」という有名なことばを引き合いに出すまでもなく、教育という営みが本来その内にはらんでいたものは、わたしたちの心をワクワクさせるものだったはずです。とりわけ子どもたちにとって、教育はワクワクとドキドキのつらなりであり、出会いと発見につながるものです。

憲法二六条を理解する前に、わたしたち自身が教育のイメージをふくらますこと、豊かにとらえることが求められているのです。たとえば、わたしたちの心をワクワクさせることにどんなことがあるか、それはどのような営みによって手にすることができるのかをイメージすることが必要です。

「生まれてから死ぬまで、人間ってものは、さめているかぎり、たえずなんらかの教育をうけてるわけだよ。そして、その教育の中でも第一番は、いわゆる人間関係ってやつだな。彼の心、感情を形成し、理想をあたえ、そしてある人生軌道に向かって旅立たせ、またそれをちゃんと守らせるのは、一にかかってその人間的環境さ」と述べたのはマーク・トウェインですが（中野好夫訳『人間とは何か』岩波文庫、七一頁）、彼がいみじくも指摘したように、人と人との出会いと交わりほど、わたしたちをワクワク、ドキドキさせるものはなく、これをつくる場が教育なのです。人との出会いと交わりが自由でなく、意に反してひとつの人間関係だけが強いられ、共にすごす機会が奪われるならば、心が踊るような思いをもつことはむつかしくなるでしょう。一方的に分けられることがないようにすることが大事なのはそのためです。

このように豊かにとらえられた教育を要求する者の必要に応えて、教育の場と機会を保障しようとしているのが憲法二六条です。国家に対して教育の場と機会を提供することを要求する主体が、要求の内容をなしている教育についてどれだけ豊かなイメージを持っているかが問われているのです。

「教育の文字はなはだ穏当ならず」とした福沢諭吉は、「学校は人に物を教うる所にあらず、ただその天質の発達を妨げずして、よくこれを発育するための具なり」と戒めています（「文明教育論」『福沢諭吉教育論集』岩波文庫、一三五頁）。黒板を背にした教師から、机にすわった子どもたちが一斉に同じ方向を向いて教えを受けるという、昔ながらの教育イメージから脱却することが必要です。それは、制度化された教育から、教育を解き放つことであり、わたしたちのなかに残っている貧しい教育イメージと訣別することでもあります。

義務としての教育から権利としての教育への方向転換は、教育制度のレベルでなされるだけでなく、教育イメージのレベルでも行われなければならないのです。わたしたちの「こうしたいんだよ　ほんとうは」という思いを、わたしたちの新しい教育イメージにまとめあげ、権利としての教育としてつきつけることが大切です。

第5章　障害児（者）の教育選択権

1　問題の所在

（1）二〇一三（平成二五）年改正前までの学校教育法制の仕組み

障害のある子どもの就学に関する仕組みは、二〇一三（平成二五）年八月二六日付「学校教育法施行令の一部改正」（政令第二四四号）の公布と同年九月一日の施行によって大きく変わりました。

その改正前までは、市町村教育委員会（以下「市町村教委」）は、毎年一〇月一日現在で、その年度中に満六歳と一二歳に達する子どもについて学齢簿を作成した後（学校教育法施行令〔以下「施行令」〕一条）一一月末日までに、就学予定の子どもに対して就学時の健康診断を行うことになっている（学校保健安全法一一条、但し、同条は市町村教委の実施義務を定めたにすぎず、子ども・親に受診義務を課したものではないので、子ども・親は拒否することもできる）。この健康診断の結果に基づき、市町村教委は、改正施行令二二条の三表（以下「就学基準」）に該当する心身に障害のある者についても、二〇〇二年四月以降は、「教育学、医学、心理学その他……専門的知識を有する者」からなる就学指導委員会と保護者（但し二〇〇七年三月改正により追加）の「意見を聴いて」（施行令一八条の二）、その者の障害の状態に照らして、小学校または中学校において「適切な教育を受けることができる特別な事情があると認める者」を、新たに「認定就学者」として、小学校または中学校に就学させることができることになった（施行令五条一項二号）。このように、就学基準に該当しても、その者の心身の状態に照らして「認定就学者」に該当すると判断された場合は、保護者に対して就学すべき学校を指定して通知がなされ、地域の普通学校に入学することが可能となる。この「認定就学者」制度は、障害のある子どもの中から特別な事情のあるものを、例外的に地域の普通学校に入学させるので、普通学校に入学できる障害のある子どもの枠を広げるものであるが、原則分離・別学制度を維持したうえでの選別であった。

また、二〇〇六年六月に改正（二〇〇七年四月施行）された学校教育法は、従来の盲学校、聾学校、養護学校を「特別支援学校」に一本化し、特殊学級を「特別支援学級」、特殊教育を「特別支援教育」にそれぞれ改めるとともに、特別支援学校の目的を、普通学校に準ずる教育を行うとともに、「障害による学習上又は生活上の困難を克服し自立を図るために必要な知識技能を授けること」としている（七二条）。また、特別支援学校以外の小中学校等でも特別支援教育が実施され、特別支援学級を設置することができると定めていた（八一条）。

（2）従前の扱いと対立の構造

このように、従前の学校教育法一七条一項・二項（その前は二二条・三九条）は、保護者は子どもを地域の普通学校又は特別支援学校のいずれかに就学させる義務を負うとのみ規定しているにすぎず、施行令二二条の三表に該当すると判定を受けた子どもを地域の普通学校から排除し、特別支援学校に就学させなければならないとは規定していない。しかし、就学校指定（振り分け）は、就学校との関係において保護者に就学義務を発生させる行政処分とされていた（山形地判一九六四・九・九『行政事件裁判例集』一五巻九号、一八三一頁、大阪地判一九七三・四・六『判例時報』七一六号、三五頁等）ため、特別支援学校等に指定された場合には、実際にはそこへの就学が強制されたかのごとく受けとめられており、教育行政当局もまた特別支援学校等への就学強制を原則とする扱いをとっていた。

この就学強制による分離・別学の仕組みが、地域の普通学校への就学を希望し選択しようとする子どもや親にとっては大きな壁となり、毎年春を前にして、障害のある子どもの就学先をめぐって、子ども・親と教育委員会との間で交渉が行われ、時には審査請求や訴訟にまで及ぶ事態が生じていたのである。

(3) 二〇一三（平成二五）年改正令の概要

二〇一三（平成二五）年九月一日に施行令五条が改正・施行されて、「認定就学者」制度は廃止され、新たに「認定特別支援学校就学者」制度が導入された。これは、視覚障害者、聴覚障害者、知的障害者、肢体不自由又は病弱者（身体虚弱者を含む）で、その障害が施行令二二条の三（「就学基準」）に定める程度のもののうち、当該市町村教委が、その者の障害の状態、その者の教育上必要な支援の内容、地域における教育の体制の整備の状況、その他の事情を勘案して、特別支援学校に就学させることが適当と認める者を「認定特別支援学校就学者」とするものである。これにより、施行令二二条の三に該当する障害のある子どもであっても、特別支援学校への就学は市町村教委が個別に総合的観点からの判断により決定することとされた。その決定に際しては、市町村教委は、「その保護者及び教育学、医学、心理学その他の障害のある児童生徒等の就学に関する専門的知識を有する者の意見を聴くものとする」と定める（一八条の二）と意見聴取の機会を広げるとともに、「判断する前に十分な時間的余裕をもって行うものとし、保護者の意見については、可能な限りその意向を尊重しなければならない」との留意事項も付されることになった。

この二〇一三年改正令は、前年七月に公表された中央教育審議会の「共生社会の形成に向けたインクルーシブ教育システム構築のための特別支援教育の推進」報告を受けて行われた。同報告は「就学基準に該当する障害のある子どもは特別支援学校に原則就学するという従来の就学先決定の仕組みを改め、障害の状態、本人の教育的ニーズ、本人・保護者の意見、教育学、医学、心理学等専門的見地からの意見、学校や地域の状況等を踏まえた総合的な観点から就学先を決定する仕組みとすることが適当である。」「その際、市町村教育委員会が、本人・保護者に対し十分情報提供をしつつ、本人・保護者の意見を最大限尊重し、本人・保護者と市町村教育委員会、学校等が教育ニーズと必要な支援について合意形成を行うことを原則とし、最終的には市町村教育委員会が決定することが適当である。」（傍点は筆者）と提言している。

この改正令により、就学基準に該当する障害のある子どもは原則として特別支援学校に就学するという従前の仕組みは改められたが、本人・保護者の意見が最大限尊重され、市町村教委と合意形成をめざしたが、最終的に「総合的判断」により市町村教委が「認定特別支援学校就学者」とした場合には特別支援学校に就学通知が発せられることになるのであるから、原則分離はなくなったものの別学とされる場合はありうるのである。その意味では、今次の改正令は、国際潮流となっている「インクルーシブ教育」の達成に向けられた更なる一歩であることは確かであるが、なお到達点の手前で止まっている感は否めない。そのため、今後も司法による救済が図られなければならない個別事例は——数少なくなるだろう（？）とはいえ——なお起こりうるのである。そうだとすれば、就学に関する紛争解決のための代替的救済手段・機関（ＡＤＲ）の設置や子どもオンブズパーソンなどの活用も早急に検討されるべきであろう（後述の「障害者差別解消推進法」一四条など）。

2 裁判例の概況 ―（附）行政事件訴訟法の改正の意義と課題―

(1) 裁判例における二つの類型

改正令前までに、障害のある子どもの就学に関して争われた裁判例には、普通学校・学級への就学を希望・選択しているにもかかわらず特別支援（障害児）学校・学級を指定された場合（a）と、特別支援（障害児）学校・学級への就学を希望・選択しているにもかかわらず普通学校・学級を指定された場合（b）がある。従来の争いは圧倒的に前者の場合であり、学説も前者を念頭に置いて立論されていたが、最近では後者の争いも生じている。

（a）の裁判例としては次のものがある。①筋ジストロフィーを理由とする入学不許可処分の取消しを求めた事件では、普通高校への入学を望む生徒の請求が認容された（神戸地判一九九二・三・一三『判例時報』一四一四号、二六頁）。②身体障害を理由とする特殊学級入級措置の取消しを求めた事件では、普通学級を望む中学生と親の請求が「入級の決定権限は校長にあり、生徒・親に選択権はない」として退けられた（旭川地判一九九三・一〇・二六『判例時報』一四九〇号、四九頁、札幌高判一九九四・五・二四『判例時報』一五一九号、六七頁）。③歩行障害を有する幼児の親が公立幼稚園への就園不許可決定の取消しと就園許可の仮の義務付けを求めた事件では、「幼児が他者との社会生活を送ることの重要性」を考慮すると「償うことのできない損害を避けるため緊急の必要がある」として申立てが認められ（徳島地決二〇〇五・六・七『判例地方自治』二七〇号、四八頁）、④カニューレを装着した幼児の親が普通保育園への入園不承諾につき仮の承諾の義務付けを求めた事件でも、「普通保育園での保育が可能」であるからその機会の喪失は「原状回復ないし金銭賠償による填補が不能な損害」であるとして申立てが認められ、本訴でも入園承諾が義務付けられた（東京地決・二〇〇六・一・二五『判例時報』一九三一号、一〇頁、東京地判二〇〇六・一〇・二五『判例時報』一九五六号、六二頁）。⑤四肢機能に障害があるが認定就学者として小学校に通学していた生徒が特別支援学校への就学通知を受けたので中学校への就学指定の仮の義務付けを求めた事件では、生徒と親の意向、中学校の施設・設備の整備状況等から中学校において適切な教育を受けることができる特別な事情が存しており、特別支援教育の理念を没却する判断は違法であり、「中学校の普通学級で他の生徒らと共に学校生活を送ることで、心身共に成長するための時間が刻々と失われている」として申立てが認められた（奈良地決二〇〇九・六・二六『判例地方自治』三二八号、二一頁）。

（b）の裁判例としては次のものがある。⑥「病弱者」として養護学校の院内学級に在籍していた児童が普通学校への指定処分の取消しを求めた事件では、親の養護学校への就学継続の希望を認めて処分が取消された（大阪地判一九九七・一〇・二九『判例タイムズ』九六八号、一三六頁）。⑦気管支喘息で「病弱者」に該当するとして特別支援学校への就学指定の仮の義務付けを求めた事件では、申立てが認められた（大阪地決二〇〇七・八・一〇『賃金と社会保障』一四五一号、三八頁、大阪高決二〇〇八・三・二八裁判所ウェブサイト）。⑧精神疾患に罹患しているとして特別支援学校への就学指定の仮の義務付けを求めた事件では、その程度が重大ではなく「病弱者」に該当しないとして申立てが却下された（大阪地決二〇〇八・三・二七『判例地方自治』三二〇号、一八頁）。⑨アレルギー性皮膚炎に罹患し不登校を続ける女生徒に対して特別支援学校への就学指定の仮の義務付けを求めた事件では、中学校において「生徒のニーズに応じた適切な教育が受けられず、損害は拡大し続ける」として申立てが認められた（大阪地決二〇〇八・七・一八『判例地方自治』三一六号、三七頁）。

（2）（仮の）義務付け訴訟の導入の意義と課題

右記③④⑤と⑦⑨は、二〇〇四年行政事件訴訟法改正により導入された義務付け訴訟（三条六項、三七条の二）と仮の義務付け（三七条の五）が、就学先の決定につき早期の救済手段となった点で注目に値する。今後は、学校指定行為の処分性と本案についての理由該当性が審査されたあと、償うことのできない損害を避けるため緊急の必要性の有無が当該子ども・親の置かれた具体的状況をふまえて問われ審査されることになる。

3　障害者基本法の改正と今後の課題

（1）障害者基本法の改正

障害者権利条約は二〇一四年一月に日本でも批准されたが、批准を前にして、二〇一一年六月に障害者基本法が改正され、一六条は、「可能な限り障害者である児童及び生徒が障害者でない児童及び生徒と共に教育を受けられるよう配慮し」「必要な施策を講じ」ると改められ（一項）、またその教育選択に際しては「障害者である児童及び生徒並びにその保護者に対し十分な情報の提供を行うとともに、可能な限りその意向を尊重しなければならない」（二項）と明定された。

これは、インクルーシブ教育に向けて歩を進め、学校教育法制の更なる見直しを求めたものであり、前述の二〇一三年改正令として一応の実現をみた。今後は市町村教委の判断や司法判断においては、障害者本人や親の意向を最大限尊重することが義務づけられるとともに、司法審査にあたっては「十分な情報の提供がなされたかどうか」「保護者の意向が可能な限り尊重されたかどうか」「合意形成が尽くされたかどうか」が要考慮事項として一層重視されきめ細かな審査が尽くさなければならなくなったことを意味している。

（2）今後の課題

二〇一三年六月、障害者差別解消推進法が制定された。その一条は、法の目的として、「障害の有無によって分け隔てられることなく」と明記している。そのうえ、障害者に対して障害を理由に直接差別することを禁止し（七条一項、八条一項）、また、障害者の要求する合理的配慮が提供されないことも差別であるとしている（七条二項、八条二項）。「分け隔てられることなく」とは、取りも直さず、障害の有無により「分離し隔離すること」は差別になりうるとの含意であると解することができるだろう。

こうして、国際標準となったインクルーシブ教育を制度と実態において実現するためには、教育における平等の実現と「合理的な配慮義務」の実施の具体的あり様を、権利条約の丁寧な読み取りをふまえて更に真摯に検討する必要がある。その中で特別支援学校・特別支援学級について新たな位置づけが必須となり、それに伴い学籍の所在についても抜本的な改革を図る必要が生じてくるように思われる。

〔参考文献〕中川明「障害のある子どもの教育を受ける権利について――インクルーシブ教育の憲法論的考察――」高見勝利他編『日本国憲法解釈の再検討』有斐閣、二〇〇四年、五〇頁、同『寛容と人権――憲法の「現場」からの問いなおし――』岩波書店、二〇一三年、二四六頁。

第4部

子どもたちのクライシスコールと救済の姿・課題

第1章　子どもの権利条約と教育裁判

※本稿は、二〇〇九年三月七日に早稲田大学で行われた「フォーラム子どもの権利研究二〇〇九」のシンポジュウムにおいて、私が行った発題の速記録を整理し若干の補充をしたうえで、簡単な補注を加えたものである。本書に収録するにあたり、更に若干の加筆を行った。

1　はじめに

「子どもの権利条約は、それぞれ自分の国での人権状況をはかるモノサシであると同時に、他国の子どもを知るためのインデックスでもある」。

これは、子どもの権利委員会（ＣＲＣ）の初代の委員を務めた、リズベート・パルペ（スウェーデン）が述べた象徴的なことばです。最初にパルペの言葉を引用したのは、言うまでもなく、日本において子どもの権利条約が、子どもを含むこの国の人権状況を映し出すモノサシになっているかどうかを検証することが、私に与えられた課題であり、特に教育裁判の分野において、子どもの権利条約がその役割を果たしてきたかどうかに焦点をあてて分析・検討することの意義を確かめておく必要があると思ったからです。ただ、時間の制約もあり、問題の概観をスケッチするにすぎないことを予めお断りしておきます。

２　子どもの権利条約の裁判における適用に関するＣＲＣの見解

はじめに、ＣＲＣがこれまで日本政府の報告に対して、裁判における条約の適用に関してどのような「総括所見」を出していたのか、これを日本政府がどのように受け止めてきたのか、を素描しておくことにします。

〔第一回の総括所見（一九九八・六・五）〕

ＣＲＣの第一回の総括所見は、裁判における条約の適用に関して、次のような「懸念」（七項）と「勧告」（二九項）を述べています。

「委員会は、子どもの権利に関する条約が国内法に優先しかつ国内の裁判所で援用できるにもかかわらず、実際には、裁判所がその判決の中で、国際人権条約一般、とくに子どもの権利条約を直接に適用しないのが通例であることに、懸念をもって留意する」（七項）

「国内法における条約の地位に関して、委員会は、締約国（日本）に対して、子どもの権利条約及びその他の人権条約が国内の裁判所で援用された事例に関する詳しい情報を、次回の定期報告において提供するように勧告する」（二九項）

ＣＲＣは、日本では憲法九八条二項において条約の誠実遵守義務が定められ、条約が国内法に優先するという建前になっていることを知っています⑴。従って、子どもをめぐる裁判において、子どもの権利条約を国内の裁判所で援用することができるにもかかわらず、実際には、日本の裁判所が判決の中で子どもの権利条約を直接に適用した裁判例がないことに、「懸念」を表明せざるをえなかったのです⑵。そして日本政府に対して、次回の定期報告においては、子どもの権利条約及び他の人権条約が国内の裁判所で援用された事例に関する詳しい情報を提供することを要請し、「勧告」しました(3)。

〈第二回の総括所見（二〇〇四・一・三〇）〉

それを受けての第二回政府報告では、八項で、「条約の規定を直接適用し得るか否かについて、これまで児童の権利条約を直接適用し得るか否かを明示的に判示した裁判例はないが、政府としては、当該規定の目的、内容及び文言等を勘案し、具体的場合に応じて判断すべきものと考えている」と一般論を述べるにとどまっています。そして、一〇項で、「法令等について児童の権利条約違反が当事者から主張された裁判例はいくつかあるが、児童の権利条約に違反する旨の判断を示した判例はこれまでのところない」と政府自身も認めています。

これに対して当然のことながら、ＣＲＣの第二回の総括所見は、「懸念」の一〇項において、「委員会は、国内法が権利条約の原則及び条項を完全に反映していないこと、条約が裁判所により直接適用できるにもかかわらず、実際上は適用されていないことを懸念する」と述べて、日本の司法当局に対して再び厳しい警告を発しています(4)。

〈第三回の政府報告書（二〇〇八・四）〉

しかし、これを受けて先に出された第三回の政府報告書の中でも、政府は裁判所等での条約の直接適用の可能性と題して、二三項で「第二回政府報告パラグラフ八参照」とのみ書き、そのうえで二六項において、「我が国の裁判に関連して、条約の原則及び規定が司法決定の際に直接に適用された例は見当たらない」と平然と書いています。政府自身も、裁判所が子どもの権利条約の裁判規範性を前提にして具体的な判断をした例が依然として未だないことを認めているというわけです。

ところが、この政府報告書が出された直後の二〇〇八年六月四日、最高裁大法廷は、非嫡出子の届出による国籍取得における差別が問われた国籍法違憲訴訟判決（『最高裁判所民事判例集』六二巻六号、一三六七頁。『判例時報』二〇〇二号、三頁）において、はじめて「国籍法三条一項が国籍取得につき区別を生じさせていることに合理的な理由はなく、憲法一四条一項に反する」との注目すべき判断をしました。その判決理由の中で大法廷は、「我が国を取り巻く国内的、国際的な社会的環境等の変化」を検討する文脈の中で、「我が国が批准した市民的及び政治的権利に関する条約および児童の権利に関する条約にも、児童が出生によってもいかなる差別も受けないとする趣旨の規定が存する」という一文を、突如として差し挟んでいます。

この最高裁大法廷判決に関して、国際人権法に詳しい今井直教授は、『季刊教育法』一五九号において、判決の論旨と意義を検討した中で、最高裁は「結論を補強するために便宜的に人権条約を参照した」にとどまるが、「最高裁が違憲判断において国際人権法を補強材料として用いたことの意義はけっして小さくない」と指摘し評価しています(5)。

いずれにしても、現在までに、日本において子どもの権利条約が司法の現場で現実に適用され実効的に取扱われた例はわずか一例しかない(6)というのが実態です。

3 教育裁判における子どもの権利条約の不在と不振

（1）このことは、教育裁判の分野においても同じです。この二〇年、条約を日本が批准してからは一五年（当稿初出時）、日本において教育をめぐる裁判は、むろん沢山起こされています。しかし、それらの教育裁判の中で、子どもの権利条約が実効的な働きをした例を私は寡聞にして知りません。あえて言うならば、日本では教育裁判において子どもの権利条約は何の成果も生んでいないし、権利条約によって進展をみせた裁判例もない、と言っても言い過ぎではありません。私はつとに、日本では、子どもの権利条約は根付く前に〝根腐れ〟現象を起こしているのではないか、と指摘してきました(7)が、教育分野においても同様であり、事態はかなり深刻です。それがなぜなのかを問い、そこから脱する道筋をさぐることが私の今日の課題です。

永井憲一教授が研究代表者となり、『子どもの人権と裁判――子どもの権利条約に即して――』という研究書が一九九八年に出版されました(8)。同書は、「従来（筆者注：一九九八年一月まで）の日本における子どもの人権をめぐる主要な裁判例を網羅的に収集し、それを子どもの権利条約の各条文に分けて整理し、かつ、その内容について解説を加えるという内容」(9)となっていますが、その検討結果においても、「日本の裁判所の現状は、条約に関してははなはだ冷淡な状況」にあると指摘しています(10)。この「条約に関して冷淡な状況」は、本が出されてから一〇年経った今日においても、少しも変わっていません。

（2）子どもの権利条約が何らかのかたちで教育裁判の場で取り上げられたのは、私の知る限りでは、次の三つの裁判例です。

〔**ゲルニカ訴訟**〕

一つめは、福岡でありました、いわゆる「ゲルニカ訴訟」と呼ばれている裁判です。

この裁判は、一九八八年三月一九日に福岡市立長尾小学校の卒業式における教師の行為に対して福岡市教育委員会が行った戒告処分の取消しが請求の趣旨なのですが、実はその教師の行為をどう判断するかの前提として、その卒業式における一人の卒業生の発言とその発言に至るまでの経緯・事情をどのように評価するかが大きな鍵をなしていました。もう少し事実関係に言及すると、この小学校の六年生は、卒業制作としてピカソのゲルニカを模写した旗を全員で作りあげたので、これを卒業式場の正面舞台に掲げて卒業式をしたいという強い希望を持っていました。しかし、校長はそれを認めず、舞台の正面には「日の丸」を張り、ゲルニカの旗は卒業生席の背後の壁面に張ったのです。校長のこの措置に納得できなかった一人の卒業生の女生徒は、卒業式の「君が代」斉唱時に着席し「歌えません」と二度にわたり叫び、さらに卒業証書授与の後の決意表明の際に、「私はゲルニカをステージに張ってくれなかったことについて深く怒り、そして侮辱を感じています。校長先生は……私たちを大切に思っていなかったようです、ゲルニカには平和への願いや私たちの人生への希望をも託していた……」と述べたあと、「私は怒りや屈辱をもって卒業します。私は絶対校長先生のような人間にはなりたくないと思います」と述べて発言を終えました。この生徒の担任教師が、生徒の「君が代」拒否による着席後に自らも着席したこと、卒業式終了後にクラスの卒業生を引率して式場から退場する際に右手こぶしを振り上げたこと、この二つの担任教師の行為は、女子生徒の発言に呼応してなされ、参列者に多大な不信を招いた卒業式にふさわしくない「信用失墜行為」だと教育委員会は評価して、戒告処分に及んだのです。

この教師の行為の前提に存した、女生徒の発言や「君が代」拒否の意見表明を、裁判所がどのような視点から捉え評価するかが注目されていたのですが、福岡地裁は、一九九八年二月二四日、女子生徒の行為を子どもの権利条約との関係で検討することはせず、「子どもは……意見を表明する権利の主体と認識されるべきであるが……無制限に意見表明を認めるものではない」と判示するに止まりました（『判例タイムズ』九六五号、二七七頁）。

そこで、教師の代理人であった弁護士たちは、高裁においては特に子どもの権利条約一二条を中軸にすえ、同条の起草過程やその含意を辿り、「子どもは、子どもに影響を及ぼすすべての事項について自由に自己の見解を表明する固有の権利を有し、意見の表明を受けた学校は、これを尊重しなければならず、真摯に考慮してもこれを受け入れることができないときは、その理由を説明する義務がある」とする法理を導き出して、裁判所の判断を求めました(11)。一九九九年一一月二六日、福岡高裁は、控訴人のこの主張を曲解のうえ逆手にとり、生徒に対する説明責任は校長だけでなく教師たち（控訴人を含む）にもあり、この観点から生徒の発言が「正当化されることがあっても」また「子ども達の行為が非難に値しないと評価する余地があるとしても」、「子どもの意見が容れられなかったことについて説明し、理解を求めるなどして子ども達を指導教育すべき教師としてふさわしい行為であるとはいえない」として、控訴を棄却しました(12)。最高裁も、二〇〇〇年九月八日、上告を棄却したため、子どもの権利条約一二条の意味を正面から問うた裁判は、司法の場でまともに取り上げられないまま終わってしまいました。

〔**北海道・有朋高校移転事件**〕

二つめは、北が舞台です。札幌市の中心街に存した有朋高校は、道内唯一の定時制・通信制・単位制の高校であり、多様な学習ニーズに対応し独自の教育活動を展開する高校として評価されていましたが、北海道教育委員会は校舎を北区屯田の季実の里団地に移転する計画を策定しました。しかし、計画どおり移転すると、この高校に通う定時制・通信制あるいは単位制の子どもたちは市の北の外れの季実の里団地まで遠く足を運ばなければならなくなります。生徒や親らはもとより、市民・道民の多くがこの計画に反対したのですが、道教委はこれを強行し、公金を支出しました。

そこで、親や住民たちは、基本計画の無効を求め住民訴訟を起こしたのですが、その裁判の中で、住民側は、憲法二六条に基づく学習権及び進学権の侵害と並んで、子どもの権利条約違反を主張しました。すなわち、高校生としてどこの場で学ぶかは生徒に影響を及ぼす事項に該当するので、高校生に移転に関する情報を提供して事前に意見を聞くべきであり（一二条）、また、通学に不便を強いることになって、生徒の学び続ける権利を奪い、学校への「定期的な登校及び中途退学率の減少を奨励するための措置をとる」ことを求める権利条約二八条（e）にも違反するとの主張をしました。しかし、札幌地裁は、二〇〇七年四月一九日、請求を棄却する判決の最後で、「計画の策定と移転に、児童の権利条約一二条二項の意見表明権を直接適用する法的根拠はなく、また、同条約二八条、二九条の意義を認めるとしても、これらの規定の文言から、直ちに子どもたちへの教育への意見表明・参加権を保障していると解することは困難である」と結論的に述べるだけで、それ以上の言及はしませんでした(13)。〔その後、二〇〇九年七月一六日、札幌高裁は、単位制・通信制の高校の郊外移転は子どもの学習権を侵害し権利条約に違反するとの控訴人らの主張に対して、原審と同様に一行だけ条約違反は認められない、と理由も附さずに述べて簡単に斥けています。〕

〔高槻マイノリティー教育裁判〕

日本の南と北で繰り広げられた二つの教育事件の原告は、前者は教師であり、後者は父母・住民でしたが、三つ目の高槻マイノリティー教育事件は子どもたち自身が原告となった裁判です。高槻市は在日朝鮮人・韓国人の多いところですが、八〇年代頃からは主としてこれらの子どもたちを対象にしたさまざまな教育プログラム（「国際理解教育事業」など）が作られて実施されていました。しかし、二〇〇〇年代に入って、財政的な事情から、市はこのマイノリティーに対する教育プログラム事業を縮小し廃止することになりました。それに対して、当の外国籍の子どもたち（本人又は親の国籍が日本以外、あるいは民族的出自が日本以外の者）が、これは子どもの権利条約など国際人権規約が保障しているマイノリティーの教育権の一つである「多文化共生教育」を侵害するものだとして裁判を起こしたのです。原告らがその論拠としてあげた国際人権規約は多種類にわたりますが、それらを列記すると、（一）国際人権A規約一三条、（二）国際人権B規約二七条、（三）子どもの権利条約三〇条、（四）人種差別撤廃条約五条であり、それぞれの条約違反が正面から掲げられています。しかし、大阪地判二〇〇八年一月二三日（『判例時報』二〇一〇号）、大阪高判二〇〇八年一一月二七日（『判例時報』二〇四四号）はいずれも、マイノリティーの教育権なるものには具体的な権利性はなく、これらの国際条約の規定は、国家に積極的な保護措置を講ずる義務まで認めたものとは解しがたく、国や自治体に法的拘束力を課すものではない、という理由でこれらすべての条約違反の主張を斥けました(14)。子どもたちの上告に対して、最高裁は棄却し、特段の判断は示しませんでした。

これらの裁判例に見られる子どもの権利条約に対する司法の扱いを批判的に考察することが私の課題ですが、以下では、断片的にいくつかの点を申し上げることでお許しいただきたいと思います。

4　子どもの権利条約の裁判規範性について

周知のとおり、子どもの権利条約が日本で国内法的効力を有し、その効力において法律に優先するといっても、条約が直ちに個人の国に対する請求の根拠としてあるいは国の行為の違法性を争う根拠として裁判所で援用することができるわけではありません。条約の国内法的効力の問題と条約の直接適用可能性（direct applicability）の問題は区別して扱わなければならず、前者は後者の前提条件であるにすぎません(15)。

子どもの権利条約の直接適用可能性は、条文の文言・内容の明確性と具体性、条文上の義務の性格をきちんと把握し、具体的ケースの文脈の中での関連国内法制の状況などを総合的に考慮し、具体的に条文毎にその適用可能性を見定める必要があります。そして、条文の文言・内容の明確性と具体性は、規定の文言や起草過程での議論内容だけでなく、ＣＲＣの解釈・見解、関連国際人権条約（特に自由権規約(16)やヨーロッパ人権条約）の適用基準、先例などもふまえて、その条文の意味内容と射程距離を緻密に見定める作業を行うことによって可能となります。また、条文上の義務の性格は、それが権利の即時的実現の義務か、漸進的実現の義務かによって一応は分けることはでき、前者であれば直接適用可能性があるとされています。しかし、子どもの権利条約における諸権利の相互依存性・不可分性からすると、どちらか一方に分けることができないグレーゾーン的な権利も多く、その義務の履行にあたりなお裁量の余地もあるので、後者であっても直接適用可能なこともあり、画一的に判断すべきではありません(17)。

また、子どもの権利条約は裁判規範として直接適用可能な場合だけでなく、憲法その他の国内法を条約に適合するように解釈・適用したり、あるいは国内法の解釈・適用を補強し、内容を豊かにするものとして条約を援用する「間接適用」の場合もあります(18)。間接適用であれ、条約の趣旨や内容を裁判に反映させることが十分にでき、実質的な効果をもたらすことも可能です。つとに佐藤幸治教授が説いているように、「国際人権条約違反の具体的措置を適用違憲に準ずるものとして扱うべき場合もある」(19)ように思われます。

いずれにしても、子どもの権利条約の個々の条文の意味内容とその射程距離を複合的に捉え、その限界もしっかりと見定めたうえで援用の可否・当否を慎重に判断しなければなりません。その意味では、裁判所の国際人権法に対する無関心・無理解を批判するだけでなく、「訴訟を提起する側が国際人権法の諸資料にもとづいた客観的裏付けのある論理を展開することが必要最小限度の条件である」との今井教授の指摘(20)は正鵠を得ています。これまでの訴訟活動において、条約を持ち出す弁護士たちの側に、ただ子どもの権利条約を皮相的に捉え、生のままに事案を貼り付けるだけのような姿勢がなかったかどうかを真摯に自省する必要もあるように思われます。子どもの権利条約を含む「国際人権法の中にも、光と陰があるとすれば、弁護士や研究者が国内での適用を求めて引用するのはその光の部分だけではなかったか」(21)という自問も欠かしてはならないでしょう。とりわけ、問題提起者としての弁護士は、裁判において条約や国際準則を問題解決や救済のための実効的なツールとするために、自ら進んで条約・国際準則のもつ「光と影」をきちんと理解したうえで、権利条約がその役割を適切に果たすことができるような工夫と努力を実務的に積み重ねることが求められているように思います。（そうした意味も含めて、平野裕二氏が訳した『裁判官・検察官・弁護士のための国際人権マニュアル―司法運営における人権―』現代人文社、二〇〇六年は、これからの法曹・研究者が斉しく手に取ることが求められている一冊であると言えます。）

いずれにしても、子どもの権利条約は過大視されるべきでなく、ましてやそれに依存するような姿勢をとるべきでないこともまた忘れてはならないでしょう。むしろ、子どもの権利条約との間で必要な距離をとり、緊張感のある関係を取り戻したうえで、喫緊の課題や現実の問題にどのように向き合い解決していくか、その中で司法による適切な救済と解決が求められている場面で権利条約が果たすべき役割を冷静に見極めなければならないように思います。

（1）条約が国内法体系の中でどのような地位にあるかは、CRCが一貫して強い関心を示してきた点であり、日本政府も事前質問票二に対する文書回答の中で、憲法九八条二項で条約の誠実遵守義務が定められていることを明らかにしていた。

（2）日本に対する審査において、婚外子差別（相続、続柄表記）裁判が具体的に取り上げられ、多くの委員から質問と指摘があったが、とりわけカープ議長から「裁判所は憲法だけを見て条約を見なかった」との痛烈な批判がなされた。詳しくは、『子どもの権利条約のこれから―子どもの権利委員会（CRC）の勧告を活かす―』子どもの人権連他編、エイデル研究所、一九九九年、三八頁、二六二頁参照。

（3）「勧告」二九項の要請は、次回定期報告書での情報提供だけでなく、「裁判で子どもの権利条約の規定が実質的に考慮されるようにするための措置が促されていると理解すべきである」（『子どもの権利条約のこれから』・前掲注（2）三八頁）とする。

（4）なお、第二回の総括所見一一項では、権利条約の原則及び条項ならびにそこに示された権利基盤型アプローチに一致するあらゆる措置をとることが勧告されているが、それは制定法の包括的な見直しだけではなく、裁判所による条約の適用に関する文脈においてはより一層妥当することになる。

(5) 今井直「国籍法違憲訴訟最高裁判決と国際人権法」『季刊教育法』一五九号、二〇〇八年、七四頁。

(6) わずかであるが、最近、在留資格を有しない子どもの退去強制手続に関して、子どもの権利条約を引用する判決が見られる。但し、条約よりも国内法である出入国管理及び難民認定法が優位する結果となっている。

(7) 拙稿「子どもの人権と教育」『国際人権・一九九五年報第六号』国際人権法学会、二八頁。なお、拙著『学校に市民社会の風を』筑摩書房、一九九一年、二四九頁参照。

(8) 永井憲一編著『子どもの人権と裁判―子どもの権利条約に即して―』法政大学出版局、一九九八年。なお、同書について、拙稿〔書評〕「裁判例の中に子どもの権利条約を読む」『季刊教育法』一一七号、一九九八年、八一頁を参照。

(9) 永井・前掲注(8)三頁。

(10) 永井・前掲注(8)一一頁。

(11) 私は、一九九八年当時、北海道大学法学部において研究者の立場にあったので、控訴審では弁護団の依頼を受けて、福岡高裁に「意見書」を提出するとともに法廷で証言もした。「意見書」の全文は、『北大法学論集』一九九九年五〇巻二号二三六頁以下に、証言録は、『子どもたちのゲルニカ』資料集六(子どもたちの「ゲルニカ」を考える福岡市民の会・刊行)四三頁以下にそれぞれ掲載されている。

(12) 判例集未登載。但し、『子どもたちのゲルニカ』資料集七・前掲注(11)一七頁以下に判決全文が収録されている。

(13) 判例集未登載。判決文は原告代理人の秀嶋ゆかり弁護士より入手した。

(14) 大阪地判については、窪誠教授による『平成二〇年度重要判例解説』有斐閣、二〇〇九年、三二七頁があり、裁判所には「具体的権利性」ではなく違法性に照準をあてた審査が求められているとの指摘がある。また、大阪高判については、『平成二一年度重要判例解説』有斐閣、二〇一〇年において、憲法学の観点から大島佳代子教授による解説(二四頁)があり、国際法学の観点から桐山孝信教授の解説(三一七頁)がある。

(15) 岩沢雄司『条約の国内適用可能性―いわゆる“Self-executing”な条約に関する一考察―』有斐閣、一九八五年、二八一頁。

(16) なお、大阪地裁二〇〇四年三月九日判決（『判例時報』一八五八号七九頁）は、接見交通権につき、B規約の解釈にあたりゼネラルコメントが相当程度尊重されるべきだと判示している。

(17) 今井直「子どもの権利条約の国内裁判における直接適用」『国際人権』六号、信山社、一九九五年、二九頁。

なお、オーストラリアは、条約の国内法的効力を認めない、いわゆる変形体制をとる国であるが、同国最高裁判所は、一九九五年四月七日、入国管理局が子どもに対して退去強制命令を出したテオ事件において、条約の批准は、行政の決定権者が条約に従って行動し、条約は子の最善の利益の実現に際しての適切な基準になりうるという理由で正当な期待の適切な根拠となるので、入管の扱いは子の利益に反しているという判断（Minister of State for immigration and Ethnic Affairs v AH Hin Teoh）を示している。

(18) 藤井俊夫「国際人権と国内人権の交錯―国際的人権保障の進展が憲法論に及ぼすインパクト―」『ジュリスト』一二二二号、二〇〇二年、四四頁は、「人権条約は原則的には国家に対して責務を負わせるということが基本的な内容となっていることを考えると……形式的にはいわゆる間接適用説の考え方を基本とするのが妥当であろう」とする。

(19) 佐藤幸治『憲法（第三版）』青林書院、一九九五年、三九五頁。

(20) 今井直（永井・前掲注（8））四二頁。

(21) 東澤靖「裁判規範としての国際人権法―司法による国際人権法の実現に向けて―」『明治学院大学法科大学院ローレビュー』五号、二〇〇六年、三〇頁。

第2章　子どもの声を聞くとは?

「おとなは、だれも、はじめは子どもだった。(しかし、そのことを忘れずにいるおとなは、いくらもいない。)」

これは、サン・テグジュペリが、『星の王子さま』の〈はしがき〉で、慨嘆まじりで述懐している一節です。たしかに、おとなは、かつて自分が子どもであったころの心のうごめき——ときめき・揺らぎ・いらだち——を、いつしか、記憶のかなたに押しこめてしまい、子どもをあるがままに見たり、その声にじっと耳を傾けることを忘れてしまうことが多いように思われます。

そして、「子どものことは子どもに聞け」というあたりまえの理を、おとなたちが見失ってしまったのも、もうかなり前のことになります。

それだけに、子どもの声を聞くということが、どんな意味合いをもっているのか、どのような心くばり・姿勢を必要とするのかについては、少しばかり掘り下げて、共に考えてみるだけの意義はあるように思います。

とりわけ、子どもの声を聞き取るということの意味合いやその姿勢を問い返すことは、私たちすべてにつきつけられているように思われます。

『モモ』の秘密　―「人の話を聞く」とは―

そもそも、人の話を聞くとは、どういうことなのだろうか？

ミヒャエル・エンデの名作『モモ』は、人の心を読み取る不思議な力を持った女の子・モモが〝時間どろぼう〟と対決して撃退し、盗まれた「時間」を人間に取り返す物語として知られています。

物語の冒頭で、エンデは、モモの不思議な力の秘密を、「小さなモモにできたこと、それはほかでもありません。あいての話を聞くことでした。」と解き明かします。そして、読者の反応を予想して、「なあんだ、そんなこと、とみなさんは言うでしょうね。話を聞くなんて、だれにだってできるじゃないかって。」と問いを立てながら、すぐさま「それはまちがいです。ほんとうに聞くことのできる人は、めったにいないものです。そして、この点でモモは、それこそほかには例のないすばらしい才能をもっていたのです。」と言い切るのです。

モモをもっとよく理解するために、そのさわりの部分を、長くなりますが、もう少し引用してみることにします。

「モモに話を聞いてもらっていると、ばかな人にもきゅうにまともな考えがうかんできます。モモがそういう考えを引き出すようなことを言ったり質問したりした、というわけではないのです。彼女はただじっとすわって、注意ぶかく聞いているだけです。……するとあいてには、じぶんのどこにそんなものがひそんでいたかとおどろくような考えがすうっとうかびあがってくるのです。

モモに話を聞いてもらっていると、どうしてよいかわからずに思いまよっていた人は、きゅうにじぶんの意志がはっきりしてきます。……おれの人生は失敗で、なんの意味もない……生きていようと死んでしまおうと、どうってちがいはありゃしない。

この人がモモのところに出かけていって、その考えをうちあけたとします。するとしゃべっているうちに、ふしぎなことにじぶんがまちがっていたことがわかってくるのです。……世界じゅうの人間の中で、おれという人間はひとりしかいない、だからおれはおれなりに、この世の中でたいせつな存在なんだ。

こういうふうにモモは人の話が聞けたのです！」（大島かおり訳『モモ』岩波書店、一九七六年、二二～二三頁）

引用が長くなりましたが、ここには、「人の話を聞く」ということがどういうことであるかが、余すところなく書き記されています。

「耳を傾けて聞き入る」とは？

そう言えば、ドイツ語では「聞く」はzuhörenが使われることが少なくありませんが、このzuhörenは、もともと、ただ聞くというよりは、「耳を傾けて聞き入る」ことを表わしていることばです。

このように、「人の話を聞く」とは、「耳を傾けて聞き入る」ことであり、モモがそうしたように、聞き手が自らを空にし、それによって自身のなかに話し手（他者）を迎え入れる空間をつくり、この空間に入りこんだ話し手（他者）を評価しないで、まるごと受容することによってはじめて可能になるのではないでしょうか。その意味で、「耳を傾けて聞き入る」とは、聞き手の内に異質なものを取り入れて位置づけ、それらを包み込むという営みにほかならない、と言ってよいでしょう。

そして、子どもの声を聞くには、子どものことばのうしろにひそんでいる子どもの精神の風景をも、取りこぼすことなく聞き手の内に包み込むことが必要となります。その意味では、むしろ、子どもの言葉ではなく、子どもの気持ちをしっかりと聞き取ることが何をおいてもまず求められていることになります。おとなのなかにある原風景ともちがう、子ども自身の精神の風景をそのまま受容するには、何よりも、おとなに精神のみずみずしさがなければならず、おとなの枠にとらわれない心のしなやかさがなければならないでしょう。

そのように、子どもに対して積極的で継続的なかかわりを持ち続けることによって、子どもの声を聞き取ることが十全なものとなるのです。

「子どもの意見（意向）を尊重する」とは

このように、おとなには子どもの声とその気持ちを「耳を傾けて聞き入る」ことが求められています。子どもの権利条約一二条が opinion ではなく view ということばを用いているのはその故であるといえますが、そのことは、むろん、子どもの言い分をおとながそのまま受け入れなければならないことを意味しているわけではありません。

よく知られているように、子どもの権利条約はその一二条で、子どもが自分に影響が及ぶすべての事柄について、自由に自分の意見（意向 view、以下同じ）を表明する権利を持っているとして、その尊重を求めています。この意見表明権の保障は、子どもに自分に影響がある事柄を自ら決定することができる権利（自己決定権）まで保障しているわけではありませんが、その決定過程に自分の意見を表明することによって積極的に参加することを保障したものです。そのうえで、権利条約は、表明された子どもの意見は、「その子どもの年齢や成熟度に従って、適正に（due）重視される」としています。

この子どもの意見の「適正な重視」は、もとより、受け手である国・おとながとるべき姿勢を定めたものですが、その意味を、日本では、これまで必ずしも正当に理解してこなかったように思います。

受け入れられないときは、子どもにその理由を丁寧に説明すること

この点で注目に値するのは、子どもの権利条約に基づいて設置された、子どもの権利委員会（ＣＲＣ）が、日本の第一回政府報告書に対する審査において、カープ議長を通して、次のような見解を明らかにしていることです。

「確かに……子どもの望みを受け入れるのは義務ではありません。利益のバランスが必要だからです。……子どもの意見を聴くということは、その意見を本当に考慮に入れるということであり、自分の意見が考慮に入れられたという保障を子どもが与えられなければならないということなのです。とくに子どもの考え方が受け入れられなかった場合、子どもの意見を聴いてその意見を考慮しなければならない人にとっては、子どもに対し、その意見が受け入れられなかった理由を説明するのが義務です。

そうすれば、子どもにとっても、気に入らない決定を受け入れやすくなるかもしれません。まわりの人が自分の意見を考慮してくれたということをまず理解し、彼らには理由があったということを次に理解すれば、つまり、子どもは合理的な人間だということです。こういう対話を作り出すことは、子どもの意見を聴くという原則を本当に遂行する唯一の方法だと思います。」（ＣＲＣ第四六四回審議録二三七項。詳しくは、『子どもの権利条約のこれから―国連・子どもの権利委員会（ＣＲＣ）の勧告を活かす―』、エイデル研究所、一九九九年、二五四頁）

このように、子どもの声を聞いたおとなは、子どもの「最善の利益」の実現という観点から、それを受け入

れることがその子どもの自律そのものに取りかえしのつかない結果を与えることが予測される場合には、その意見をそのまま受け入れなくてもよいというわけです。しかし、その場合でも、おとなには、その意見を受け入れることができない理由・事情を明示して、誠実に説明する義務がある、というのです。受け入れられない理由・事情が丁寧に説明されるならば、子どもは、自分の考え・思いの十分でない点がどこにあるかを知ることができ、足りない点を補ったり、新しい意見・思いをつくりあげてゆくことができるようになります。

子どもの声を聞いたおとなと声をあげた子どもとの間の、このダイナミズムに富んだ意見の相互交換の過程を、とりわけ大切にしなければなりません。おとなは、子どもが投げたボールを受けとめるだけでなく、どう受けとめたのか、その手応えを伝えてボールを投げ返す必要があるのです。

第3章　親の教育の自由と教育責任について

1

「世界でいちばん有能な先生によってよりも、分別のある平凡な父親によってこそ、子どもはりっぱに教育される。才能が熱意に代わる以上に、熱意は才能に代わることができるはずだ」（今野一雄訳、岩波文庫（上）、四五頁）

これは、ルソーの『エミール』のなかの一節です。『エミール』は、子どもを発見した書として、子どもの教育に心を寄せる多くのひとに読まれ、引用されてきました。

しかし、日本では、これまで、『エミール』のなかから、ルソーが子どもの権利と教育の重要性を説いていた部分だけがとりあげられ、彼がその子どもに寄り添い子どもの教育を行う者としてまず親をあげ、親が教育においてはたす役割が大きいことを力説していた部分はとかく見落とされがちでした。これは、日本では、子どもの教育において親がはたす役割に、欧米ほど重きがおかれていないことと無関係ではないように思われます。

日本の教育において、親のはたす役割に重きがおかれていないのは、日本の近代教育が公教育に一元化され、学校が教育を独占した結果、本来多様で豊かな内実をはらんでいた「親の教育の自由」が公教育によって奪われてしまったからです。このため、公教育から自立した家庭における教育関係は、公教育と並んで正当に位置づけられる基盤を失ってしまいました。「親の教育の自由」という観念は、そもそも育つべき基盤をもたなかった、といってよいかもしれません。

こうして、明治の学制以来、学校が公教育の場として整備・確立されてゆくに従って、学校からはなれて子どもの教育をイメージすることが困難となってしまったのです。やがて学校の絶対性が支配的となり、親も子も学校にからめとられてしまいました。親も子も臣民として国家に従属する存在だ、とする天皇制教育がこれに拍車をかけました。いつしか、学校は「公」を体現するものとみなされるようになり、学校教育に異議を唱えたりこれに拒否の姿勢を示すことは、「公」に対して「私」を主張するものだ、との通念が支配的となったのです。

2

しかし、もともと公教育は、親の教育の自由を前提にし、これを基本にすえながら親の教育責任の共同化として、子どもの教育を組織的・計画的に行うものとして発展してきたものです。「教育の私事性」は、公教育の成立によってこれに吸収されるものではなく、公教育の基底に存し、これを貫く原則であることに変わりはありません。親の教育の自由は、公教育と緊張関係を保ちながら公教育に日常的に要求を出し、これを批判することによって、公教育の内実を豊かなものにする源泉です。

「結婚し、家庭を設け、子どもを育てる」権利は、個人が一定の私事について、公権力から干渉されることなく自ら決定することのできる権利として、憲法一三条の幸福追求権に含まれています。この「子どもを育てる権利」の中心をなすものは、親が自分の意思にもとづいて子どもを教育する自由です。憲法に基礎づけられた、この親の「教育の自由」に基づき、親はわが子の学校の教育課程に参加したり、教育のあり方に異議を述べたり、修正や撤回を求めることができます。それだけではありません。親の教育の自由は、親が学校の行うある種の行事や教育に対して拒否したり、一時的に学校の教育課程から子どもを引き離して参加させない自由（欠席の自由）をも含む、とされています。

こうして、公教育の場において親の教育の自由を認めることは、何よりも公教育が子どもを規格化し、画一化することを防ぐことになります。とりわけ日本のように国家が教育によって子どもに一定の価値観を注入しようとしたり、同じ行動を強制する傾向が強い国では、親が公教育の場で多様な考えを主張することは、子どもの教育に対する国家の支配に抵抗する手がかりとなるだけでなく、公教育による同調的行動の育成に対する歯止めとなり、公教育のなかに異質のものを取りこみ、公教育を多様で豊かなものに変えるきっかけともなるでしょう。

その意味では、親の教育の自由を認めることは、教育を通して日本社会が多元化し、異質なものを受け入れて共存・共生する方向に向かうことを押し進めることになる、といってよいでしょう。「みんな同じ」ではなく、「みんな違う」＝「一人ひとりちがう」ことを認めたうえで、ちがいを尊重してこれを受け入れるように、公教育とこれを支える日本社会そのものを組み立て直すことが、いま、求められているのではないでしょうか。

いずれにしても、公教育との関係で親の有する教育の自由の内実は、親の信念・価値観に従い、規格化・画一化されない子どもを育てる利益・自由だ、といってよいでしょう。

生徒全員に坊主刈りを強制する校則や、決められた制服を全員が着用することを強いる生徒指導、いわゆるライフスタイルにまで口をさしはさみ同じ行動を押しつけようとする学校側の措置に対して、親が子どもとともにこれを拒否し、その改廃を求めることができるのは、親の教育の自由が、右のような内容を含んでいるからです。

それだけではありません。公教育の場で親が教育の自由を主張することは、子どもの人権をまもるだけでなく、同時に親自身の市民的自由を確保することにもなるでしょう。

3

公教育が憲法に違反した教育活動を行う場合、親は子どもに代位してこれに異議を申立てることができるのはもちろんですが、それに止まらずほかならぬ自分の分身である子どもへの侵害はすなわち自分自身への侵害であるととらえて、異議を述べることができるのです。文部省（当時）が押し進めようとしている「日の丸」・「君が代」の強制は、子どもの人権に対する侵害であると同時に、何よりも親の思想・信条の自由（憲法一九条）を侵害する問題であり、「愛国心教育」や道徳教育の強行、時にはある種の「性教育」の実施は、親の信教の自由や思想・信条の自由に抵触するおそれのある問題だといえます。

親は自らの市民的自由の侵害を理由にして、これらの教育活動に対して異議を唱え、撤回を求めることができるのはもちろんのこと、自らの市民的自由をまもるために、このような教育活動から子どもを一時的に引き離すこと（不参加・欠席の自由の行使）すらできることを、心に刻んでおくことが大事です。

＊拙稿「学校・教師と親の関係の問い直し――教育のパラダイムの転換――」（『寛容と人権』岩波書店、二〇一三年、二一一頁以下）もあわせてお読みいただきたい。

第4章　日本における子どもの人権救済活動の源流をたどって

1

「最近の子どもをめぐる状況をみて、心を痛めないおとなはいないだろう。『子どもを大事に』とおとなは口をそろえていうが、子どもを取り巻く厳しい状況は、いっこうに改善されないばかりか、ますます悪くなってきている。『子どもの受難』は深まるばかりである。」

これは、二〇〇六年、日弁連が改訂して出版した『子どもの権利ガイドブック』明石書店（旧版『子どもの権利マニュアル――子どもの人権救済の手引――』こうち書房、一九九五年）の「はじめに」の書き出し部分である。

私が、旧版のさらなる前身である『子どもの人権救済の手引き』の「総論」の執筆担当者として、はじめてこう書いたのは、一九八七年春のことであった。それから二〇年（当稿初出時、以下同様）経つが、今なお「子どもの受難」は続いており、それに対応する「子どもの人権に関する基本的な考え方」の箇所は、子どもの人権救済にあたっている弁護士たちの共通理解を広く得ていると思い、この「総論」部分を改訂版においてもそのまま引き継いで収録することに、私は応じた。

その少し前（二〇〇四年一〇月）、私は、弁護士業務の傍ら勤務している明治学院大学の主催する白金法学会において、拙い講演をする機会があった。『子どもの権利をどうとらえるか――保護と自律のはざまで――』と題した講演は、私が弁護士として三〇年余にわたり、子どもの権利の侵害の救済に向けて歩いてきた道を振り返りながら、それを一〇年ごとに区切って、子どもたちがどういう時代状況の中に置かれていたかに関する私の認識と交叉させつつ、子どもの権利の具体相について大まかなスケッチをしたものであった。時間の制約もあり十分に展開することはできなかったが、私はその講演録に少し手を加えさらに必要な補注を付して、論考のかたちをとり、『明治学院大学法科大学院ローレビュー』第二巻三号、二〇〇六年に掲載した。〔本書第一部第一章は、それを収録したものである。〕

私がそこで、一〇年ごとに区切って、子どもたちが置かれていた時代状況を子どもに引き付けてとらえ素描しようとしたのは、いささか無謀だったかもしれない。過ぎたばかりの九〇年代を、一括りに「暴力の社会化と社会の暴力化」と命名したうえで語り続けることに、私の内にも少なからぬためらいがあったことは否めない。かつて「社会的な現象は、しばしばその内側から侵食されて静かに空洞化するものであり、その結果、実質の重みを失ったのちにもひとつの変化を気づかせないことが多い」と説いたのは評論家の山崎正和氏（『柔らかい個人主義の誕生―消費社会の美学―』中央公論社、一九八四年刊）であるが、氏の言葉を借りるまでもなく、終わったばかりの時代を振り返り、ひとつの歴史的な意味と変化をさぐろうとすること自体「無謀な冒険」かもしれないと思う。

にもかかわらず、私が山崎氏に倣って、〈十年刻みの歴史〉の中に、子どもたちと向き合ってきた自らの歩みをたどろうとしたのは、時代状況を映し出している子どもたちの具体相をスケッチすることと相まって、「自分がどんな時間のリズムに乗って生きてゐるか」をさぐり、「自分の人生を歴史のリズムのなかに位置づけ」てみようとしたからである。むろん、時代に後れがちの私には、「時代のリズムを全身でとらえる感覚」が十分に備わっていないため、歴史の意味を取りこぼしてしまうことも少なくなかったように思う。

2

一九〇〇年に「二〇世紀は、子どもの世紀である」と唱破したのは、スウェーデンの婦人解放運動の指導者エレン・ケイである。しかし、彼女の願いがこめられた予言は、その後、二つの世界大戦による「子どもの受難」という痛苦の体験を経て、屈折した茨の道を辿ることを余儀なくされた。

エレン・ケイの予言から八九年という年月を経て成立した「子どもの権利条約」は、人間すべてが必ず通過する「子ども期」における人間としての権利の総合的な保障を目指して、法的拘束力を有する国際文書としてまとめられた。権利条約の採択は、「人間の諸権利を一層豊かにするうえで、国際社会にとってもっとも値打ちのある成果」（国連事務次長、J・マーテンソン）であり、「子どもの世紀」を遅ればせながらも実現しようとしたものである。「子どもの世紀」は、子どもへの目くばり・配慮が社会のあらゆるところにみられることを目指すものであり、さらに子どもを社会の形成に参加させることによって、おとな社会のあり方を変えることにより果たそうとする企てである。

子どもの権利条約が日本でも批准され、一九九四年五月二二日には日本でもその効力を生じたことは、よく知られている。しかし、日本においても、既に一九一〇年ころから、「子どもの世紀」を自らの課題として活動していた人がいたことは、ほとんど知られていないのではないだろうか。

賀川豊彦がその人であるが、一八八八（明治二一）年七月に生まれた賀川は、幼くして両親を失ったため徳島の本家に引き取られて育ち、一六歳で受洗しキリスト者となった。一九〇七年に明治学院高等部神学予科を卒業した後、二一歳のとき当時日本最大のスラム（貧民窟）といわれていた神戸新川に移り住み、路傍伝道をはじめる。そこで貧苦にあえぐ子どもたちを目のあたりにした賀川は、家庭崩壊と児童虐待の被害者としての子どもへの献身的な行為を通して、自らがこの世にあって生きる意味を見出そうとした。

「おいしが泣いて　目が醒めて」ではじまる『涙の二等分』と題する詩は、当時の日本だけでなく世界中の人々の心を打ち、賀川の名を内外に広く知らしめることになった。とりわけ幼児に注ぐ賀川の愛と関心の度合いは際立っており、保育園や幼稚園を設立したほか託児所も開いた。さらに自宅の一室には「幼児教育研究室」を設け、児童教育の研究に打ち込み、児童や少年向けの著書の執筆にもあたった。「子供の心は、大理石のやうなもの」（全集七巻『愛の科学』一七三頁）であり、「子供は天の使が地球に置き忘れた迷ひ子です」（全集二一巻『地殻を破って』五五頁）と書き記した賀川は、子どもの基本的な生活の保障と家族の再建を訴え、これを六つの「子どもの権利」としてまとめあげてゆく。

（1）食べる権利、（2）遊ぶ権利、（3）睡眠の権利、（4）叱られる権利、（5）夫婦げんかを止めて貰う権利、（6）禁酒を要求する権利。この六つの権利は、賀川が一九二四（大正一三）年、東京深川の細民街でした講演の中で、子どもの権利として説いたものであるが、むろん、それにとどまるものではない。この驚くべき率直さと具体性を帯びた提言は、子どもの目線で練り上げられたものであるだけに、今にも通じる普遍性を有していると言ってよい。

国際通の賀川は、一九二四年の「子どもの権利に関するジュネーブ宣言」が「人類は子どもに対して最善のものを与える義務を負う」と約束したことを知り、子どもの権利への社会的関心を高めることに努めた。その活動の拠点を関東大震災後の東京に移してからも、協同組合方式による「光の園保育組合」を試み、また「松沢幼稚園」を設立して「幼児自然教案」を実践するなどの活動を続け、一九六〇年にその生涯を終えている。

賀川の生涯を想うとき、私には、子どもの権利条約の誕生におおきな役割を果したと言われているヤヌシュ・コルチャック（一八七八～一九四二年）の生涯が重なり合うようにして思い起こされる。コルチャックは、一九一二年にポーランドで孤児院を設立し、ナチスに抵抗しながら子どもたちと生活をともにし、彼らを連れてトリブリンカの強制収容所に消えた。「子どもがあるがままで存在する権利」を尊重することが大切であると、コルチャックは力説してやまなかったという。

子どもの救済活動に生涯を賭けた「同時代人」として、二人を重ね合わせながらとらえることが、これからの私の課題でもある。

初出一覧

第1部　子どもの人権と救済のあり方・序説

第1章「子どもの権利をどうとらえるか　――保護と自律のはざまで――」
『明治学院大学法科大学院ローレビュー』二巻三号、二〇〇六年

第2章「脅かされる子どもの人権　――弁護士の果たす役割は何か――」
『少年とともに』〔第二東京弁護士会〕三号、一九八七年〔少し加筆〕

第3章「裁判を新しい教育の場に」
『月刊子ども』一九九一年九月号

第2部　教育裁判と子どもの人権救済の諸相

第1章「内申書裁判の経過と問題点」
『法学セミナー増刊　――教科書と教育――』一九八一年〔大幅に加筆〕

第2章「青年期前期の子どもの成長の特質と評価　――大田堯先生から学んだこと――」
『大田堯自撰集成一巻』月報一、藤原書店、二〇一三年

第3章「教育評価の特質と裁判　――奥平康弘教授の「意見書」の解題――」
自由人権協会編『人間を護る』信山社、一九九七年〔加筆〕

第4章「内申書裁判の一審判決」
〔コラム〕「判決をききながら……」機関誌『内申書裁判』二六号、一九七九年
〔追記〕「判決の深き『余情』」『寛容と人権』岩波書店、二〇一三年、補論四を参照
第5章「『内申書裁判』最高裁判決についての若干の批判」
『日本教育法学会ニュース』四八号、一九八八年
第6章「『日曜日授業参観訴訟』と教育裁量についての断想 ――若い友人への手紙から――」
津田玄児編著『子どもの人権新時代』日本評論社、一九九三年〔少し加筆〕
〔一頁コメント〕「弁護士として見た『日曜日授業参観訴訟』」
『教師の体罰と子どもの人権 ――現場からの報告――』学陽書房、一九八六年
第7章「教師の懲戒権について ――教育と懲戒についての省察・序説――」
『教育と文化』七四号、二〇一四年〔加筆〕
第8章〔資料〕「体罰裁判（民事）の一覧表」
『ジュリスト』九一二号、一九八八年、四三頁以下に掲載した「一覧表」を基にして、その後、『思春期・青年期サポートガイド ――困った！に応え、自立を励ます――』新科学出版社、二〇〇七年、四一六頁以下において追加作成した「一覧表」を加え、さらに本稿執筆時点までの裁判例を新たに加筆。
第9章「『必殺宙ぶらりん裁判』が明らかにしたこと」
『教師の体罰と子どもの人権 ――現場からの報告――』学陽書房、一九八六年〔加筆〕
第10章「『体罰』裁判の新しい地平とその定着」
日本弁護士連合会『子どもの権利通信』六一号、一九九四年〔大幅に加筆〕

第11章「子どもの死をめぐる学校の説明責任」
高見勝利編『人権論の新展開』北海道大学図書刊行会、一九九九年〔加筆〕

第12章「イジメ問題に法と法制度はどう取り組むべきか　――『法化』社会における課題――」
『イジメと子どもの人権』信山社、二〇〇〇年〔随所に加筆〕

第13章〔資料〕「いじめ裁判の一覧表」
前掲・「イジメ問題に法と法制度はどう取り組むべきか　――『法化』社会における課題――」二〇三頁以下に掲載した「一覧表」を基に、前掲・『思春期・青年期サポートガイド　――困った！に応え、自立を励ます――』四二八頁以下において追加作成した「一覧表」を加え、さらに本稿執筆時点までの裁判例を新たに加筆。

第3部　教育の場における人権救済の一断面

第1章「校則の見直しに向けて　――校則の及ぶ範囲を画する三つの視点――」
『季刊女子教育』五九号、一九九四年〔加筆〕

第2章「閉鎖的な教育現場に新風　――指導要録の全面開示――」
毎日新聞〔日曜論争〕一九九三年二月二一日号

第3章「学校の情報独占・操作にどう立ち向かうか」
『季刊教育法』一一四号、一九九八年〔加筆〕

第4章「憲法と障害のある子どもの教育　――いま「憲法」を手がかりにする意味――」
障害児を普通学校へ・全国連絡会事務局編『新版「障害児と学校」にかかわる法令集』千書房、二〇一五年〔加筆〕

〔コラム〕「義務ではなく権利としての教育を」障害児を普通学校へ・全国連絡会編『なぜこの学校に行けないの　――こうしたいんだよ　ほんとうは――』身体障害者定期刊行物協会、一九九三年

第5章「障害児（者）の教育選択権」日本教育法学会編『教育法の現代的争点』法律文化社、二〇一四年〔大幅に加筆〕

第4部　子どもたちのクライシスコールと救済の姿・課題

第1章「子どもの権利条約と教育裁判」『子どもの権利研究』一五号、子どもの権利条約総合研究所、二〇〇九年〔加筆〕

第2章「子どもの声を聞くとは？」北海道の教育改革をともに考える会ブックレット『子どもたちの傷つき、不安・不満、そして願い　――学生たちが子どもの声を〈ききとる〉という試み――』二〇〇〇年〔加筆〕

第3章「親の教育の自由と教育責任について」『月刊子ども』一九九〇年一一月号

第4章「日本における子どもの人権救済活動の源流をたどって」『書斎の窓』五五九号、有斐閣、二〇〇六年〔一部削除〕

あとがき

はしがきでも書いたように、本書は、私が一九七〇年に弁護士となって以来携わってきた事件と問題のうち、主に〈子ども、教育、障害〉をめぐるテーマの下で折々に書き続けてきたもの（「初出一覧」参照）のうち、『寛容と人権』（岩波書店、二〇一三年）に収録したものを除いて、一冊に編み紡ぎ直したものである。前著は、〈子ども、教育、障害〉に関して原理的な視座に立って深く掘り下げることをめざしたが、本書は、個別的な問題を横につなげる中で、それぞれ核となるものを抽出し広げることをめざしている。二つの書は、相互に補完し合うことによって、これらのテーマに関して私が描いている全体像を明らかにしようとしている。

逆流する時代の渦の中で、このテーマで折々に書き続けてきたものを寄せ集めて新たに一冊に編んで紡ぎ直すことに、どれほどの意義が残されているのか、ためらいは消え去ることはなかった。それでも、迷走の度を強める時代状況を見据えながら、加筆と補筆の手は、遅々としてだが動かし続けた。

そんな夏の日、鶴見俊輔さんが現世《うつしよ》を生き切って、旅立たれたことを知った。一九六〇年春に大学に入学した私にとって、爾来、鶴見さんの発言と行動は、いつの時も羅針盤のごとく私の傍らに佇立していた。一度だけ、ある小さな集会で鶴見さんが語りかけているのを耳にしたときの心のふるえは、今もなお私の内に深く刻まれている。戦後七〇年、危機を深める夏の日々、全き一市民として国会前にも足を何度か運んだが、手元にある鶴見さんの書かれた書を改めて次々と繙《ひもと》くことは続けた。その一冊に『教育再定義への試み』と題する書（岩波書店、一九九九年）があるが、加筆・補筆中であったので心底に深く残った。「あとがき」として異例だが、少しだけ再録することをお許しいただきたい。

「教育は、連続する過程であり、相互にのりいれをする作業である。教える—教えられる、そだつ—そだてられるは、同時におこり、そして一回でおわるのではなく、その相互作用はつづいていく」（四三頁）し、「教育が……人間性のきずつきやすさ（ヴァルネラビリティー）と表裏一体のものとして成長を見る眼が必要だ」（四五頁）。「教育は生き方をつたえるこころみ……だが……生き方の中にあるものとして死に方をもまなぶことであり、くずれてゆく過程でもある」。「私の言いたいことは、今の日本は学校にとらわれすぎているということ。学校がなくても教育はおこなわれてきたし、これからもおこなわれるだろう。……教師自身がそのことを心の底におけば、学校はいくらか変わる」（四六頁）し、「学校などなかった時代から人間の教育はつづいている。そこにかえって教育を考えるほうがいい」（一三〇頁）。「人は生まれてから老いて死ぬまで、多くの人々と関わりながら、自己教育をつづける」が、「終わりにのこるものは、まなざしであり、その他のわずかなしぐさである」（一六九頁）。

私が自らに課した作業は、しばしば中断したことは確かだが、それでも何とか終えることができたのは、やがて去りゆく者が、去りゆく前に言い残しておく必要があることを痛感したからである。もとより、本書に収められた論稿や講演録の数々は、ともに事件に関わり議論し意見交換を重ねた弁護士や学者、市民の方々との共同作業の産物でもある。こうして実務法曹として〈子ども、教育、障害〉のフィールドで共に歩み続けて到達した地点を、私の視点で改めて整理して示し残すことは、このフィールドで更なる歩みを進めている後続者に対して、いま果たすべき役割だろうと思っている。それだけに、この国の教育における現下の喫緊の課題である、教育の場における「子どもの貧困」の問題と「学び・育ちを支える手だて・方策」に関して、何らの検討を欠いたまま本書を世に送り出すことになったことに、言葉に尽くせぬ痛恨の思いを抱いている。

なお、資料として掲載した「体罰裁判（民事）の一覧表」と「いじめ裁判の一覧表」のうち、二〇〇五年以降の各裁判例を整理しまとめてくださったのは、明治学院大学法務職研究科卒業生の原口暁美さんである。また、私の思いを受け止めて、本書の出版にまで漕ぎつけてくださったのは、エイデル研究所の編集者・山添路子さんである。お二人の数々の配慮と尽力があって、この期に漸く本書を誕生させることができた。深くお礼を申しあげたい。

二〇一五年九月一九日、戦後七〇年が終焉を告げた日に

中　川　明

著者紹介

中川　明　（なかがわ・あきら）

1941年　生まれ

1964年　京都大学法学部卒業、1968年 同大学院法学研究科修士課程（法理学専攻）修了

1970年　弁護士登録（第二東京弁護士会）

1993−1995年　日本弁護士連合会・子どもの権利委員会委員長

1997−2002年　北海道大学法学部・同大学院法学研究科教授

2004−2012年　明治学院大学大学院法務職研究科教授

〔主な著作物〕

『寛容と人権――憲法の「現場」からの問いなおし』（岩波書店、2013年）

『学校に市民社会の風を――子どもの人権と親の「教育の自由」を考える』（筑摩書房、1991年）

『思春期・青年期サポートガイド』（編著、新科学出版社、2007年）

『誰のための「教育再生」か』（共著、岩波書店、2007年）

『宗教と子どもたち』（編著、明石書店、2001年）

『イジメと子どもの人権』（編著、信山社、2000年）

『マイノリティの子どもたち』（編著、明石書店、1998年）

『体罰と子どもの人権』（編著、有斐閣、1986年）

『わたしたちの教育基本法』（共著、大揚社、1985年）

教育における子どもの人権救済の諸相

2016年2月12日　初版第1刷発行

著　　者　中川　明
発 行 者　大塚　智孝
発 行 所　株式会社 エイデル研究所
〒102-0073 千代田区九段北4-1-9
TEL 03-3234-4641　FAX 03-3234-4644

装幀・本文DTP　株式会社オセロ（吉成美佐）
印刷・製本　中央精版印刷株式会社

Printed in Japan ISBN978-4-87168-576-4 C3037
（定価はカバーに表示してあります）